GRAN CANARIA

D1672837

DUMONT REISE-TASCHENBUCH

Karl-Arnulf Rädecke

GRAN CANARIA

Inhalt

LAND & LEUTE

Insel der Kontraste

Kultur und Leben

Inhalt

Tipps für Ihren Urlaub

UNTERWEGS
AUF GRAN CANARIA

REISEINFOS VON A BIS Z

GRAN CANARIA-ATLAS

LAND & LEUTE

»Das ist ein gewaltiges
Gewitter aus Stein –
entstanden aus Feuer
und Lava ...«

Miguel de Unamuno

Insel der
Kontraste

In Puerto de la Aldea

EIN KONTINENT EN MINIATURE

Den Kanarischen Inseln eilt der Ruf voraus, Urlaubsparadies par excellence für Kältegeschädigte aus dem Norden zu sein – mit Sonnengarantie, attraktiven und feinsandigen Stränden, sauberem Wasser und Badevergnügen bei ganzjährig angenehm warmen Temperaturen. Schon antike Mythen künden von ›Inseln des ewigen Frühlings‹.

All das gilt auch für Gran Canaria, die drittgrößte der sieben Inseln. In den Urlaubszentren des Südens und Südwestens werden sogar über 300 durchgehend sonnige Tage gezählt. Feinsandige Strände gibt es hier in Hülle und Fülle, dicht mit Liegestühlen bepackte, aber auch ruhigere und beschaulichere.

Die Playas del Inglés und Maspalomas laden zu kilometerlangen Strandwanderungen ein, und wer auf dem Rücken eines Kamels durch die Dünen von Maspalomas schaukelt, kann sich sogar eines gewissen ›Saharafeelings‹ nicht erwehren – ein Gefühl der Wüste, die nur 200 km östlich beginnt.

Zwar ist der Ort Playa del Inglés eine wahre Urlauber-Großstadt – unübersichtlich, laut und quirlig, mit hunderten von Hotels und Apartmentkomplexen, wo man schon einmal in einer seelenlosen Betonwüste landen kann. Aber es gibt auch viele Hotelanlagen mit so schönen Park- und Poollandschaften, dass sogar der Strand zeitweilig in Vergessenheit gerät.

Wem Pool und Strand nicht genügen, kann alle denkbaren Wassersportarten betreiben. Gran Canaria ist beispielsweise ein Windsurfparadies mit so günstigen Bedingungen, dass an der Ostküste internationale Wettbewerbe veranstaltet werde. Und Puerto Rico mit seinem großen Sporthafen ist eine Eldorado für Segler und Hochseeangler.

Auch abseits von Wasser und Wellen findet der Sportwillige viele Angebote wie Paragliding und Fallschirmspringen, Tennis und Squash, Reiten und Karting, Wandern und Biking. Golf wird groß geschrieben – allein im Süden stehen mehrere Golfplätze zur Verfügung.

Auch für das Vergnügen nach Sonnenuntergang ist gesorgt, vor allem in Playa del Inglés mit Restaurants aller Herren Länder und unzähligen Pubs und Discos. Das Casino in San Agustín lockt mit Glücksspiel und Nightshows.

Im Süden sind die Touristen allerdings weitgehend unter sich. Nur im Südwesten trifft man in Arguinguín und Puerto de Mogán auf gewachsene Ortschaften. Wer Einblicke in das Leben der Grancanarios erhalten will, muss die Urlaubszonen verlassen.

Das betriebsame Gran Canaria erlebt man in der Inselmetropole Las Palmas, kosmopolitisch geprägt durch den internationalen Hafen. Auch hier kommt das Vergnügen nicht zu kurz. Die Stadt gilt als ein spanischer Spitzenreiter in punkto Nachtleben. Der kilometerlange Strand Las Canteras wurde schon mal etwas euphorisch als die ›Copacabana Europas‹ bezeichnet.

In hautnahen Kontakt zur Geschichte der Insel kommt der Besucher in der

STECKBRIEF GRAN CANARIA

Lage: Die Insel liegt nur ca. 200 km von Afrika entfernt, auf der Höhe der Sahara. Aber rund 1200 km trennen sie von Festlandspanien. Nach Frankfurt sind es etwa 3200 km.

Fläche: Mit 1530 km² ist Gran Canaria die drittgrößte kanarische Insel nach Teneriffa und Fuerteventura. Die kreisförmige Insel hat einen Durchmesser von ca. 50 km und eine Küstenlinie von 236 km, davon über 30 km Sandstrand.

Höchste Erhebung: Pico de las Nieves (1950 m). Hier fällt selten Schnee, im Gegensatz zum Pico de Teide auf Teneriffa, der etwa doppelt so hoch ist.

Städte: In der Inselhauptstadt Las Palmas mit ca. 400 000 Einwohner im Gemeindebereich wohnt über die Hälfte aller Grancanarios. Größte Gemeinden nach Las Palmas: Telde mit ca. 80 000 Einwohnern, San Bartolomé de Tirajana (mit Playa del Inglés) mit rund 55 000 Einwohnern, Arucas mit ca. 30 000 Einwohnern.

Bevölkerung: Mit 755 500 Einwohnern (Stand 2001) ist Gran Canaria die bevölkerungsreichste kanarische Insel, gefolgt von Teneriffa. 80 % leben im Küstenbereich. Etwa 40 % aller Einwohner sind jünger als 25 Jahre. Unter den hier dauerhaft lebenden Ausländern stellen die Deutschen den größten Anteil (über 2000), gefolgt von Marokkanern, Südamerikanern und Indern.

Religion: überwiegend römisch-katholisch

Staatliche Gliederung: Alle kanarischen Inseln zusammen bilden eine autonome Region mit eigener Regierung und eigenem Parlament. Las Palmas de Gran Canaria ist Zentrale der Ostprovinz mit Fuerteventura und Lanzarote, Santa Cruz de Tenerife ist Hauptstadt der Westprovinz mit den übrigen Inseln. Jede Insel hat eine eigene Vertretung und Verwaltung, den *cabildo*. Gran Canaria ist überdies in 21 Kreise, die *municipios*, eingeteilt, an deren Spitze ein *alcalde*, Bürgermeister, steht.

Wirtschaft: Hauptsektor ist der Tourismus. Pro Jahr kommen ca. 3 Mio. Urlauber nach Gran Canaria. Ein Drittel davon sind Deutsche. 2001 zählten die Kanaren insgesamt mit mehr als 10 Mio. Touristen erstmals mehr Urlauber als die Balearen. Gran Canarias Wirtschaft hängt zu rund 80 % vom Fremdenverkehr ab. Die Arbeitslosigkeit ist mit 12,5 % höher als im spanischen Durchschnitt.
Die wichtigsten Exportprodukte, Bananen und Tomaten, stecken aufgrund internationaler Konkurrenz tief in der Krise. Zunehmend werden exotische Früchte und Zierpflanzen angebaut. 90 % ihrer Nahrungsmittel muss die Insel einführen.

Altstadt Vegueta. Vor rund 500 Jahren entstand hier nach dem Sieg über die Ureinwohner die Keimzelle von Las Palmas, genannt nach den damals hier vorhandenen großen Palmenhainen. Das Museo Canario gibt einen Einblick in das Leben der Ureinwohner und das Kolumbusmuseum erinnert an die beginnende Kolonialzeit, als die Insel zum Sprungbrett zu den amerikanischen Besitzungen Spaniens wurde.

Keiner kann sagen, Gran Canaria wirklich zu kennen ohne eine Fahrt durch das Inselinnere unternommen zu haben. Hier eröffnet sich das ›andere‹ Gran Canaria mit andalusisch anmutenden weißen Dörfern und Kleinstädten, in deren Zentrum eine kleine Plaza mit Kirche nicht fehlen darf. Eine der vielen *fiestas* zu Ehren des Ortsheiligen mitzuerleben, kann zu einem Höhepunkt des Inselaufenthalts werden.

Immer erstaunt auch der Kontrastreichtum von Landschaft und Vegetation. Im Westen ragen die küstennahen Bergwände bis zu 1000 m empor, im Norden fährt man durch üppige Baumzonen und Bananenfelder, der totale Kontrast zum trockenen und kargen Süden. Unvergesslich wird die Bergwelt im Zentrum der Insel bleiben, ihre bizarre Felslandschaft mit weiten Panoramen, tiefen Schluchten, wasserspendenden Stauseen und Höhlendörfern. Wenn im Frühjahr der blühende Ginster die Berghänge mit strahlendem Gelb überzieht, glaubt man eine Traumlandschaft vor sich zu haben. Nicht umsonst hat man Gran Canaria einen ›Kontinent im Westentaschenformat‹ genannt.

Der Inselnorden: fruchtbarer Boden und üppiges Grün

LANDSCHAFTEN UND NATURRAUM

Vulkanischer Ursprung

Wer die grandiose Bergwelt Gran Canarias mit dem Wagen erkundet, durchfährt eine bizarr zerklüftete Landschaft aus Lavagestein und stößt hin und wieder auf Kraterreste und Bergflanken aus dunkler Vulkanasche. Doch die Insel verrät nicht auf den ersten Blick ihren vulkanischen Ursprung wie Teneriffa mit dem gleichmäßigen Vulkankegel des Teide oder Lanzarote mit seinen kahlen Kraterlandschaften.

Wie Madeira im Norden und die Kapverdischen Inseln im Süden sind die Kanaren eigenständigen Ursprungs und nicht über einen submarinen Festlandsockel vorgeschobene Teile des afrikanischen Kontinents. Ein in rund 100 km Tiefe aktiver Magmaherd im Laufe von 20–30 Mio. Jahren submarine Vulkane bis über Meeresniveau aufgebaut. Da dies in Abständen geschah und die Schicht über dem Herd langsam nach Osten wanderte, entstanden die Kanarischen Inseln nacheinander. Die östlichen Inseln Lanzarote und Fuerteventura sind demnach die ältesten und inzwischen durch Abtragung niedrigsten. Die Vulkane auf Teneriffa, Lanzarote und La Palma haben den Kontakt mit dem Magmaherd nie ganz verloren, was die Ausbrüche in den letzten Jahrhunderten bezeugen. Der letzte Ausbruch ereignete sich 1971 auf der Insel La Palma. Auf Gran Canaria ist in absehbarer Zukunft nicht mit vulkanischer Tätigkeit zu rechnen.

Calderas, Felsfinger und Höhlen

Solange Menschen auf Gran Canaria leben, ist kein Vulkanausbruch bezeugt. Noch sichtbare Überreste einer lange vergangenen vulkanischen Tätigkeit sind die wenigen *calderas,* mit Abtragungen aufgefüllte Kraterschlote an den nördlichen Bergflanken. In der größten von ihnen, der Caldera de Bandama bei Santa Brígida, wurde bis vor einigen Jahren noch etwas Landwirtschaft betrieben. Im zentralen Bergmassiv, von den Inselbewohnern *cumbre* genannt, künden noch die Felsfinger der *roques* von ehemaligen Vulkanschloten, deren härteres Gestein der Abtragung durch Regen und Wind in Jahrmillionen widerstanden hat.

Fast radial vom ehemals vulkanischen Zentrum ziehen sich oft tief eingeschnittene und von der Erosion ausgewaschene Schluchten zur Küste hin – die *barrancos.* Dieser Begriff ist ein Beitrag der Kanaren zum Fachwortschatz der Geographen. Im Süden und Westen der Insel sind diese Kerbtäler besonders steil und felsig, im fruchtbaren und regenreichen Norden enden sie in einer terrassenartigen, grünen Kulturlandschaft.

Vor allem an den Seiten dieser Täler liegen oft dicke Tuffsteinschichten frei, die einst durch Ascheauswürfe der Vulkane entstanden und sich im Laufe der Zeit zwischen den Lavaschichten verdichtet haben. Da dies Gestein leicht zu bearbeiten, aber auch fest genug ist, haben die Inselbewohner Tausende von Höhlen, die *cuevas,* gegraben, die allen möglichen Zwecken dienen und als Wohnungen eine immer ausgeglichene Temperatur garantieren. Daneben hat die vulkanische Vergangenheit viele natürliche Felshöhlen hinterlassen, entstanden durch ungleichmäßige Erhärtung des Lavaflusses.

Die Wettermacher

Für das gute Wetter-Image der Kanaren als ›Inseln des ewigen Frühlings‹ sorgen im Zusammen- und Gegenspiel die Faktoren Sonne, Meer und Wind. Wäre da nicht der Temperaturausgleich durch das Meer und der kühlende Kanarenstrom aus Nordost, würden hier knapp unter dem 30. Breitengrad ebenso hohe Tagestemperaturen herrschen wie in der nahen Sahara. Doch unter diesen Bedingungen klettert das Thermometer in Maspalomas im Sommer selten auf über 30° C im Schatten und fällt in Winternächten kaum unter 14° C. Empfindliche Unterschiede zwischen den Jahreszeiten gibt es nicht.

Ein entscheidender Wettermacher ist der Passatwind aus Nordosten, der schon den Entdeckern und Eroberern seit Kolumbus die ›Passage‹ nach Amerika über die Kanaren erleichterte. Der Passat ist Teil einer ellipsenförmigen Luftbewegung: In der Äquatorregion steigt warme Luft auf, sinkt etwa bei den Azoren wieder ab und weht in Meereshöhe als relativ kühler und feuchter

Wind wieder äquatorwärts. Dabei streift er die Kanaren und sorgt für Erfrischung an den Stränden sowie an Nord- und Ostküste Gran Canarias für sehr gute Surfbedingungen.

Hin und wieder wird die Herrschaft des Passats gebrochen. Heiße, trockene Luft aus der Sahara dringt bis Gran Canaria vor und lässt das Thermometer bis über 40° C klettern. Führt diese Luftströmung besonders viel feinen Staub mit sich, entsteht eine Wetterlage, die hier *calima* genannt wird und den Urlaub für ein paar Tage erheblich beeinträchtigen kann: Die Sonne ist kaum oder gar nicht mehr zu erkennen, der gelbliche Staub überzieht alles,

Barranco de Soria

dringt unweigerlich in Hotelzimmer und Apartments und kann zu Atembeschwerden führen. In den letzten Jahren kam es gehäuft zu vorher eher untypischen Schlechtwetterlagen. In den Monaten November bis Januar regnete es zeitweise auch im Süden der Insel so heftig, dass die sonst trockenen *barrancos* zu reißenden Flüssen wurden und es stellenweise zu Überschwemmungen kam.

Der grüne Norden

Wie auch auf den anderen bergigen Inseln des Archipels ist die Nordregion von einer dichten Vegetation überzogen. Die Feuchtigkeit der Passatwinde kondensiert in kühleren Höhen zu Nebel und Wolken, die sich dann an den Nordflanken der Inselberge stauen und abregnen oder durch Gebüsch und Bäume ›gemolken‹ werden. Die sich im Laufe des Vormittags schließende und oft in den Abendstunden wieder auflösende Wolkendecke bringt erst in größeren Höhen das Niederschlagsmaximum.

An einigen wenigen, dauerfeuchten Stellen sind kleine Märchenwälder entstanden – mit Moosen und Farnen und langen, gespenstisch herabhängenden Flechten. Die einstigen ausge-

dehnten Lorbeerwälder dieser feuchten Zonen sind durch jahrhundertlangen Raubbau stark dezimiert und nur noch im Naturschutzgebiet von Los Tilos bei Moya zu besichtigen. Mit dem bekannten Gewürzlorbeer haben sie nichts zu tun.

Bei einer Fahrt durch den Inselnorden beeindrucken auch die Alleen mit Eukalyptusbäumen, die dem Boden viel Feuchtigkeit entziehen. In den Küstenebenen des Nordens ist die durstige Banane typische Kulturpflanze. Besonders bei Arucas, Guía und Gáldar erstrecken sich die Bananenfelder, durch Mauern gegen Wind geschützt.

Dattelpalme

Die Kanarische Dattelpalme erkennt man an ihren erst grünen, dann rötlichen Büscheln mit kleinen Früchten. Die bitter schmeckenden Datteln werden nur als Viehfutter verwendet. Einst gab es große Haine auf der Insel, wie der Name Las Palmas belegt. Heute trifft man noch auf kleinere Gruppen in der Oasis de Maspalomas und auf größere in einigen südlichen Bergtälern. Besonders schöne Palmenhaine zieren die Täler von Fataga und Santa Lucía. So manche ältere Leute in den Dörfern fertigen aus den Wedeln noch praktische Dinge wie Matten, Körbe und Besen oder Souvenirs für Touristen, wie Taschen und Hüte.

Der Süden – sonnig und karg

Äußerst niederschlagsarm präsentiert sich hingegen der Süden der Insel. Der Passat lässt seine Feuchtigkeit auf der Nordseite zurück und sinkt als trockenwarmer Fallwind an den südlichen Berghängen hinab, wobei er die Landschaft zusätzlich austrocknet. Allenfalls stehlen sich ein paar Wolkenfetzen über die Bergkämme, lösen sich aber meist schnell wieder auf. Daher die ›Sonnengarantie‹ der Touristenorte im Süden Gran Canarias, wo es von Juni bis August fast nie regnet.

Diese südliche Trockenzone, die bis auf 1000 m hinaufreicht, lässt vor allem Sukkulenten gedeihen, deren dicke Blätter oder Stiele kostbares Wasser speichern können. Zu ihnen gehört die Kandelaber-Wolfsmilch, span. *cardón,* die oft mit Kakteen verwechselt wird, zumal ihre Stämme mit Dornen besetzt sind. Wer von Playa del Inglés in die Berge fährt, trifft am Wegrand unweigerlich auf die bis zu 2 m hohen säulenartigen Gruppen dieser Pflanzen. Sie sind nicht ungefährlich, denn schon bei geringer Beschädigung kann der giftige milchige Saft in die Augen spritzen.

Trockenheit liebt auch der aus Mexiko eingeführte Feigenkaktus (oder Opuntie), dessen essbare Früchte auch zum Verkauf angeboten werden. Der rote Farbstoff der auf ihm gezüchteten Cochenille-Schildläuse hatte einst große wirtschaftliche Bedeutung für die Insel.

Im Frühling überziehen sich die sonst graubraunen südlichen Berghänge mit einem vielfarbigen Blumentep-

NUTZHOLZ UND NEBELFÄNGER – DIE KANARISCHE KIEFER

Der erste Kontakt der spanischen Eroberer Gran Canarias mit der Kiefer war unangenehm. Die Ureinwohner verteidigten sich zornig und zäh mit Keulen und Speeren aus dem harten Kernholz der Bäume, die damals noch die höheren Bergregionen bedeckten. Auch die neuen Herren der Insel zogen Nutzen aus dem Kiefernholz: für den Bau von Schiffen, Weinfässern und Balkonen, als Brennmaterial zum Betrieb der Zuckerfabriken und zur Gewinnung von Harz. Der Kahlschlag war so radikal, dass die Kiefernwälder bald auf wenige Restbestände reduziert waren.

Der bedenkenlose Eingriff in die Inselnatur hatte böse Folgen. Das Trinkwasser wurde immer knapper. Man hatte übersehen, dass die Kiefern die Feuchtigkeit aus dem Nebel der Passatwolken geradezu herauskämmen. In Rinnsalen läuft das kondensierte Nass an den Stämmen herab, sammelt sich im Vulkangestein und speist Quellen und Bäche. Gerade an die kahlen vulkanischen Zonen kann sich die Kiefer gut anpassen und verhindert dort die schnelle Erosion. Auch Dürreperioden machen ihr wenig aus. Eine dicke und starke Rinde lässt sie sogar Waldbrände überstehen. Aus verkohlten Stämmen schlagen oft nach wenigen Jahren neue Triebe.

Nach fehl geschlagenen Experimenten mit anderen Kiefernsorten ist man inzwischen von den vielen Vorteilen der einheimischen Kiefer (*Pinus canariensis*) überzeugt und hat intensiv aufgeforstet. Die Kiefer, die nur im hohen Alter eine pinienähnliche Krone trägt, bildet inzwischen wieder weite Wälder auf Gran Canaria.

pich. Dominierend ist der gelbe Zwergginster, durchsetzt mit der duftigen Micromeria, die an Thymian erinnert, dem wilden Salbei und dem Kanarischen Goldlack.

In den unteren Tälern werden zunehmend tropische Früchte wie Mangos, Papayas und Avocados kultiviert. Gut bewässerte Parks der Hotelanlagen und Gärten der Ortschaften schmücken sich mit farbenprächtigen Exoten, die man zu Hause vergeblich oder wenn überhaupt mit nur kümmerlichem Erfolg züchtet, wie Bougainvillea und Oleander, Hibiskus oder Strelitzien. Sie gehören zwar nicht zur einheimischen Flora, gedeihen hier aber in verschwenderischer Fülle.

Was da kreucht und fleucht

Beruhigend für den Besucher der Insel: Auf giftige Schlangen, Spinnen oder Skorpione wird er nicht stoßen. Was da am Wegrand raschelt, sind meist Eidechsen. Eine Eidechsenart hat im Laufe ihrer Evolution die Gliedmaßen so stark zurückgebildet, dass sie einer Blindschleiche zum Verwechseln ähnelt. Die Mauereidechsen können bis zu 50 cm lang werden.

Eine andere Reptilienart, den Gecko, wird man kaum zu Gesicht bekommen, da er nur nachts auf Jagd geht. An Zimmerdecken und -wänden kann er sich dank seiner Klebdrüsen halten und ist nützlich als Kammerjäger. An Zisternen und Teichen ist der Braunfrosch zu Hause, der grüne Laubfrosch wagt sich manchmal in feucht gehaltene Gärten der Ferienorte vor.

Inselstämmige Säugetiere gibt es auf Gran Canaria nicht, sieht man einmal von den Fledermäusen ab. Alle wild lebenden Kleinsäuger wurden eingeschleppt oder wie das Wildkaninchen für die Jagd ausgesetzt. Nutztiere wie Ziegen und Schafe wurden schon von den Ureinwohnern gehalten und von Siedlern auf die Insel gebracht.

Lediglich an Vogelarten ist die Insel reicher. Mit etwas Glück sieht man Turmfalken und Bussarde vor den Felswänden der *barrancos* oder der westlichen Steilküste kreisen, kann Teichhühner auf den Stauseen entdecken oder Felsentauben und Rebhühner in den höheren Busch- und Baumregionen beobachten. Großes Glück hat, wer den Gesang der Kanarischen Nachtigall hört. Zur zahlreich vertretenen Familie der Finken gehört auch der Kanarienvogel. Sein hier beheimateter Urahn muss jedoch enttäuschen, verfügt er doch weder über das gelbe Federkleid noch über die hohen Sängerqualitäten des uns bekannten Harzer Rollers, ein Ergebnis jahrhundertelanger Zucht. Der Canario del Monte, so genannt, weil seine Heimat die Berge sind, ist grünlich grau, allenfalls mit ein paar schmutzig gelben Stellen auf dem Gefieder.

Autofahrer aufgepasst: Esel on Tour

WIRTSCHAFT UND UMWELT

Wer den Wirtschaftsteil einer grancanarischen Zeitung aufschlägt, wird oft mit sorgenvollen Berichten konfrontiert. Über eine Landwirtschaft im Umbruch: Traditionell wichtige Exportprodukte wie Bananen und Tomaten haben eine ungewisse Zukunft. Und schließlich auch über den Tourismus, das wirtschaftliche Standbein der Insel. Das Auf und Ab der Besucherzahlen wird mit Beunruhigung registriert. Die Sorgen sind verständlich, hat doch die wechselvolle wirtschaftliche Vergangenheit der Insel gezeigt, wie einst blühende Witrschaftszweige in Bedeutungslosigkeit versinken.

Zucker, Wein und Läuse

Bald nach der Eroberung wurden Zuckerrohrpflanzungen angelegt. Noch heute erinnert der Ortsname Ingenio (span. für Zuckerfabrik) an die Bedeutung des wichtigsten Exportprodukts des 16. Jh. Damals waren die Kanarischen Inseln als Zuckerinseln in Europa bekannt. Doch schon nach wenigen Jahrzehnten trug die Konkurrenz aus der Karibik zum Niedergang des Zuckergeschäfts bei. Nur die Rumfabriken von Arucas und Telde verfügen heute noch aus Prestigegründen über einige wenige Hektar Zuckerrohr. Der Rohstoff kommt aber überwiegend vom spanischen Festland.

Vom später einsetzenden Weinboom profitierte Gran Canaria weniger als Teneriffa, wo es geeignetere Böden für die Reben und einen besseren Hafen für die Exporte nach Europa und Übersee gab. Bald erwuchs auch hier eine harte Konkurrenz in den Weinen aus Madeira. Gran Canaria verlor mit der wirtschaftlichen bald auch die politische Vormachtstellung an Teneriffa. Heute werden nur noch einige hundert Hektar Rebland oberhalb von Santa Brígida unterhalten. Der dortige Vino del Monte ist zumeist von mäßiger Qualität und dient überwiegend dem lokalen und privaten Konsum.

Erst im 19. Jh. holte Gran Canaria wieder auf. Der rote Farbstoff der Cochenille-Laus, die auf Kakteenfarmen besonders im Süden der Insel gezüchtet wurde, brachte zusammen mit dem Aufschwung der Tabakindustrie einen ersten wirtschaftlichen Boom um die Mitte des 19. Jh. Die Erfindung der preiswerteren Anilinfarben machten dann auch hier wieder alle Hoffnung zunichte.

Bananen und Tomaten

Eine nachhaltigere wirtschaftliche Genesung gelang durch die Bananen-Monokultur Anfang des 20. Jh. Mit dem neuen Hafen von Las Palmas begann die Insel, Teneriffa zu überholen. Nicht ohne eigennützige Hilfe von Ausländern. Wie schon beim Wein dominierten die Engländer auch den Handel mit Bananen. Nach dem Ersten Weltkrieg verloren sie das Interesse. Der zuneh-

DIE ›ZWERGE‹ GRAN CANARIAS – BANANEN

In ihrem wissenschaftlichen Stammbuch steht *Musa cavendishii,* volkstümlicher heißt sie *la enana* – die Zwergin. Die kanarische Banane – kleinwüchsiger als ihre Konkurrentin aus Lateinamerika, dafür aber aromatischer – scheint ihre große Zeit hinter sich zu haben.

Ihr Aufstieg begann Ende des 19. Jh. mit einer Idee des englischen Unternehmers Alfred L. Jones. Seine Schiffe, die englische Kohle für den neuen Hafen von Las Palmas brachten, sollten nicht leer zurückfahren, sondern möglichst optimal ausgelastet werden. Da boten sich die Zwerge als Rückfrachtgut an, was ihren Preis auf dem englischen Markt erschwinglich machte und gleichzeitig dem Verlangen nach tropischen Früchten entgegenkam.

Mr. Jones legte die ersten Plantagen an. Die Bananenstaude gab es allerdings schon seit den frühen Jahren der spanischen Eroberung auf der Insel. Die ersten Kaufleute sollen sie von Guinea auf die Kanarischen Inseln gebracht haben und schon 1516 von hier über den großen Teich nach Südamerika. Doch war sie bis ins 19. Jh. eher eine Zierpflanze, die Patios und Gärten verschönerte, und viel zu wetterempfindlich, als dass man in diesen Breiten einen kommerziellen Nutzen erzielen könnte. Erst die neu eingeführten, resistenteren Zwerge versprachen Erfolg. Ab 1882 wurden sie schnell zum wichtigsten Exportgut der Insel. Weitere englische Firmen sahen ein lukratives Geschäft, darunter auch die Fyffes Ltd., eine Tochter der United Fruit Company.

Der Erste Weltkrieg unterbrach jäh den Siegeslauf der Zwerge. Und danach traten die Konkurrentinnen aus Übersee massiv auf den Plan, nicht nur weil sie schöner und größer waren – sie wurden auch billiger durch schnelleren Transport und später die Einführung von Kühlschiffen. Der Kollaps des kanarischen Bananenexports drohte – da kam die Rettung durch den Diktator Franco. 1972 verbot er den Import von tropischen Bananen, gut für die Kanaren, schlecht für die Spanier auf dem Festland, die nun für eine Banane weit tiefer in die Tasche greifen mussten als die übrigen Europäer.

Mit der Öffnung der Märkte durch die Europäische Union droht den staatlich hochgepäppelten Zwergen nun das endgültige Aus. Nur durch erhebliche Subventionen werden sie in Zukunft allenfalls mehr schlecht als recht überleben, liegen doch ihre Produktionskosten weit über den gängigen europäischen Marktpreisen. Die empfindlichen Pflanzen müssen durch hohe Mauern gegen den Passatwind geschützt, die ausgelaugten Böden nicht nur ab und zu erneuert, sondern auch oft gedüngt werden, was zu erheblicher Versalzung geführt hat. Die größte Sorge bereitet jedoch der Durst der Pflanzen. Die Bananenstauden brauchen in dem trockenen Klima Unmengen an teurer künstlicher Bewässerung – doch die verfügbaren Wasserreserven sind begrenzt und der Grundwasserspiegel der Insel sinkt in bedrohlichem Ausmaß. Und dann noch der Transport: Wegen der dünnen Schalen müssen die Bananen-Zwerge besonders sorgfältig verpackt werden.

Man erhofft sich Rettung aus Brüssel durch Garantiepreise sowie weiterhin Unterstützung aus Madrid und verschiedene Neuzüchtungen wie die *gran enana*, die große Zwergin. Doch wird alles nichts nutzen, wenn der europäische Verbraucher das ansehnlichere Produkt der Tropen der schmackhafteren, aber eben kleineren und unansehnlicheren Variante vorzieht.

Die Zwergbanane: süßer und aromatischer als die Konkurrenz aus Übersee

mend von Einheimischen übernommene Anbau und Handel konnte letztlich nur durch das kanarische Bananenmonopol für das Festland überleben.

Heute ist die Zukunft der kleinen kanarischen Banane ungewiss. In den Bananenzentren um Gáldar, Guía und Arucas schrumpfen die Anbauflächen zunehmend. Im Vergleich zu ihren größeren Konkurrentinnen aus den fernen Tropen ist sie zu teuer. Sie verbraucht riesige Mengen des kostbaren, weil knappen Wassers, ist windempfindlich und muss intensiv gepflegt werden.

Ähnliches gilt für die Tomate, das bisher zweitwichtigste Agrarprodukt der Insel. Die Unzahl von plastikgeschützten Anbauflächen des Südens täuschen, auch ihre Produktion ist rückläufig. Kein Wunder, dass man es zunehmend mit alternativem Anbau versucht, mit Blumen wie Nelken, Strelitzien, Bromelien und mit exotischen Früchten wie Papayas, Avocados, Ananas, Mangos, Kiwis und Chirimoyas.

Schiffe und Touristen

Seit seinem Bau Ende des 19. Jh. spielte der Hafen von Las Palmas eine bedeutende Rolle in der Wirtschaft der Insel und wurde ständig erweitert. Der nationale Fischfang ist allerdings nur von untergeordneter Bedeutung für die Gesamteinkünfte des Hafens. Zwar werden im ›Hafen des Lichts‹ noch die größten Fänge für die Versorgung der Insel verzeichnet, in weitem Abstand

gefolgt von den kleinen Häfen von Arguineguín und Castillo del Romeral, Mogán und Agaete. Doch die Haupteinnahmequelle ist seit Jahrzehnten die Versorgung der großen ausländischen Fangflotten, die hier auf ihrem Weg zu den fischreichen Gewässer der Saharabank anlegen. Gern gelittene Gäste sind auch die Piratenfänger gewesen, die unbemerkt Namen und Flagge wechselten und sich nicht an die internationalen Schutzabkommen hielten. Doch die Zeiten sind härter geworden, die Integration in die Europäische Union bringt strengere Kontrollen und die starke Konkurrenz marokkanischer Häfen drückt die Einnahmen oder führt gar zur Abwanderung der ausländischen Flotten. Die industrielle Fischverarbeitung auf Gran Canaria ist schon längst geschrumpft und die Inselfischer investieren ihre Erlöse zunehmend im Gewinn versprechenden Tourismusbereich.

Am Strand von Puerto de la Nieves

Die industrielle Produktion ist kaum entwickelt, es gibt nur wenige Produktionsstätten für Düngemittel, Holzverarbeitung, Papier, Kartonage, Rum und Mineralwässer. Die meisten müssen ihre Rohstoffe einführen.

Wer kann, investiert oder sucht Beschäftigung in der Tourismusbranche. Gran Canaria ist inzwischen zu rund 80 % von dieser neuen Monokultur abhängig. Fast der gesamte sonnenverwöhnte Süden der Insel ist in den Händen der Touristen. Deutsche stellen das Hauptkontingent, gefolgt von Briten und Skandinaviern.

Geschärftes Umweltbewusstsein

Als die Stadt Telde vor etlichen Jahren die Säge an die Bäume der Plaza San Juan ansetzte, kamen Umweltaktivisten und ketteten sich an die Äste. Sie erzielten zwar nur einen Teilerfolg, die positive Resonanz auf ihre Aktion spiegelt aber deutlich ein gesteigertes Umweltbewusstsein auf der Insel. Umweltkämpfer opponieren auch gegen die Bauwut an noch unberührten Stränden, wie beispielsweise der Playa de Veneguera westlich von Puerto de Mogán.

Auch die staatlichen Institutionen und die Gemeinden beginnen umzudenken. So wurden schon etliche nicht genehmigte Hotels in Naturschutzgebieten rigoros gesprengt. Die schon bestehende Umweltschutzbehörde der Regierung hat bei neuen Bauvorhaben ein Wörtchen mitzureden.

Inzwischen ist die Hälfte der Bergregionen Naturschutzgebiet mit stark beschränkter Bauerlaubnis. Wanderwege werden zunehmend ausgebaut und der ländliche Tourismus mit renovierten Bauernfincas ist stark im Kommen.

AM TROPF DES TOURISMUS

Man schrieb das Jahr 1961. Der Graf war entschlossen zu handeln. Von seinem Gut in Juan Grande im Süden von Gran Canaria herrschte er zwar über einen riesigen Landbesitz bis weit über den Leuchtturm und die Dünen von Maspalomas hinaus, doch alles war ziemlich öd und leer. Die wenigen Tomatenfelder waren kaum rentabel. Ihre Pflege war aufwändig und der Transport der empfindlichen Ware auf schlechter Wegstrecke zum Hafen von Las Palmas verlustreich. Für nicht genutzte Ländereien drohte überdies die Enteignung. Der Graf beschloss, die Halbwüste zu vergolden.

Don Alejandro, achter Graf De la Vega Grande de Guadalupe, wusste, dass seit einigen Jahren viele Touristen aus dem oft wolkenverhangenen Las Palmas zum einsamen Sandstrand vor den Dünen pilgerten, oft romantisch auf den Rücken von Maultieren. Der Name des Strands passte zu den Sonnenhungrigen: Playa del Inglés. Ob Engländer oder andere Nordländer, die Grancanarios nannten sie kurz Ingleses. Don Alejandro wusste auch: Die Hotels von Las Palmas wurden mit dem Ansturm der Touristen nicht mehr fertig, seit sie in Großraumchartern auf dem neuen Flughafen Gando landeten. Was lag also näher als Ferienanlagen an den Dünen zu bauen und den mageren Profit auf magerem Boden durch einen Tourismus mit ›Sonnengarantie‹ zu verhundertfachen.

Don Alejandro startete sein Projekt ›Costa Canaria‹ mit einem Architektenwettbewerb, den ein französisches Team gewann. 1964 entstanden die ersten Bungalowanlagen in San Agustín. Hätte der Traum des Grafen verwirklicht werden können, wäre wohl die Hälfte der geplanten Anlage Grünfläche geworden. Doch das schnelle Geld lockte und der Boom folgte. Die Auflagen für die Bauherren auf den verkauften Parzellen wurden nicht eingehalten. Hoher Profit aus den dramatisch steigenden Touristenzahlen lockte in- wie ausländische Profithaie und Investitionsspekulanten. Der Wildwuchs begann: Quantität an billig hingeklotzten Bettenburgen statt Qualität durch Stil und Grünanlagen – Bauchaos in schöner Eintracht mit nachlässigen und opportunistischen Behörden. Kurzsichtige und wenig zimperliche Bürgermeister der Gemeinden Tirajana und Mogán saßen am Genehmigungshebel. Eine Gesamtplanung existierte nicht.

Kamen 1955 noch 20 000 Urlauber, so waren es 1988 schon über 2 Mio. Jubel und Zukunftsoptimismus kannten keine Grenzen – eine naive Euphorie mit Scheuklappen, denn schon 1989 kam die große Ernüchterung: Die Besucherzahlen brachen ein, Hiobsbotschaften in den Zeitungen über die *crisis turística,* die schockartig die Insel erschütterte. Die Tourismusindustrie war zu einer neuen ›Monokultur‹ der Insel geworden, etwa zwei Drittel der Beschäftigten finden hier Arbeit. Besserer, geregelter Verdienst und Arbeitsrhythmus locken vorwiegend junge Leute aus der oft saisonalen Landwirtschaft. Das Gespenst der hohen Arbeitslosigkeit schien seine Schrecken zu verlieren.

Doch die Krise öffnete vielen die Augen: Eine realistischere Einschätzung der Lage beginnt sich durchzusetzen, gravierende Fehler werden angeprangert. Überkapazitäten durch fast unvermindert anhaltende Bauwut machen es den Reiseveranstaltern schon bei geringen Flauten leicht, die Preise zu drücken. Von den über 200 000 Betten sind langfristig allenfalls etwa ein Drittel notwendig. Die Hoteliers sehen sich bei schon mäßiger Belegung ihrer Einrichtungen, Preisdruck und weiteren Lohnzuwächsen mit steigenden Kosten konfrontiert.

Der traditionellen mitteleuropäischen Touristenklientel ist Spanien oft zu teuer, für ihr Geld ist ihnen die Qualität von Unterkunft und Service mitunter nicht ausreichend, ihre Ansprüche an die Umwelt sind gewachsen.

Obgleich in den 1990er Jahren die jährlichen Besucherzahlen wieder rasant auf über 2,5 Mio. stiegen, hat man dazugelernt. Ein neuer, einsichtiger Kurs wird gesteuert, wenn auch teilweise nur auf staatlichen Druck.

Man investiert zunehmend in den Umweltschutz, Urlaubsanlagen müssen einen gewissen Standard erfüllen, 2001 wurden neue Bauvorhaben stark eingeschränkt. Aber die schon genehmigten Vorhaben blieben unangetastet und die werden noch für erhebliche Bautätigkeit sorgen.

Ziel vieler Sonnenanbeter: der Strand von Puerto Rico

GESCHICHTE IM ÜBERBLICK

Im Dunkel der Geschichte

Die früheste Besiedlung der Kanaren liegt im Dunkeln. Jüngere archäologische Datierungen deuten auf eine recht späte Besiedlung, allenfalls das 5. Jh. v. Chr. Neuere Vergleiche von Ortsnamen, Dialektwörtern und archäologischen Funden legen eine berberische Einwanderung aus Nordwestafrika nahe.

Ca. 1100–700 v. Chr. Wohl schon vor der Besiedlung dringen Phönizier und Karthager, antike Seefahrervölker des Mittelmeers, in den Atlantik und entlang der westafrikanischen Küste vermutlich bis zu den Kanaren vor. Karthagische Seeleute sollen den schneebedeckten Teide auf Teneriffa gesichtet haben. Die altgriechischen Dichter Homer und Hesiod schreiben von »paradiesischen Inseln« jenseits des heutigen Gibraltar (s. S. 30f.).

Am Rande des Römischen Reichs

1. Jh. n. Chr. Nach einer Darstellung des römischen Schriftstellers Plinius d. Ä. gelangt eine vom mauretanischen Herrscher Juba II. entsandte Expedition bis zu den Kanaren. Er nennt die Inseln *fortunatae,* die Glücklichen. Der Name *Canaria* wird geprägt. (s. S. 30f.)

2. Jh. Auf der frühen Weltkarte des Ptolemäus ist die Insel Canaria schon eingetragen.

Sklavenjagd und Missionierung

14. Jh. Lanciloto Malocello aus der Seefahrerstadt Genua, von den Spaniern Lanzarotto genannt, landet Anfang des Jahrhunderts auf der Insel Lanzarote, die später nach ihm benannt wird. Er wie auch aus Mallorca stammende Seefahrer nach ihm handeln wahrscheinlich mit Unterstützung Portugals, der ersten atlantischen Seemacht. Hauptmotiv ist die Sklavenjagd entlang der westafrikanischen Küste.

Niccolaso da Recco, ein Genueser Kapitän, beschreibt 1341 die Ureinwohner von Gran Canaria als stämmig und intelligent: »Sie singen und tanzen wie die Franzosen und sind zivilisierter als viele Spanier.«

Im päpstlichem Auftrag entsandte Missionare aus Mallorca gründen ein Bistum auf Gran Canaria, vermutlich bei dem heutigen Ort Telde. Sie werden Jahre später von den zunehmend feindlichen Ureinwohnern getötet, die Sklavenfang und verheerende, eingeschleppte Krankheiten mit der neuen Religion verbinden.

Eroberung durch Spanien

1402   Mit Unterstützung des spanischen Königs Heinrich III. von Kastilien beginnt – in Konkurrenz zu Portugal und unter Leitung des Franzosen Jean de Béthencourt – die Eroberung der Kanarischen Inseln. Auf Lanzarote, Fuerteventura und Hierro ist er erfolgreich. Landungsversuche auf Gran Canaria scheitern am Widerstand der Ureinwohner.

1478   Spanische Truppen unter Juan Rejón landen auf Gran Canaria, gründen Las Palmas und kämpfen gegen die Ureinwohner, die von den Herrschern *(guanartemes)* der zwei Machtbereiche um Gáldar und Telde, Tenisor Semidán und Doramas, geführt werden. Intrigen unter den spanischen Führern verzögern die Eroberung. Der von Spanien geschickte Gouverneur Algaba wird von Juan Rejón enthauptet. Der neue Gouverneur Pedro de Vera schickt Rejón als Gefangenen nach Spanien zurück. Die eigentliche Eroberung beginnt. Doramas wird getötet, Tenisor Semidán wird gefangengenommen und auf den Namen Fernando Guanarteme getauft. Er unterstützt fortan die spanischen Eroberer. Die letzten sich verzweifelt wehrenden Ureinwohner, die sich in schwer zugänglichen Höhlenkomplexen verschanzen, werden erst nach fünf Jahren besiegt.

1483   Gran Canaria ist in den Händen der Spanier. Die Eroberung aller Inseln wird erst 1496 abgeschlossen. Die Kanaren können als Spaniens erste Kolonie angesehen werden.

Beginn der Kolonialzeit

Man vermutet, dass von den geschätzten 20 000 Ureinwohner nur etwa 1300 die Eroberungskämpfe und eingeschleppten Krankheiten überlebt haben. Und zwar überwiegend Frauen, die teilweise Liaisons mit spanischen Soldaten eingehen. Die wenigen übrig gebliebenen Männer und auch Kinder werden auf den neu entstehenden Zuckerrohrplantagen als Sklaven eingesetzt oder landen auf dem Sklavenmarkt von Las Palmas, das zu einem Zentrum des westafrikanischen Sklavenhandels wird.

1492   Kolumbus besucht die Kanaren auf seiner ersten Reise. Er läuft Gomera an. Ein Aufenthalt auf Gran Canaria ist nicht belegt, aber wahrscheinlich, ebenso Besuche auf seinen weiteren drei Reisen in die Neue Welt. Die Kanaren werden in der Kolonialzeit notwendiger Zwischenstopp auf der Passat-Route zu den amerikanischen Kolonien Spaniens.

1504   Die Inquisition wird feste Einrichtung in Las Palmas. 1526 werden drei Personen verbrannt, weil sie Fleisch am Freitag aßen. Anfänglich gegen getaufte Mauren und Juden gerichtet, bekämpft die In-

PARADIESTRÄUME UND PURPURINSELN

Ewige Glückseligkeit ist nicht von dieser Welt. Das wussten auch die alten Griechen. Wenigstens nach dem Tode, so glaubten sie, würden die reinen und auserwählten Seelen nicht in eine dunkle Unterwelt eingehen, sondern auf paradiesischen Inseln leben, weit weg von ihrer damals bekannten Welt.

Die Gefilde der Seligen sollten im Westen liegen, wo die Sonne unterging, jenseits des Erdrands, wo der Riese Atlas das Himmelsgewölbe schulterte, der heutigen Straße von Gibraltar. Dort im *Okeanos,* dem atlantischen Ozean, vermuteten die griechischen Dichter Homer und Hesiod um 700 v. Chr. das Paradies der glücklichen Verstorbenen.

> ... dort wohnen sie nun mit kummerfreiem Herzen
> auf den seligen Inseln umspült vom Okeanos,
> glückliche Helden; süße Früchte und Honig
> bringt ihnen dreimal im Jahr die nahrungsspendende Erde.

Gut möglich, dass der Dichter hier die Kanarischen Inseln besingt, mythisch verklärt und den Griechen nur vom Hörensagen bekannt. Kunde von Inseln im *Okeanos* könnte über die Phönizier zu ihnen gedrungen sein. Das unternehmungslustige Seefahrervolk hatte sich schon rund 400 Jahre vor Hesiod durch die Straße von Gibraltar in den Atlantik vorgewagt, den Stützpunkt *Gades,* das heutige Cádiz, gegründet und Fahrten entlang der afrikanischen Küste unternommen. Dem römischen Historiker Diodorus (1. Jh. v. Chr.) zufolge wurden sie auf einer dieser Erkundungen durch ein Unwetter überrascht. »Nach vielen stürmischen Reisetagen kamen sie zu den Inseln, die ich schon erwähnt habe und erkundeten ihre glücklichen Naturbedingungen. So verbreitete sich die Nachricht von ihrer Entdeckung.« Möglicherweise waren die Kanaren diese Entdeckung, liegen sie doch von allen atlantischen Inselgruppen der afrikanischen Küste am nächsten. Von den Inseln brachten die Phönizier die Orchilla-Flechte mit und stellten aus ihr die damals so begehrte Purpurfarbe her. Eifersüchtig wachten sie über ihre Purpurinseln und verbreiteten Schauergeschichten über diesen Teil des Ozeans. Das taten auch die kaum weniger see-erfahrenen Karthager, die später dieses Ende der bekannten Erde beherrschten. Immerhin wusste der griechische Geograph Strabo um Christi Geburt von ehemals phönizisch beherrschten Inseln, die nahe Mauretanien lagen, »der Küste von Cádiz gegenüber«.

Ein Bericht des römischen Schriftstellers Plinius des Älteren aus dem 1. Jh. über die ›Glückseligen Inseln‹ wird als erster genauerer Hinweis auf die Kanaren gedeutet. Er gibt einen Expeditionsbericht des mauretanischen Königs Juba II. wieder, dessen Aufzeichnungen verloren gingen. Eine der erwähnten Inseln wird mit Nivaria, Schneeinsel, bezeichnet, ein ziemlich deutlicher Hinweis auf Teneriffa mit der schneebedeckten Kuppe des Teide. »Die nächste Insel heißt Canaria, genannt nach den riesigen Hunden, von denen zwei für Juba mitgenommen wurden. Dort findet man auch Reste von Gebäuden.« Bewohner der Inseln werden allerdings nicht erwähnt.

Dass auch bei diesem Bericht die Fantasie mitspielte, beweisen die ›riesigen Hunde‹, von denen Archäologen keine Spur gefunden haben. Immerhin trug dieser Bericht dazu bei, dass der Geograph Ptolemäus rund 100 Jahre später die Inseln in seine berühmte erste Weltkarte mit Gradnetz aufnahm, ihnen den Namen Canarias gab und sie damit der Nachwelt in Erinnerung hielt.

Erst ab dem 14. Jh. traten die Inseln wieder in den Interessenhorizont von Königen, Unternehmern und Seefahrern, als es galt, neue Handelsrouten und Sklavenfanggebiete entlang der westafrikanischen Küste zu erschließen. Die ›Glücklichen Inseln‹ wurden zum Umschlagplatz für Sklaven. Kaum wieder entdeckt und erobert wurden sie durch Kolumbus zur wichtigsten Durchgangsstation zu einer weit größeren neuen Welt jenseits des Atlantik.

Im Kolumbusmuseum von Las Palmas wird die Zeit der Entdecker wieder lebendig.

quisition im späteren 16. Jh. die Einflüsse der Reformation, vornehmlich ausländische Protestanten, verliert aber schon im 17. Jh. an Kraft und Bedeutung.

1527 Das höchste königliche Gericht für die Kanarischen Inseln hat seinen Sitz in Las Palmas.

16. Jh. In der ersten Hälfte des 16. Jh. erlangt die Insel wirtschaftliche Bedeutung durch Sklavenhandel und Zuckerrohranbau, der allerdings aufgrund westindischer Konkurrenz in der 2. Hälfte des 16. Jh. zugunsten des Weinanbaus zurückgeht. Wegen Einschränkungen durch das Handelsmonopol Sevillas gewinnt der Schmuggel eine ähnliche Bedeutung wie der legale Handel mit den amerikanischen Kolonien.

Alte Seekarte: ein Ausstellungsstück im Kolumbusmuseum

Seeräuber und Seuchen

1599   Schwerster Piratenüberfall der Inselgeschichte, Las Palmas wird durch den Holländer Van der Does weitgehend zerstört. Mitte des 16. Jh. bis weit ins 17. jh. erfolgen weitere Attacken berüchtigter Seeräuber wie Leclerc, Drake, Hawkins, unterstützt von den Kolonialkonkurrenten Spaniens.

1629   Die Gefährdung durch Piraten veranlasst den spanischen König, einen Generalkapitän mit militärischen, aber auch politischen und richterlichen Funktionen für die Kanaren zu ernennen. Sein Sitz ist zuerst Las Palmas, dann Santa Cruz de Tenerife. Gran Canaria verliert im 17. Jh. zunehmend an Bedeutung gegenüber Teneriffa, wo der Weinanbau bessere Bedingungen findet.

1721   Pest und Hungersnot bringen Tausenden den Tod, am Ende des Jahrhunderts fordern die Pocken ihren Zoll an Menschenleben. Cholera und Gelbfieber bleiben bis ins 19. Jh. die Geißeln der Insel.

Wirtschaftliche Genesung

1778   Der spanische König Carlos III. liberalisiert den Kolonialhandel und legt damit den Grundstein für den wirtschaftlichen Aufschwung auch der Kanaren.

1787   Das Diözesanseminar, Vorform der Universität von Las Palmas wird gegründet, zwei Jahre später das Museo Canario – Zeichen für das gestärkte Selbstbewusstsein der Insel.

1822   Santa Cruz de Tenerife wird Hauptstadt der Kanarenprovinz. Im Zwist mit Santa Cruz kämpft Las Palmas fortan für den Status als Hauptstadt einer Ostprovinz.

Um 1850   Schwerpunkt der Exportwirtschaft wird der Cochenille-Farbstoff, baldiger Niedergang durch die Konkurrenz der Anilinfarben.

1852   Las Palmas wird Freihandelshafen, die Zollvorteile locken ausländische Untermehmer an, besonders Briten.

1883   Mit dem Ausbau des Hafens der Inselmetropole Las Palmas wird begonnen und damit der Seehandel zusätzlich stimuliert. Englische Unternehmer initiieren den Anbau von Bananen, die zum Exportschlager werden.

Im 20. Jahrhundert

1927   Las Palmas wird Hauptstadt der kanarischen Ostprovinz (Gran Canaria, Fuerteventura, Lanzarote) und tritt aus dem Schatten von Teneriffa.

1930   Der Flughafen Gando wird eingeweiht.

1936   General Francisco Franco startet von Gran Canaria in den blutigen spanischen Bürgerkrieg. Er ist Anführer der aufständischen spani-

FRANCOS START IN DEN BÜRGERKRIEG

Kurz nach Mitternacht des 16. auf den 17. Juli 1936 besteigt ein mit seinen 44 Jahren schon etwas fülliger General nebst Frau und Tochter das Boot, das ihn von Teneriffa nach Gran Canaria bringen soll. Er will zum Begräbnis des Militärgouverneurs von Las Palmas, der beim Übungsschießen zu Tode gekommen ist. War es wirklich ein Unglück? Man munkelt von Selbstmord oder sogar Mord. Die politische Atmosphäre ist gespannt, seit Anfang des Jahres eine neue republikanische Regierung in Madrid an die Macht gekommen ist.

Das Begräbnis ist auch nicht eigentliches Ziel des Offiziers namens Francisco Franco Bahamonde. Er weiß, dass am 17. Juli um fünf Uhr nachmittags in Tetuan, Marokko, der Aufstand gegen die bei den Rechten ungeliebte spanische Regierung losbrechen soll. Ihm wurde der Befehl über die dortigen marokkanischen Söldner und die Fremdenlegionäre anvertraut. Franco ist froh, dass endlich losgeschlagen wird. Er ist entschlossen, eine entscheidende Rolle zu spielen, war er doch erst jüngster Major, dann jüngster General der Armee und schließlich deren Oberbefehlshaber, bevor er der Verschwörung angeklagt und nach Teneriffa abgeschoben wurde. Er ist diszipliniert, trinkt nicht, hat keine Frauengeschichten, gilt als streng, mutig, aber auch äußerst ehrgeizig und oft grausam. Auf Teneriffa hat er an den konspirativen Treffs seiner ultrakonservativen Mitverschwörer teilgenommen, sich aber in der Öffentlichkeit zurückgehalten. Erst seit dem Versprechen, ›seine‹ Truppen in Marokko befehligen zu können, ist er bereit zur Rebellion.

Am Abend des 17. Juli erreichen Telegramme Andalusien – mit dem Codewort ›Sin Novedades‹ (Nichts Neues), dem Stichwort zum Aufstand gegen die Republik. Franco zögert nicht. Auf dem Rollfeld des Flugplatzes von Gando steht die ›Dragon Rapide‹, ein zweimotoriger Doppeldecker, bereit, ihn nach Marokko zu fliegen. Bereits am Morgen des 18. Juli um 5.15 Uhr lauschen die Kanarier der Stimme Francos im Radio. Er verkündet das Rebellen-Manifest von Las Palmas. Zwei Tage später wird die Insel in den Händen der Aufständischen sein. Viele Gewerkschaftler, Republikaner, aber auch Künstler und Schriftsteller werden gleich an die Wand gestellt oder in der Höllenschlucht bei Las Palmas erschossen. Die Leichen verschwinden in alten Vulkanschloten.

Um drei Uhr nachmittags hebt die ›Dragon Rapide‹ ab, mit Franco und einigen Begleitern. Der englische Pilot des Flugzeugs, Harry W. Bebb, im Unklaren gelassen über seine Mission, fühlt sich beim Anblick Francos augenblicklich an die beiden Diktatoren Hitler und Mussolini erinnert: »Mein Gott, jetzt befördere ich den Dritten.« In Marokko angelangt setzt sich Franco an die Spitze seiner gefürchteten Truppen, um einen der blutigsten Bürgerkriege der Geschichte zu führen und nach seinem Sieg 1939 als *caudillo* Spanien fast 40 Jahre diktatorisch zu regieren, nur ›Gott und der Geschichte verantwortlich‹.

schen Ultrakonservativen gegen die demokratisch-republikanische Regierung. Der Grancanario Juan Negrín López ist letzter Präsident der Zweiten Republik Spaniens.

1939 Franco siegt mit Unterstützung der faschistischen Mächte Deutschland und Italien. Seine Diktatur wirft Spanien um Jahrzehnte zurück. Die Kanaren leiden anfangs unter der Isolierung Spaniens, der Tourismus erholt sich erst in den 1960er Jahren.

1956 Erster Charter nach Gran Canaria. Beschleunigter Anstieg der Touristenzahlen in den 1960er Jahren, als nach dem Ausbau des Flughafens Gando größere Düsenjets landen können und dadurch die Flugzeit erheblich verkürzt wird.

1975 Tod Francos. Spanien atmet auf. König Juan Carlos wird Staatsoberhaupt, das Land konstitutionelle Monarchie mit einer demokratischen Verfassung. Spanien tritt seine afrikanische Kolonie Sáhara Occidental an Marokko und Mauretanien ab. Tausende kommen von dort nach Gran Canaria.

1982 Die Kanarischen Inseln erhalten den Autonomiestatus, u. a. eigene Regierung und eigenes Parlament. Verteidigung und Außenpolitik verbleiben beim Mutterland.

1986 Spanien tritt der EG (später EU) bei, für die Kanarischen Inseln besteht ein Sonderabkommen.

1993 Volle Integration der Inseln in die EU. Ihnen wird die höchste Förderstufe der Union gewährt, besonders für die Infrastruktur.

1995 Nach Inkrafttreten des Schengener Abkommens der EU entfallen die Grenzkontrollen zwischen Spanien und Deutschland. Zollbeschränkungen von den Kanaren in die deutschsprachigen Länder bestehen weiterhin.

1998 Über 2,4 Mio. Besucher kommen in diesem Jahr nach Gran Canaria.

2002 Der Euro löst die Peseta ab.

Kultur und Leben

Folkloregruppe im Pueblo Canario

KANARISCHE LEBENSART

Flucht aus den Bergen

Gran Canaria verzeichnete im 20. Jh. einen rasanten Anstieg der Bevölkerung. Hatte sich die Einwohnerzahl im 19. Jh. schon verdoppelt, so wuchs sie im Lauf des 20. Jh. um das Sechsfache. Für die Hauptstadt war die Entwicklung noch dramatischer: Heute leben im Großraum Las Palmas zehnmal mehr Menschen als um 1900, fast die Hälfte aller Grancanarier.

Grund für die Bevölkerungsexplosion war der hohe Geburtenüberschuss der Insel, einer der höchsten in Spanien. Inzwischen hat sich der Kinderwunsch drastisch reduziert: Statt sechs oder mehr Kindern plant die kanarische Durchschnittsfamilie inzwischen nur noch zwei oder drei ein. Die Entwicklung gleicht sich – wie auf dem spanischen Festland – den Bedingungen in den hochentwickelten Industrieländern an. Das Wohlstandsdenken ist auch hier auf dem Vormarsch – nicht zuletzt auch eine Folge des Tourismus. Die Frauen wollen oder müssen mitverdienen, um den gestiegenen Ansprüchen der Familie zu genügen, die Kinder sollen eine bessere Ausbildung erhalten.

Überkommene Strukturen und Lebensgewohnheiten einer einst agrarisch bestimmten Gesellschaft schwinden rapide, die Großfamilie als Zukunftssicherung und Arbeitsgemeinschaft ist auch in den entlegenen Dörfern kaum mehr anzutreffen. Waren in den 1960er Jahren von 100 Arbeitnehmern noch fast die Hälfte in der Landwirtschaft tätig, so sind es heute noch 7, doch zehnmal so viele im Dienstleistungsgewerbe, in dem der Tourismus eine Hauptrolle spielt.

So schrumpft die Einwohnerzahl insbesondere der Bergdörfer zunehmend. Die unrentable Kleinlandwirtschaft bietet weder materiellen Anreiz noch Beschäftigung für alle. Vor allem die Jugend erhofft sich Arbeit in der Hauptstadt und in den Urlaubszentren des Südens – die Alten bleiben zurück und können die Höfe und Kleinbetriebe nicht mehr aufrechterhalten. Viele legen als Pendler täglich weite Strecken zurück. Wer kann, zieht in die Nähe des Arbeitsplatzes. Daher auch das rapide Anwachsen von Orten wie Vecindario oder El Doctoral in der Nähe von Playa del Inglés und die schnell hingeklotzten Wohnsilos am Rande von Las Palmas.

Sorgenkind Jugend

Die arbeitssuchende Jugend hat es besonders schwer. Nicht nur, weil ihr Anteil an der Gesamtbevölkerung sogar für spanische Verhältnisse hoch ist und daher zu viele auf den Arbeitsmarkt drängen. Ihre Ausbildung ist auch schlechter als der nationale Standard. Mehr als die Hälfte verfehlen den Abschluss der weiterführenden Schulen.

Kaum erstaunlich daher, dass gerade die Jugendarbeitslosigkeit erschreckend hoch ist, so viele nur in wenig qualifizierten und damit gering bezah-

DER RUF DER NEUEN WELT

»La Habana de Cuba!« wurde zu einem Ausruf freudiger Überraschung. Tausende von Kanariern haben seit Kolumbus ihr Glück in Lateinamerika gesucht. Kaum eine Familie, die dort nicht Verwandtschaft hat. Einige von ihnen sollen schon mit dem großen Entdecker nach ›Las Indias‹ gesegelt sein. Montevideo wurde später von 50 kanarischen Familien mitgegründet. Canarios siedelten auch im damaligen spanischen Louisiana bei New Orleans. Hauptziel war jedoch der karibische Raum: Hispaniola, heute die Dominikanische Republik, Puerto Rico, Kuba und Venezuela.

Lockten anfangs noch Gold und Ruhm, so war es später die Flucht vor Arbeitslosigkeit und Hunger. Überbevölkerung, Wirtschaftskrisen und Missernten zwangen hauptsächlich junge Männer, aber auch ganze Familien zur Auswanderung. Da sie zunehmend strenger geregelt wurde und Auswandererquoten lange Zeit an das Exportvolumen gekoppelt waren, verließen viele Emigranten Gran Canaria heimlich. Manch ein Kapitän verdiente sich mit illegalen Transporten eine goldene Nase. Viele andere der überbeladenen Schiffe sanken.

Für die meisten war es eine Fahrt ohne Aussicht auf Wiederkehr. Nur wenige konnten lesen und schreiben und mussten in der Neuen Welt die niedrigsten Arbeiten verrichten. Überfahrt und Starthilfen mussten jahrelang abbezahlt werden. Für die Rückfahrt blieb kein Geld, überdies war die Heimat auch nicht attraktiver.

In Abgrenzung zu den Festlandspaniern, den *peninsulares,* hießen die Kanarier kurz *isleños* oder – meist abwertend – *comegofios,* Gofiofresser. Der *carrito isleño,* der Straßenkarren der fliegenden Händler von den Inseln, wurde zu einem Begriff in den Kolonialstädten. Auf Kuba war der Tabakanbau großenteils in den Händen der *isleños.* Viele Canarios spielten eine wichtige politische und literarische Rolle in Lateinamerika. Als sich die Kolonien Anfang des 19. Jh. unabhängig machten, kam zeitweilig auch der Gedanke auf, die Kanaren den Spaniern zu entreißen.

Wer dem Mythos vom Reichtum auch nur annähernd nahekam, schickte durch Familienangehörige oder vertrauenswürdige Kapitäne Geld zurück an die Daheimgebliebenen. Einige kanarische Dörfer gelangten dadurch zu einem bescheidenen Wohlstand. Nur wenige Auswanderer kamen reich zurück, auf dem Kopf vielleicht einen Sombrero aus Jipijapa, Ecuador, Uhr und Kette aus Gold und das Geld in der *culebrina* verwahrt. *Los indianos,* wie die Rückkehrer genannt wurden, bauten sich Villen und kauften Land. Sie waren der Stolz ihrer Familien und Dörfer, in die sie zurückkehrten. Die Bande zwischen den Inseln und Amerika erschienen so eng, dass der Canario nicht nur in den Augen von Festlandspaniern sondern auch in seinen eigenen eher als Lateinamerikaner denn als Spanier galt.

Der Strom der Auswanderer floß im 19. Jh. vornehmlich nach Kuba, da dort nach dem Niedergang der Sklavenwirtschaft Lohnarbeiter gesucht wurden. Im 20. Jh. wurde Venezuela das bevorzugte Ziel. Noch heute besuchen Parteidelegationen aus Las Palmas während des Wahlkampfes die Colonia Canaria in Venezuela.

len Jobs unterkommen und das auch oft nur bei saisonalem Bedarf. Die Tourismusbranche bietet zwar eine Fülle dieser Jobs, sei es als Bedienung, Küchenhilfe oder Zimmermädchen, aber gerade an ihnen wird gespart, wenn wieder einmal die unausweichliche Flaute in den ausländischen Besucherzahlen eintritt. In besseren Zeiten werden dann schnell Hilfskräfte eingestellt, was oft zu mangelnder Serviceleistung führt und bei den Touristen einen schlechten Eindruck hinterlässt.

Angesichts der als wohlhabend eingeschätzten Touristen und der überwiegend vom europäischen Festland stammenden Fachkräfte in besseren Positionen empfinden sich viele in den Urlaubsorten arbeitende Kanarier zudem als Fremde auf der eigenen Insel. Kein Wunder, dass der Tourismus, Hoffnung und Enttäuschung zugleich, mit gemischten Gefühlen gesehen wird.

Den ausländischen Besuchern bleiben die Folgen der Jugendarbeitslosigkeit meist verborgen, sind sie doch in den Ferienorten des Südens unter sich. Andernorts ist jedoch auffällig, wie viele junge Menschen sich tagsüber auf Plätzen und Straßen aufhalten. Besonders Las Palmas registriert eine Zunahme an Drogen- und Alkoholabhängigen unter den Jugendlichen – sicher auch ein Zeichen ihrer oft hoffnungslosen Lage.

»Goten raus!« – Kanarische Identität

Die Lage der Kanarischen Inseln zwischen den Kontinenten, weit weg vom spanischen Festland, nahe der afrikanischen Küste und an der traditionellen Passagier- und Handelsroute nach Amerika hat die Identität der Kanarier entscheidend geprägt.

Wer über Gran Canaria fährt, wird an Häuserwänden oder Brücken noch ab und zu ein Graffiti finden: »Fuera Godos!« (Goten Raus!). Gemeint sind die Festlandspanier – ganz besonders die Regierung in Madrid, der fernen Metropole – denen die meisten Kanarier sehr misstrauisch, ja ablehnend gegenüberstehen. Haben sie doch im Laufe ihrer Geschichte nicht viel Gutes vom Festland erfahren. Wie die Halbinsel einst von der dünnen Erobererschicht der germanischen Goten beherrscht wurde, so haben sich die Kanaren immer von den Bürokraten in Madrid und ihren Vertretern auf den Inseln als Kolonie behandelt gefühlt – gegängelt und ausgebeutet. Ablehnung und Ächtung des Stierkampfs stehen symbolisch für die Abgrenzung. Aber auch die oft bemühte Zurückführung des Familienstammbaums auf die Ureinwohner gehört hierher.

Wenn die Kanarier sagen »Somos americanos«, so trifft dies einen tiefen Kern ihrer Identität, können doch die meisten Familien von einem der Ihren erzählen, der nach Lateinamerika auswanderte. Rückwanderer aus Übersee und die Pflege familiärer, aber auch politischer und kultureller Bande mit der Neuen Welt haben stets für eine Auffrischung der Kontakte zu den Kanariern in Amerika gesorgt – sollen dort doch fast so viele Inselstämmige wie auf dem Archipel selbst leben.

Die engen Bande der Canarios zu Lateinamerika sind ein wichtiger Teil ihrer ›atlantischen‹ Einstellung, die besonders die Hafenstadt Las Palmas auszeichnet. Aber auch das bunte internationale Völkergemisch der Hafenregion und die auf der Insel lebenden Ausländer haben das kosmopolitische Bewusstsein der Einwohner gestärkt. So wird man im Canario einen Menschen vorfinden, der grundsätzlich aufgeschlossen, neugierig und tolerant dem Ausländer und damit auch dem Touristen gegenübertritt – jedenfalls so lange, wie er den Eindruck hat, als Mensch und nicht als Objekt behandelt zu werden.

Das Wichtigste: Lebensfreude

Sosehr die Kanarier auf Distanz zu ihren Landsleuten von der Halbinsel gehen mögen, so lassen sie doch in ihren Lebensgewohnheiten auch den Spanier erkennen. Dazu gehört vor allem die Begeisterung und Intensität, mit der gefeiert wird. Feste gibt es wahrlich genug. Neben dem Karneval, der in Las Palmas besonders ausgelassen à la Rio gefeiert wird, existiert eine Unmenge von **Patronatsfesten.** Jeder Ort und viele Stadtteile feiern ihren speziellen Schutzheiligen – und das oft mehrere Wochen. Erst die Pro-

Ein Bad im Schlamm? – Bei der Fiesta del Charco gehört's dazu.

SÜßE KOHLEN UND EIN AUTO IM KUCHEN – DER 6. JANUAR

Auf Teneriffa entsteigen die Könige einem Hubschrauber, aber auch Las Palmas lässt sich nicht lumpen. Ebenso zeitgemäß landen sie hier per Jetfoil. *Melchor, Gaspar* und *Baltasar,* die Heiligen Drei Könige, schreiten gemessenen Schrittes durch eine große und erwartungsvolle Kinderschar und verteilen Geschenke. Denn deshalb wurden sie von den Kleinen herbeigesehnt, für die sie die *Reyes Magos* sind, Magier eines königlichen Geschenksegens, für den sie sich allerdings noch bis zum nächsten Morgen gedulden müssen. Jetzt fahren die Drei erst einmal in einem offenen Wagen zur Plaza Santa Ana, um die Huldigung des Bürgermeisters entgegenzunehmen. Dann besteigen sie bibelnah drei Kamele und die *cabalgata* beginnt– ein karnevalesker Umzug in Begleitung von Reitern, Festwagen und Volksmusikgruppen.

Für säumige Eltern beginnt dann der Stress. Damit sie am folgenden Morgen nicht in enttäuschte Kinderaugen blicken müssen, heißt es, Geschenke zu kaufen. Seit Monaten läuft die TV-Reklame für Spielzeug auf Hochtouren. Ebenso hochtourig sind die Hoffnungen der Sprösslinge. Der Verkauf geht bis Mitternacht, die Geschäfte haben ihr Personal vervielfacht. Wenn die Eltern erschöpft in ihre Betten sinken, haben die lieben Kleinen schon ihre Schuhe rausgestellt, in der Erwartung, dass sie für die Geschenke bei weitem zu klein sind. Der Dreikönigstag ist Nikolaus und Weihnachten in einem. Das Datum für die Bescherung erscheint allemal sinnvoller, hatten doch an diesem Tag die Heiligen Drei Könige dem Christuskind ihre Geschenke gebracht.

Der traditionelle Scherz, ›Kohlen‹ in die Schuhe zu tun, wirkt nur bei den Allerkleinsten. Das nächste Mal wissen sie, dass die schwarzen Dinger aus eingefärbter Zuckermasse bestehen. Auch der Kuchen, der auf dem Frühstückstisch steht, hat es in sich. Pepe und Carmen werden ihn vorsichtig aufschneiden, könnten doch das gewünschte Modellauto oder die erhofften Ohrringe darin versteckt sein.

Nach dem 6. Januar beginnt für viele Eltern die *cuesta de enero,* das Januar›loch‹, wo es heißt, den Gürtel enger zu schnallen, haben sie sich doch oft verausgabt oder sogar einen Vorschuss aufgenommen – alles nur um die anspruchsvollen Kleinen nicht zu enttäuschen.

Nicht nur in Las Palmas, in allen größeren Inselorten werden am 5. Januar die Dreikönigsumzüge veranstaltet, besonders aufwändig in Telde mit verschiedenen Märchen-Karossen. Meist finden die Umzüge am späten Nachmittag oder abends statt. Veranstaltungen für die Kinder gibt es oft schon ab 4. Januar: Weihnachtskrippen werden ausgestellt, Kinder-Galas und Kinder-*fiestas* veranstaltet. Sogar in Playa del Inglés ziehen die Könige durch die Straßen, vom Yumbo-Zentrum zum Stadtteil San Fernando, dort gibt es Feuerwerk und Luftballonsteigen.

zession als religiöse Pflichtübung, dann das viel wichtigere weltliche Vergnügen.

Große *fiestas* haben ein umfangreiches Veranstaltungsprogramm. Folkloregruppen spielen auf, traditionelle Sportarten werden dargeboten, Handwerkskunst wird ausgestellt und bei einer *romería* bewegt sich ein Festzug mit Trachtengruppen und geschmückten Wagen durch die Straßen. Und bis spät in die Nacht wird getanzt, meist zu heißen karibischen Rhythmen wie Salsa und Merengue. In den Monaten Juli, August und September ist Hochsaison, jedes Wochenende findet irgendwo ein Fest statt, oft sogar an mehreren Inselorten zugleich. Touristisch interessante Darbietungen finden nicht nur am Haupttag statt und können den Festtagsprogrammen entnommen werden, die jährlich variieren. In diesem Reiseführer werden unter den jeweiligen Orten die wichtigsten *fiestas* angegeben und auf Veranstaltungen hingewiesen. Genauere Infos zu Tag und Zeiten findet man in dem deutschsprachigen Wochenmagazin ›info Canarias‹, das donnerstags erscheint.

Daneben ergeben sich genügend weitere Gelegenheiten für ein ausgelassenes Zusammensein, sei es bei einer *verbena*, oft nur eine Straßenparty, bei der bis weit in die Nacht hinein gefeiert wird, bei einem *asadero*, der Grillparty im Freien, oder auch nur bei einem *trínqui*, um einige Gläschen mit Freunden zu kippen.

Für den Kanarier ist es auch keineswegs ungewöhnlich, schon am Vormittag an der Theke einen kleinen Rum, Brandy oder seltener einen Whisky (geschrieben oft Güisqui) zu sich zu nehmen, meist mit einigen Tapas-Häppchen, die auch lediglich aus Oliven, Schinkenstückchen oder Sardellenfilets in Knoblauchöl bestehen können. Wenn er Bier bestellt, ist es so früh am Tag meist eine *caña*, ein kleines Bier vom Fass. Alkohol soll nicht betäuben, sondern die Lebensgeister bei Laune halten und die Gespräche beflügeln. Auch deshalb wird rund um die Uhr Kaffee getrunken, immer aus der Espressomaschine, schwarz als *café solo*, kurz als *cafecito* bestellt. Mit mehr oder weniger Milch als *cortado* oder auch einem Schuss Brandy als *carajillo*.

Vor allem in den Geschäftsvierteln von Las Palmas wird zu Mittag nicht ausgiebig gespeist, ein paar der leckeren Tapas werden an der Theke als abwechselungsreiches Fastfood eingenommen und mit Freunden ausgiebig geschwatzt. Hauptmahlzeit ist das Abendessen. An den Wochenden geht man dann mit der Familie groß aus. Oder mit Freunden, wobei getrennte Rechnungen unüblich sind. Einer zahlt alles.

Die offene und mitteilsame Art und die Fähigkeit, ganz den Augenblick zu genießen, lassen die Kanarier als Lebenskünstler erscheinen, die mehr ihren emotionellen Neigungen nachgehen. Dazu gehört auch die Vernarrtheit in Kinder, denen große Freiheiten gewährt und die überall hin mitgenommen werden, sei es zu Abendessen bis spät in die Nacht, zu politischen Veranstaltungen oder gar zu klassischen Konzerten.

Weintrauben bringen Glück

In der Silvesternacht, kurz vor dem Jahreswechsel, kommen zu Hause oder im Restaurant für alle Weintrauben auf den Tisch. Es ist Sitte, dass zu jedem der zwölf Glockenschläge zu Mitternacht eine Trauben verzehrt wird. Klappt das reibungslos, steht ein erfolgreiches Jahr bevor. Die Preise für die Weintrauben steigen in den Tagen vor Silvester sprunghaft an. Auf vielen Plätzen der Orte steigt um Mitternacht ein Feuerwerk und man feiert mit Musik und Tanz bis in die frühen Morgen. Im Hafen von Las Palmas wird das neue Jahr mit dem lauten Tuten der Schiffssirenen begrüßt.

Lieder und Tänze

Zu den unvergesslichen Eindrücken eines Urlaubs auf Gran Canaria gehört es, eine Aufführung der vielen guten Volksmusikgruppen zu erleben. Meist heiter, humorvoll und oft witzig werden Alltag und Arbeit, nachdenklich und träumerisch Sehnsüchte und natürlich die Liebe besungen. Die überschäumende Lebensfreude der Tänze reißt ebenso mit wie die melancholische Romantik der Lieder. In einem Liebeslied heißt es: »Weder mit Dir noch ohne Dich/können meine Schmerzen Ruhe finden/Deine Anwesenheit tötet mich/Bist du nicht da, sterbe ich.« Doch meist gewinnt das kanarischen Lebensgefühls die Oberhand: Über die träumerische Traurigkeit des Einzelnen siegt immer wieder das starke und fröhliche Wir-Gefühl der Gemeinschaft.

Die kanarische Folklore folgt der traditionellen Volksmusik von der spanischen Halbinsel, hat aber ihre typische, unverwechselbare Eigenart entwickelt, wobei die Kontakte zu Lateinamerika eine wichtige Rolle gespielt haben.

Folkloredarbietungen konzentrieren sich wegen des Showeffekts weitgehend auf Tänze, bei denen die Trachten der Inseln und Ortschaften besonders zur Geltung kommen. Die Tanzformen der *folía, isa* und *seguidilla* dürfen im Repertoire der Gruppen nicht fehlen. Bei der eher getragenen *folía* umwerben sich Männer und Frauen, die Paare tanzen im Viereck und die Partner wechseln sich ab, berühren sich aber bei einer echten *folía* nicht. *Seguidillas,* die im Kreis getanzt werden, und vor allem *isas* sind ausgelassene und fröhliche Paartänze. Gute *isa*-Tänzer müssen über 30 Schrittfolgen beherrschen.

Zu den Begleitinstrumenten zählen Gitarre, Mandoline, Tamburin und vor allem das *timple,* ein typisch kanarisches Musikinstrument. Die Besonderheit der kleinen vier- oder fünfsaitigen Gitarre ist ihr leicht bauchiger Klangkörper. Ihre klaren und kräftigen Töne tragen viel zur Eigenart der kanarischen Volksmusik bei.

In den Ferienorten des Südens finden mitunter öffentliche, eintrittsfreie Folkloreaufführungen statt, z. B. in den Einkaufszentren Faro 2 und Puerto Rico, in Las Palmas im Pueblo Canario (s. S. 79). An Wochenenden kann man auch in den anderen Orten der Insel auf die eine oder andere kleine private Volksmusikgruppe treffen, ganz abgesehen von den Folkloredarbietungen während der meisten *fiestas*. Fast jeder Ort ist stolz auf seine eigene Musikgruppe, bestehend aus Instrumentalisten und Chor. Kaum eine Gruppe, die ihre Stücke nicht auf Kassetten aufgenommen hat, oft erhältlich in den örtlichen Bars. Überregional bekannte Ensembles sind Los Gofiones und Los Sabandeños.

Ausländer auf Gran Canaria

Gran Canaria ist für viele Ausländer zur ersten oder zweiten Heimat geworden, unter den Europäern vor allem für Deutsche, Österreicher, Briten und Skandinavier. Sie haben zumeist ihre eigenen Schulen, Kirchen und Clubs. Viele leben hier als Kaufleute, Restaurantbesitzer, Lehrer, Sportler, Schriftsteller, Künstler, Pensionäre oder auch als mehr oder minder betuchte Aussteiger.

Briten gehörten zu den ersten, die sich hier in größerer Zahl permanent niederließen. Anfang des 20. Jh. bestimmten sie entscheidend die Wirtschaft der Insel. Sie bauten ihre Villen in der Ciudad Jardín, der ›Gartenstadt‹ in der Mitte von Las Palmas, oder zogen nach Santa Brígida oder Tafira Alta oberhalb der Hauptstadt wegen des dortigen Heilklimas. Auf ihre Initiative hin entstand der erste Golfclub der In-

sel, der älteste Spaniens. Skandinavier waren die ersten, die in größeren Urlaubergruppen kamen und damit den Massentourismus auf Gran Canaria einleiteten. Viele von ihnen entschieden sich für die Insel als dauerhaften Wohnsitz.

Es mag erstaunen, dass gerade Asiaten einen sehr großen Anteil an den Einwanderern stellen. Wie in vielen Ländern Afrikas und Amerikas haben sich auch hier besonders die für ihren Geschäftssinn berühmten Inder als Händler niedergelassen. Sie – wie auch viele Marokkaner – betreiben Bazare in der Nähe des Hafens und im Stadtteil Santa Catalina, sind aber auch zunehmend mit Souvenirläden in den Einkaufszentren der südlichen Touristenorte vertreten.

Über 2000 Deutsche wohnen dauerhaft auf der Insel. Sie bilden keine geschlossene Kolonie, haben aber ihre eigene Schule in Almatriche, Gemeinde Las Palmas. Die Deutsche Schule genießt einen sehr guten Ruf und ist auch bei Kanariern sehr gefragt.

Vor rund 30 Jahren kam der Maler Georg Hedrich auf die Insel. Sein Atelier am schönen Kirchplatz von Teror hat inzwischen eine gewisse Berühmtheit erlangt. In der Villensiedlung Monte León bei Playa del Inglés hat der Pianist und Dirigent Justus Frantz seine Finca; Altbundeskanzler und Freund Helmut Schmidt war oft zu Besuch. Hier entstand nicht nur die Idee für das ›Schleswig-Holstein Musik Festival‹, der Musiker ist auch Initiator eines Festivals klassischer Musik in Las Palmas.

KUNST UND KULTUR

Erbe der Ureinwohner – die Wohnhöhle

Die Tuffsteinschichten der Insel haben schon die Ureinwohner gezielt genutzt. Mit Werkzeugen aus hartem Stein kratzten sie Höhlen heraus, vermutlich Wohnungen für die Oberschicht und Räumlichkeiten für kultische Zwecke. Die spanischen Eroberer erkannten den Nutzen der Wohnhöhlen, aber jetzt schufen sich eher die ärmeren Leute schnellen und billigen Wohnraum, viele der alten Höhlen dienten als Vorrats- und Viehställe. Bis heute ist diese Tradition ungebrochen. Es wird nicht mehr gekratzt, sondern mit dem Presslufthammer in wenigen Wochen ein weiteres Zimmer in den Berg getrieben, vielleicht eins für den Familiennachwuchs.

Zu tief darf man nicht in den Berg hineingehen, denn dann bekommt man Probleme mit der Luftzirkulation, Wasser könnte eintreten und es wird feucht und muffig. Aber das Mikroklima gut gebauter Höhlen ist ausgeglichen: kühl im Sommer und mild im Winter.

In typischen Höhlendörfern wie Artenara ist der Berg durchlöchert wie ein Schweizer Käse, eine große Höhle dient sogar als Kapelle. Im Tal von Guayadeque gibt es zwei Höhlenrestaurants. Die Wohnhöhlen sind von außen meist nicht mehr erkennbar, steigender Flächenbedarf hat zu Vorbauten geführt, beispielsweise für die Badezimmer, die schlecht in den Höhlen unterzubringen sind.

Kanarische Architektur

Grünes Herz hinter schlichten Fassaden

Die städtische und ländliche Bauweise auf Gran Canaria ist in ihren Ursprüngen vorwiegend von der orientalisch inspirierten Architektur Andalusiens beeinflusst, kamen doch die meisten Siedler aus dem Süden der spanischen Halbinsel. Hinter einfachen Fassaden verbirgt sich ein um so ansprechenderes Inneres mit einem begrünten Innenhof, dem Patio als Zentrum.

Schaut man etwa bei einem Rundgang durch die Altstadt von Las Palmas durch die dunklen Eingänge der Patrizierhäuser, so trifft der Blick oft auf diese Innenhöfe voller Pflanzen, Blumen und Bäumen, oft auch Palmen – ein wahrer Garten mitten im Haus, schattig und kühl. Sie strahlen Geborgenheit und Ruhe aus, verstärkt noch durch das leise Plätschern eines Springbrunnens. Größere Innenhöfe, wie im Diözesanmuseum an der Kathedrale, haben umlaufende geschnitzte Holzgalerien mit schlanken Säulen. Sie bieten direkten Zugang zu den Zimmern der höheren Stockwerke.

Insbesondere die Balkone und Erker haben lange eine andalusisch-maurische Eigenheit bewahrt. Sie sind mit einem kunstvoll geschnitzten Holzgitter versehen, so dass die streng behüteten Frauen das Treiben auf der Straße verfolgen konnten, ohne selbst neugierigen Blicken ausgesetzt zu sein.

Reich verzierte Balkone waren ein Zeichen von Wohlstand, Aushängeschilder und Statussymbole der wohlhabenden Familien am Ort.

Bauen mit Kiefernholz und Vulkanstein

Die großzügige Verwendung von Holz ist ein besonderes Merkmal der kanarischen Bauweise. Einheimische Hölzer wie die der Kanarischen Kiefer wurden geschätzt: Ihr Kernholz ist hart und beständig, widersteht Wettereinflüssen und großer Belastung. So wurde außer für Balkone auch für eine Reihe anderer Gebäudeteile wie Tür- und Fensterrahmen, Treppen und Säulen statt des schwer zu bearbeitenden Vulkansteins das Holz genommen. Es war anfangs in Fülle vorhanden und ermöglichte ein billiges und schnelles Bauen.

Daher sind auch die Dachkonstruktionen vieler Kirchen aus Holz, ebenso wie die Decken, auf die man oft besonders große Sorgfalt verwendet hat. Die besten von ihnen eifern dem südspanischen Mudéjar-Stil nach, der die nicht-figürliche Ornamentik hoch entwickelte, und erreichen mit Holzapplikationen und Farbe reich gegliederte Dekorationsmuster.

Der hauptsächlich für die tragenden Gebäudeteile verwendete dunkle Vulkanstein gibt den Fassaden eine unverwechselbare kanarische Note. So bilden Portale, Tür- und Fensterrahmungen einen starken Kontrast zu den

In Teror findet man schöne Beispiele der typischen reich verzierten Balkone.

weiß gekalkten Wandpartien. Sehr deutlich ist das an den Kirchen von Teror, Guía und Moya zu beobachten. Besonders eindrucksvoll wirken die Kirchenportale, wenn ihre dunkle Steinrahmung bis zum Dach reicht und in eine Glockenwand übergeht, so an der Kirche von Teror, aber auch an der Kapelle San Antonio Abad in Las Palmas.

Andalusisch muten auch die einfachen, einstöckigen Bauernhäuser mit roten Ziegeldächern an. Zum Schutz vor der Intensität der Sonne haben sie dicke Mauern aus Naturstein, sind weiß getüncht und haben nur wenige Fenster. Sorgfältig behauene Hausecken aus Vulkanstein bleiben aus Gründen des Kontrasts ungekalkt.

Eine Dachseite ist mitunter herabgezogen und ruht auf den Holzsäulen einer Veranda. Ist ein zweites Stockwerk vorhanden, so ist es oft durch eine Außentreppe erreichbar. Größere Landhäuser verfügen zusätzlich über einen großen umbauten Patio.

Der Maler Néstor de la Torre

Néstor wird am 7. Februar 1887 in Las Palmas geboren. Wie viele Künstler seiner Zeit reist er durch Europa. Nach Aufenthalten in Paris und Brüssel eröffnet der 20-jährige Maler ein Studio in Barcelona. Er fühlt sich dem europäischen Symbolismus verpflichtet. Am Strand von Las Canteras malt Néstor später sein berühmtestes Werk ›El Poema del Atlántico‹, ›Atlantisches Gedicht‹, überwiegend inspiriert vom Meer. Es geht ihm nicht um realistische Darstellung der Wirklichkeit. Wie in einem poetischen Traum werden Meer, Menschen und Natur dargestellt, idealisiert und symbolisch überhöht. Das ›Atlantische Gedicht‹ umfasst zwei Reihen von je vier Gemälden mit symbolischem Bezug auf die vier Stationen des Lebens: Geburt, Jugend, Alter und Tod. Seine letzten vier Lebensjahre verbringt der Künstler hauptsächlich auf Gran Canaria (gestorben 1938).

Néstor war nicht nur Maler. Ihm lag die unverfälschte Volkskunst seiner Insel am Herzen. Als Architekt entwarf er das Pueblo Canario, das Kanarische Dorf, in Las Plamas, verwirklicht von seinem Bruder Miguel. Dort entstand auch ein Museum, das seine Werke ausstellt (s. S. 79).

Alfredo Kraus – Prinz des Belcanto

Geboren wurde er am 24. November 1927 in der Altstadt von Las Palmas, in dem Haus, das heute das Kolumbusmuseum beherbergt. Sein Vater war Österreicher, der im Ersten Weltkrieg nach Gran Canaria kam. Alfredo studierte Ingenieurswissenschaften, bewies sein Sangestalent aber schon mit 33 Jahren in der Mailänder Scala an der Seite von Maria Callas. Äußerst diszipliniert und jedem Starkult abhold sang er sich nach oben. Es schaffte ohne weiteres das hohe ›Es‹ und galt für viele als der ›Vierte Tenor‹ nach Pavarotti, Domingo und Carreras. ›Werther‹ und ›Lucia di Lammermoor‹ waren seine Lieblingswerke. 1999 starb er in Madrid.

DER DICHTER BENITO PÉREZ GALDÓS

In seinem Geburtshaus an der Calle Cano im Stadtteil Triana von Las Palmas steht seine Wiege aus dem Jahre 1843 gleich neben seiner Schlafzimmereinrichtung aus dem nordspanischen Santander und den selbst entworfenen Möbeln seines Esszimmers in Madrid. Las Palmas, so könnte man überspitzt sagen, kann sich nur der Geburt eines der größten spanischen Schriftsteller rühmen – die Hauptstadt Madrid ermöglichte ihm den Weg zum Ruhm, an Gran Canaria dachte er kaum noch.

Gleich nach seinem zwanzigsten Geburtstag verlässt Benito Pérez Galdós seine Heimatstadt und tritt die beschwerliche Reise per Schiff, Postkutsche und Bahn in die spanische Metropole an – im Gepäck seine ersten literarischen Ergüsse. Das Studium der Rechtswissenschaften, ihm wärmstens ans Herz gelegt für eine solide Karriere in der spanischen Gesellschaft, betreibt er nur lustlos. Er taucht lieber in das bunte, pulsierende Leben der Hauptstadt ein, lässt sich inspirieren vom Treiben auch des einfachen Volks, bereist rastlos Spanien und Europa und mischt sich als Kämpfer für Freiheit und Toleranz in die politischen Auseinandersetzungen jener Zeit ein. Er hat einen Sitz im Parlament, doch seine Leidenschaft gilt der Literatur.

In der nordspanischen Hafenstadt Santander entstehen viele seiner Werke. Die quirlige Stadt an der kantabrischen Küste Spaniens erwecken in ihm Erinnerungen an seine Heimatstadt Las Palmas, die er nie mehr wiedersehen wird. Er kann seine Zugehörigkeit zur 1868er Generation nicht verbergen, die die Realität der spanischen Nation vorwiegend pessimistisch sieht, einer Nation erstarrt in religiösem Fatalismus und in der unwiederbringlichen Herrlichkeit eines vergangenen Kolonialreichs.

Zeitweise erobert er das Theater der Hauptstadt, 24 Dramen entstehen. 1897 wird er Mitglied der Spanischen Akademie. Dem spanischen Roman haucht er neues Leben ein. Seine ›Episodios Nacionales‹ (1873–1912), stolze 46 Bände, beschäftigen sich mit der sozialen und politischen Geschichte Spaniens im 19. Jh.; in psychologisierenden Werken wie ›Doña Perfecta‹ wendet er sich gegen moralische Enge und religiöse Unterdrückung durch Klerus und Adelsfamilien. Seine Feder steht nicht mehr still, 32 Großromane entstehen. Sein wohl bekanntestes Werk, ›Fortunata y Jacinto‹, ein Liebesroman aus dem Kastilien der 1880er Jahre, ist mit Tolstois ›Krieg und Frieden‹ verglichen worden; der Roman ›Nazarín‹ wurde 1958 von Luis Buñuel verfilmt und bekommt den Spezialpreis der Jury in Cannes. Einige seiner Werke sind auch ins Deutsche übersetzt. Man hat Pérez Galdós, nachdem er lange Zeit totgeschwiegen wurde, sogar in eine Reihe mit Balzac und Dostojewski gestellt. Heute gilt er als Begründer des modernen spanischen Romans. Fern von seiner Heimatinsel und fast völlig erblindet starb er 1920 in Madrid.

ESSEN UND TRINKEN

Runzlig, aber lecker – Kartoffeln mit Soße

Die traditionelle Küche Gran Canarias kann ihr bäuerliches Erbe nicht verleugnen und dazu gehört die Kartoffel – *la papa*. Der Artikel ist wichtig, denn *El Papa* (der Vater) ist der Papst in Rom. Eine der traditionellsten Inselspezialitäten ist *papas con mojo:* Kartoffeln mit Sauce. Einfach, aber raffiniert, als Vorspeise oder zum Fisch. Kleine Kartoffeln, die Schale in Salzwasser runzlig gekocht und noch mit Salzkruste, die *papas arrugadas,* werden mit Mojo-Sauce serviert. Mit feurigem, pfeffrigem *mojo picón* oder mildem *mojo verde* mit Kräutern, fast immer aber mit Olivenöl, Essig und viel Knoblauch. Der Kreativität ist keine Grenze gesetzt und das einstige Arme-Leute-Essen kann zur kulinarischen Vor-oder Hauptspeise werden, je nach Hungergefühl und Können des Kochs. Übrigens: die Schale der Kartoffeln wird mitgegessen.

Tierisch deftig

Auch der Speisezettel der Bergbauern bietet Abwechslung. Besonders schmackhaft ist ein Eintopf aus Kartoffeln, Fleisch, Gemüse, das je nach Saison variiert, und Gewürzen: der *puchero.* Und zu besonderen Gelegenheiten und Festen gibt es den *puchero de siete carnes,* mit sieben verschiedenen Fleischsorten. Aber das war und ist bis heute immer noch ein wenig Luxus.

Klassiker der kanarischen Küche sind Fleischgerichte vom Kaninchen, *conejo,* und Ziege, *cabra,* ganz besonders schmackhaft, wenn das Fleisch in einer *salmorejo*-Weißweinbeize mariniert und im Tontopf geschmort wird.

Käse – jung oder gereift

Probieren Sie mal einen echten kanarischen Frischkäse. Es gibt ihn als *queso tierno* oder *fresco* in jedem Supermarkt. *Tierno* heißt ›jung, zart und weich‹ und so schmeckt er auch. Manche lieben diesen weißen Leckerbissen mit etwas Salz oder mit einer Messerspitze Guavenmarmelade bzw. Honig – jeder nach seinem Gusto.

Der Feinschmecker geht in den Bergdörfern auf die Suche, wo viele Bauern noch von Hand produzieren. Da ist Käse nicht gleich Käse. Viele Dinge sind entscheidend für den Geschmack: Frühlings- oder Herbstmilch, Zustand der Tiere, Güte des Labferments. Ganz wichtig ist, welche Kräuter die Ziegen und Schafe fressen. Handgemachter Käse wird noch warm vom Euter mit dem Labferment, dem *guacho,* versetzt und ist schon nach relativ kurzer Zeit als Frischkäse genießbar. Um den *maduro,* den Hartkäse, zu erzeugen, wird die Molke intensiver ausgepresst und der Käse bis zu einem

Jahr in Höhlen gelagert und ab und zu mit Olivenöl abgerieben.

Berühmt ist der Blumenkäse aus Guía (s. S. 169ff.), aber ebenso köstlicher Käse kommt aus anderen Orten.

Gerichte aus dem Meer

Nicht nur die Bergbauern, auch die Fischer der Küsten wollten von jeher abwechslungreich essen. Möglichst fangfrischer Fisch und Meerestiere sollen schmackhaft zubereitet werden – gekocht, gebraten oder gegrillt.

Heute können die wenigen noch aktiven Fischer der Insel den immensen Bedarf der Restaurants schon lange nicht mehr befriedigen. Will man wirklich frisch gefangenen Fisch, sozusagen vom Fischerboot auf den Teller, bestelle man *pescado del día,* (Tagesfisch), und das besonders in den kleineren Hafenorten wie z. B. Arguineguín, Puerto de las Nieves oder Arinaga.

Häufig angeboten werden Bonito, eine kleine Tunfischart, Merluza, Seehecht, Lenguado, Seezunge, Sama, Zahnbrasse, Vieja, Papageienfisch oder Cherne und Mero, Barscharten.

Der deftige *sancocho,* Fischeintopf, ist sehr sättigend und enthält meist mehrere gekochte Fischsorten mit Kartoffeln, Zwiebeln und Kräutern. Um mehrere gegrillte Fischarten zu kosten, wählt man am besten *pescado mixto,* eine oft umfangreiche Fischplatte. Natürlich ist die *sopa de pescado,* Fischsuppe, der gängige Einstieg zu einem Fischgericht.

Das Meer um die Insel bietet aber noch mehr: die Meeresfrüchte. Die Ca-

Wer die Wahl hat, hat die Qual ...

GOFIO - MEHLSPEISE AUS DER STEINZEIT

Soll der kleine Pedro mal groß und stark werden oder die kleine schmächtige Luisa auch ohne nervenzehrende Überredungskünste etwas Kräftigendes zu sich nehmen, greifen kanarische Eltern hoffnungsvoll zu einem traditionellen und oft wirkungsvollen Mittel: Sie mixen den lieben Kleinen einen oder zwei Esslöffel Gofio in die Frühstücksmilch. Aber bitte mit viel Zucker oder Honig, damit keiner meckert. Das ist allemal nahrhaft, gut verdaulich, sättigend und lange vorhaltend. Da können Pedro und Luisa denn auch mal das Pausenbrot vergessen.

Das hellbraune Gofiopulver, ein Mehl aus Getreide oder Mais, kann die kanarische Hausfrau in jedem Supermarkt in den verschiedensten Röstvarianten kaufen – abgepackt und preiswert. Vermutlich weiß sie, dass sie sich in bester, wenn auch einfacher kanarischer Esstradition seit den Ureinwohnern der Insel befindet. Weniger klar könnte ihr sein, dass ihre Urahnen ausschließlich Gerste als Grundstoff zur Verfügung hatten, das einzige Getreide, das sie kannten.

Schon die erste Generation der spanischen Eroberer und Einwanderer ersetzte die schlechter zum Brotbacken geeignete Gerste meist durch Mais, hier auch *millo* genannt. Er war bis ins späte 19. Jh. das Hauptgetreide Gran Canarias, ergiebiger im Anbau als Weizen und vor allem auf kleinsten Gartenflächen bis hoch ins Gebirge kultivierbar. Für die ärmere Bevölkerung war Mais ein Grundnahrungsmittel. Ziegenhirten und Bauern vermischten das geröstete Gofiomehl mit Wasser, formten kleine Kugeln und verwahrten sie in ihren *zurrones,* Lederbeuteln, als Snack während ihres Arbeitstags bei den Herden oder auf den Feldern. Zur Verfeinerung wurde Käsemolke, Milch, Brühe oder Honig beigemischt.

Heute sind die Maisfelder fast verschwunden, denn sie brauchen viel Wasser, das auf der Insel knapp und teuer ist. Der Mais kann billiger aus Amerika importiert werden. Es gibt zwar noch kleine traditionelle Gofioröstereien, aber die originale Röstmethode scheint der Vergangenheit anzugehören: Man mischte schwarzen Sand unter die Körner, röstete kurz, siebte den Sand wieder aus und mahlte das Korn. Auch wird nicht mehr ausschließlich Mais verwendet. Vorwiegend Weizen, aber auch anderes Getreide kann die Grundlage sein.

Nicht unbedingt weil er mitunter als Arme-Leute-Speise gilt, sondern auch weil er oft nur Beilage und Zutat ist, führen die Restaurants Gofio nicht separat auf der Speisekarte. Da er in reiner Form auch fade schmeckt, wird er Einheimischen allenfalls zu verschiedenen Saucen und Gerichten gereicht oder ist Ingredienz von Speisen, wie Eintopf, Fischsuppe, Kartoffelpüree, Auflauf und Desserts.

Auch zu Hause können Sie typisch bäuerlichen Gofiobrei leicht zubereiten: 200 g kleingeschnittenen Speck und einige kleingehackte Knoblauchzehen mit 3 El Schweineschmalz im Tongefäß anbräunen, ca. 1 l Brühe hinzugeben, kochen, bis der Speck weich ist, scharfes Paprika und Gartenminze hinzügen und dann mitgebrachtes Gofiomehl einrühren bis ein nicht zu weicher Brei entsteht.

lamares, Tintenfische, kennen Sie frittiert von zu Hause, probieren Sie hier einmal gegrillte *chocos,* die besonders schmackhafte Tintenfisch-Variante. Mit Zitronensaft beträufeln! Auch der große *pulpo,* eine achtarmige Krake, schmeckt mit Essig, Knoblauch und Zwiebeln ausgezeichnet, auch wenn die Saugnäpfe sichtbar sind und der Anblick für manch einen gewöhnungsbedürftig ist. Aber bitte nicht in Panade frittiert, sondern a la plancha, auf der heißen Metallplatte gegart.

Gambas al ajillo, Garnelen in Knoblauch in der Tonpfanne, sind immer eine Köstlichkeit. *Langostas,* Langusten, sollten Sie nur in guten Fischrestaurants bestellen und diese in den dortigen Meerwasservitrinen aussuchen. Das ist teurer, aber garantiert Frische.

Süßes zum Abschluss

›Schmeckt mir gut‹ heißt eine typische Süßspeise der Insel auf Deutsch: *bienmesabe.* Die sehr süße Mischung aus Mandelmus, Honig und Eigelb wird pur oder zu Speiseeis gereicht. Damit nicht genug mit Mandelkreationen. Es gibt die *tartas de almendras,* eine Art Mandelkuchen, Mandelgebäck, Mandelmilch und sogar Mandelbrot.

Weniger süß und bekömmlicher zum Nachtisch ist der *flan,* Karamelpudding, der in solchen Restaurants am besten schmeckt, die die Köstlichkeit noch selbst herstellen. Gut zur Verdauung sind Mango-, Guaven- oder Papayastücke. Gemischte, angemachte Obstsalate sind weniger üblich. Obst kommt *natural* auf den Tisch.

Tapas – ›Deckel auf den Hunger‹

In heißem Klima kann eine umfangreiche Mahlzeit besonders lähmend wirken. Die Tapas, auf Deutsch ›Deckel‹, Appetithappen als Imbiss, vielleicht von einem Gläschen Rotwein begleitet, sind oft gerade das richtige. Dem kleinen Hunger dient die *media ración,* die halbe Portion. Wem der Magen heftig knurrt, sollte die volle Portion, *ración completa,* wählen, die schon ziemlich sättigend sein kann und eine volle Mahlzeit ersetzen.

Tapas werden zumeist an der Theke einer *bar,* spanisch für Kneipe, eingenommen und stehen dort für hungrige Gäste sichtbar zur Auswahl bereit. Es gibt hunderte von Variationen. Klassiker sind *tortilla española,* Kartoffelomelett, *boquerones en vinagre,* Sardellenfilets in Öl, Essig und Knoblauch, *ensaladilla,* verschiedene Gemüse und Kartoffeln in Öl und Essig, *hígado,* gebratene Leberstückchen in pikanter Salsa-Sauce, oder auch schlicht Schinkenscheiben, möglichst luftgetrockneten *jamón serrano* und *queso tierno,* Frischkäse.

Alkoholisches

Unter den alkoholischen Getränken sind der **Inselrum** und die darauf basierenden **Obstliköre,** vor allem der Bananenlikör, hervorzuheben. Sie werden in der Rumfabrik von Arucas destilliert (s. S. 176ff.). In der Bergregion Santa Lucía – San Bartolomé werden der Mejunje-Likör aus Rum, Honig und

In Puerto de Mogán

Zitrone und der *guindilla,* ein Kirschlikör auf Rumbasis hergestellt.

Die in den Bars und Restaurants angebotenen **Weine** kommen meist vom spanischen Festland. Aufgrund dieser übermächtigen Konkurrenz erhält man nur noch sehr selten und zu entsprechend hohen Preisen gute einheimische Landweine, die auf kleinen Flächen nahe Santa Brígida angebaut werden und oft die Bezeichnung Del Monte nach den Lagen am dortigen Monte Lentiscal tragen. Der vulkanische Boden gibt ihnen den charakteristischen würzigen Geschmack. Relativ selten trifft man auf die Weine der Nachbarinseln Lanzarote, Teneriffa, La Palma und Hierro.

Für Touristen wird eine breite Vielfalt von Biersorten *(cervezas)* importiert, darunter auch viele bekannte deutsche Biere. Aber auch mehrere auf der Insel produzierten Sorten wie ›Tropical‹ werden unter deutscher Anleitung mit Quellwasser aus den Bergen gebraut. Man bestellt an der Theke eine *jarra* (0,4 l) oder eine *caña* (0,2 l), wenn man gezapftes Bier *(de barril)* vorzieht. Wünschen Sie Flaschenbier, sollten Sie *cerveza de botella* anfordern. Auch die Inselbewohner trinken weit mehr Bier als Wein.

Für den klaren Kopf

Wer einen Kaffee verlangt, sollte sich schon etwas auskennen. Ein *café solo* ist ein schwarzer Espressokaffee in kleinen Tassen, den man auch verdoppel kann: *café solo doble.* Bestellt man einen Milchkaffee, *café con leche,* zum Frühstück, kommt der meist in größeren Tassen. Will man das Mischungsverhältnis genau bestimmen, verlange man einen *cortado corto,* Espresso mit wenig Milch, einen *cortado normal,* halb Milch und halb Espresso, oder einen *cortado largo* mit viel Milch. Der *cortado* wird in einem Glas serviert und immer mit heißer Milch bereitet.

Doch damit nicht genug. Der *carajillo* hat es in sich. In den Espressokaffee kippt der Kellner einem Schuss Brandy, Rum oder für Leckermäuler etwas Likör. Sehr beliebt ist Tía Maria, ›Tante Maria‹ aus Jamaica, ein Rum-Kaffee-Kakao-Likör. Wollen Sie einen tüchtigen Schuss Hochprozentiges, heißt das *bien cargado,* ›gut geladen‹. Auch auf deutschen Filterkaffee, *café alemán,* muss man natürlich nicht verzichten.

Die grancanarischen Mineralwässer, *aguas minerales,* sind gut. Man bestellt oder kauft sie ohne oder mit Kohlensäure, *sin gas* oder *con gas.* Das Wasser aus dem Hahn sollte aus Geschmacksgründen auch für die Kaffee- oder Teezubereitung gemieden werden. In den Geschäften gibt es größere Behälter mit Mineralwasser zu kaufen. Die verbreitetste Marke ist ›Firgas‹ aus dem Barranco de Azuaje.

Tipps für Ihren Urlaub

Am Hafen von Puerto de Mogán

GRAN CANARIA ALS REISEZIEL

Pauschal oder individuell?

In der Hochsaison, besonders um Weihnachten und in den Osterferien, ist eine Zimmersuche vor Ort nervenaufreibend, besonders in den Touristenorten im Süden. Man ist dort auf Pauschaltourismus eingestellt und die Unterkünfte sind von Reiseveranstaltern belegt. Größere Chancen auf ein Zimmer oder Apartment ergeben sich für Individualurlauber in der Nebensaison, aber dann sind wiederum viele Anlagen geschlossen. Eine Zimmervermittlung am Flughafen existiert nicht. In jedem Fall sollten Individualtouristen ein bis zwei Nächte von zu Hause aus vorbuchen und einen Mietwagen ab Flughafen mieten. Eine Haus-für-Haus-Suche für den weiteren Aufenthalt ist wenig sinnvoll. In Playa del Inglés gibt es einige Vermittlungsagenturen (s. S. 100).

Welcher Ort für wen?

Wer einen ruhigen Strandurlaub verbringen möchte, sollte das quirlige Playa del Inglés meiden und eine Unterkunft in den östlich anschließenden Orten von San Agustín bis Bahía Felíz, das bei Surfern beliebt ist, wählen. Besonders viel Wassersportaktivitäten bietet Puerto Rico. Puerto de Mogán hat die stilvollste Apartmentanlage der Insel. Wer gern Großstadtflair mit Badevergnügen verbindet, sollte Las Palmas als Urlaubsort wählen.

Besondere Unterkünfte

Ganz ruhig und weit ab vom Massentourismus lebt man in den Bergen, wo zunehmend restaurierte Bauernhäuser und sogar Wohnhöhlen angeboten werden, z. B. bei Santa Lucía und Artenara. Diese modern ausgestatteten Unterkünfte sind allerdings relativ teuer (s. S. 122, 130f.).

Stress- und Rheumageplagte können sich im Kanarischen Zentrum für Thalassotherapie regenerieren. Grundlage sind warme Meerwasserbäder und Hydromassagen. Das Zentrum ist an das Hotel Gloria Palace in San Agustín angegliedert.

Highlights

Es wäre eigentlich schade, wenn Sie in Ihrem Urlaub auf Gran Canaria nicht auf ein oder zwei Touren die grandiosen Landschaften der Insel erkunden würden.

Zu den eindrucksvollsten im Küstenbereich gehören die Dünen von Maspalomas und die westliche Steilküstenstraße vom Mirador del Balcón (s. S. 152ff.) bis nach Puerto de las Nieves (s. S. 155ff.) bei Agaete.

Im Bergland ergeben sich atemberaubende Panoramen bei Bartolomé de Tirajana, am Roque Bentaiga bei Tejeda (s. S. 127ff.) und vom höchsten Berg, dem Pico de las Nieves (s. S. 133). Die wohl interessantesten Straßen: von Bartolomé de Tirajana hoch nach Cruz de Tejeda (s. S. 122ff.) und von Artenara hinunter nach San Nicolás (s. S. 131).

Auf die eindrucksvollsten Höhlen trifft man bei Cuatro Puertas (s. S. 194), am Roque Bentaiga (s. S. 127ff.) und Cenobio de Valerón (s. S. 172).

Die von Lage oder Einrichtung interessantesten Restaurants: Höhlenrestaurant Tagoror im Tal von Guayadeque (s. S. 190), Restaurant La Silla in Artenara (s. S. 131) mit fantastischem Ausblick und Restaurant Montesdeoca (s. S. 80) mit romantisch-kolonialem Patio in der Altstadt von Las Palmas.

Die Highlights unter den Museen: Museo Canario (Archäologie, s. S. 73), Museo Colón (Kolumbus, s. S. 76), Museo Elder (Technik und Naturwissenschaft, s. S. 82f.), alle in der Inselhauptstadt Las Palmas und das Heimatmuseum La Cantonera in San Mateo (s. S. 182f.).

Fiestas und Wochenmärkte

Wer die Grancanarier wirklich kennen lernen will, sollte sich unter die Besucher einer der lokalen *fiestas* mischen und bis in die Nacht mitfeiern. Dieses Erlebnis wird unvergesslich bleiben. *Fiesta*-Hochsaison sind die Monate Juli bis September. Außer dem Karneval schon im Februar in Las Palmas (s. S. 91) und nachfolgend in anderen Orten, ziehen die Fiesta del Charco in San Nicolás (s. S. 153) und die Fiesta de Rama in Agaete (s. S. 158) die meisten Besucher an. Es gibt aber auch jede Menge anderer interessanter *fiestas*. Liebhaber traditioneller Volksmusik und -tanz sollten das Internationale Folklorefestival in Ingenio besuchen (s. S. 194). Da *fiestas* und Festivals nicht nur an einem Tag stattfinden, sollten Sie sich unbedingt das donnerstags erscheinende deutsche Wochenmagazin ›info Canarias‹ kaufen, das über die genauen Festprogramme informiert.

Fast jeder gößere Ort der Insel hält einen Wochenmarkt ab. Die Märkte finden vormittags statt und bieten frische Erzeugnisse von Bauern und lokale Handwerkskunst an. Dieser Reiseführer verzeichnet die wichtigsten im Infoteil der jeweiligen Orte.

In der Sonne überwintern

Langzeiturlaub liegt im Trend. Besondere Nachfrage besteht von November bis März. Allerdings gehören die Kanarischen Inseln zu den weniger preiswerten Zielen, nicht zuletzt wegen der weitgehenden Wettergarantie. Viele Reiseveranstalter bieten Langzeiturlaub an, meist 5–12 Wochen. Neben der Unterkunft werden oft auch zusätzliche Aktivitäten angeboten. Genaue Infos sind in den Reisebüros erhältlich. Wer sich grundsätzlich informieren will, sollte sich einschlägige Literatur besorgen: ›Überwintern. Langzeiturlaub im Süden‹ von Herbert Heinrich oder ›Langzeit-Urlaub. Ein Ratgeber zum Überwintern‹ von Richard Haimann.

Nachtleben

Las Palmas und Playa del Inglés sind Zentren des Nachtlebens. In Las Palmas pulsiert es nur freitags und samstags. Man trifft sich erst auf den Terrazas der Esslokale oder nimmt in Bars einige Tapas zu sich, dann beginnt man um Mitternacht durch Pubs und Discos zu ziehen. In Playa del Inglés ist jede Nacht viel los, bis morgens 4 Uhr, an Wochenenden auch länger. Vergnügungszentrum ist der Bereich um das Einkaufszentrum Kasbah mit vielen Pubs und Discos. Vor Nepp und Bauernfängerei muss man allerdings auf der Hut sein.

Das Nachtleben der Schwulen und Lesben findet in den Lokalen des Einkaufszentrums Yumbo statt. Die beste Nightshow bietet das Casino Palace in San Agustín.

Die schönsten Strände

Den Spitzenplatz hält die **Playa del Inglés** (s. S. 94ff.) wegen ihrer Breite und Länge und ihrer Serviceeinrichtungen. Lange Strandwanderungen können um die Dünen bis zur Playa de Maspalomas unternommen werden. Am Wege liegt auch ein FKK-Strand. Ruhiger und übersichtlicher ist die **Playa de San Agustín** (s. S. 99ff.). Auch hier gibt es gute Serviceeinrichtungen. Die Playas de Inglés und San Agustín sind mit der blauen Flagge der EU ausgezeichnet.

Westlich von Arguineguín ist die **Playa de la Verga** (s. S. 140) attraktiv wegen ihres weißen Sands, der aus der Karibik stammt. Nur per Boot oder nach anstrengender Wanderung sind die **Playas de Güigüi** (s. S. 150f.) bei San Nicolás zu erreichen – zwei einsame Strände vor mächtiger Felskulisse.

Auch der kilometerlange Stadtstrand **Las Canteras** (s. S. 83ff.) von Las Palmas hat seine Reize, schon allein wegen des einheimischen Publikums. Auf der Strandpromenade kann man speisen und hat eine große Auswahl an Restaurants unterschiedlicher Preislagen.

Sport

Tennis und Reiten

Sehr viele der größeren Hotels im Süden verfügen über Tennis- und Squashplätze, teilweise auch über Tennislehrer. Zusätzlich gibt es in Maspalomas und Puerto Rico auch Tenniscenter, nördlich von Playa del Inglés hat sich das Park & Sport Hotel Los Palmitos auf Tennisferien spezialisiert.

Mehrere Reitställe bieten organisierte Ausritte und Reitunterricht an.

Golf

Dieser Sport ist auf der Insel stark im Kommen. Zu den schon länger bestehenden Anlagen Real Club de Golf am Bandama-Krater und dem Campo de Golf Maspalomas sind inzwischen weitere hinzugekommen: zwei bei Telde, bei Maspalomas Salobre Golf und Meloneras Golf und Anfi Tauro Golf im Tal von Tauro, westlich von Puerto Rico. Meist sind es 18-Loch-Anlagen.

Wandern und Biking

Markierte Wanderwege werden zunehmend ausgebaut. so gibt es inzwischen rund 300 km der *caminos reales,* der Königlichen Wege, in der südlichen Bergwelt. Die Touristenbüros von Playa del Inglés und Puerto Rico halten Infomaterial mit detaillierten Beschreibungen bereit. Beliebt sind die Touren des Wanderclubs Grupo Montañero de Mogán (s. S. 139). Für Wanderungen in der Bergwelt auf eigene Faust bedarf es eines guten speziellen Wanderführers, vgl. Literaturhinweise S. 213f.

Für Biking-Fans bietet Playa del Inglés einige Shops, in den man Fahrräder ausleihen kann und Infos erhält. Happy Biking in Playa del Inglés ist die angesagte Adresse. Interessante Radtouren sind stets anstrengend und verlangen Erfahrung und gute Kondition. Wenig Kraft kostet die Strecke von Maspalomas bis Puerto de Mogán, aber der dichte Verkehr stört hier. Radwege sind auf der Insel eine Seltenheit. Vgl. auch Literaturhinweise S. 213.

Wassersport

Am Strand von Playa del Inglés können Gerätschaften für viele Wassersportarten ausgeliehen werden: Surfbretter, Tretboote, Wasserskier, Segeljollen, Jetskis und Bananaboats. Auch an anderen Stränden gibt es ähnliche Angebote, wenn auch nicht in dem Umfang.

Tauchen

Mehrere Tauchcenter bieten ihre Dienste an. Man kann das nötige Gerät ent-

Die Insel bietet vielfältige Möglichkeiten für Wassersportler.

... ein ›riesiger Sandkasten‹ am Meer

leihen und Tauchkurse nach internationalen Standards absolvieren. Auch Schnupperkurse für Anfänger in Pools werden angeboten. Anspruchsvolle Tauchgänge führen u. a. zu Schiffswracks, Grotten und Lavahöhlen.

Windsurfen

Die südlichen und südwestlichen Strände mit geringeren Windstärken sind ideal für Anfänger. Für Anspruchsvollere sind die Strände weiter östlich von Playa del Inglés interessanter: die Playa Aguila bzw. die Playa de Tarajalillo, an denen auch die einschlägigen Surfcenter ihre Standorte haben. Könner und Profis fahren noch weiter nach Osten zur Playa de Pozo Izquierdo und Playa Vargas auf der Höhe des Ortes El Doctoral, wo der Passat oft Windstärken von 7–8 Beaufort erreicht und auch internationale Wettkämpfe ausgetragen werden. Hier gibt es am sonst uninteressanten Strand auch Bars und Surfshops.

Segeln und Hochseeangeln

Zentrum dieser Sportarten ist Puerto Rico. Man kann Segelboote mieten oder an Bord großer Segler auf Tour gehen. Auch Katamarane werden angeboten. Diverse Segelschulen veranstalten Kurse.

Die Gewässer um die Insel sind ideal für Hochseeangler. Objekte der Angelbegierde sind u. a. Marlins, Tunfische, Schwertfische und auch Haie. Tunfischsaison ist der Winter, den Marlins wird hauptsächlich im Sommer, der Hauptangelzeit, nachgestellt. Der glückliche Angler behält die kleinen Exemplare, die großen gehen an den Kapitän.

Unterwegs mit Kindern

Grancanarios lieben Kinder und sind ihnen gegenüber tolerant, nachsichtig und aufmerksam. Besonders angetan sind sie von hübschen Blondschöpfen. Häufiger als bei uns werden Kinder ins Restaurant und zu Veranstaltungen mitgenommen, auch zu späterer Stunde.

Die meisten Sandstrände des Südens verlaufen flach ins Meer und bieten Kleinkindern Planschzonen, vor allem wenn eine lange Mole die Wellen bremst, wie z. B. in Puerto Rico.

Die größeren Hotel- und Apartmentkomplexe des Südens verfügen oft über Planschbecken als Teil der Poolanlage, einfache Kinderspielplätze oder sogar über Kinder-Animationsangebote. Viele Reiseveranstalter haben besonders kinderfreundliche Anlagen in ihren Programmen.

Auch abseits von Strand und Unterkunft wird kleinen Urlaubsgästen einiges geboten: Eine Fahrt mit dem Mini-Tren durch Playa del Inglés (s. S. 110), Minigolfanlagen, Wasservergnügen in den Aqua-Parks von Playa del Inglés und Puerto Rico, nahe Playa del Inglés außerdem bunte Vögel und lustige Papageienshows im Palmitos Park (s. S. 109), Wild-West-Romantik in Sioux City (s. S. 110) und Kamelritte durch die Dünen (s. S. 110).

Auf Familientour um die Insel wird Kindern sicherlich eine U-Boot-Fahrt in Puerto de Mogán gefallen (s. S. 148), außerdem die Echsen und andere Krabbeltiere in Reptilandia (s. S. 160) zwischen Agaete und Gáldar und die Krokodile im Parque de Cocodrilos (s. S. 189) bei Agüimes mit kleinem Zoo und Tiershows.

Klima und Reisezeit

Reisezeit ist das ganze Jahr über, da durchgehend angenehmes Klima herrscht, ohne markante Unterschiede zwischen den Jahreszeiten. In den Urlaubsorten des Südens kann man im Sommer mit durchschnittlich 28° C am Tage rechnen, nachts fällt das Thermometer kaum unter 20° C. In den Wintermonaten sind es jeweils nur 3–4° C weniger. Der Norden ist etwas kühler, hin und wieder ist es bedeckt und an wenigen Tagen regnet es im Winter kurzfristig.

In der Regel ist nur leichte Sommerkleidung nötig. Eventuell sollten Sie für einen Ausflug in die Berge und in den Norden einen Pullover oder eine Jacke mitnehmen. Dort kann es abends, etwa bei Wanderungen oder Festen, schon mal recht kühl werden, vor allem wenn ein stärkerer Wind weht.

Die Wassertemperatur ist im Sommer mit rund 22° C sehr angenehm, im Winter sind es nur etwa 3° C weniger.

Die beste Reisezeit für Wanderungen und Ausflüge in die Bergen sind die Monate Februar bis Mai, da dann Wiesen und Berghänge von vielfarbigen Blütenteppichen überzogen sind, dominiert vom Gelb des Ginsters.

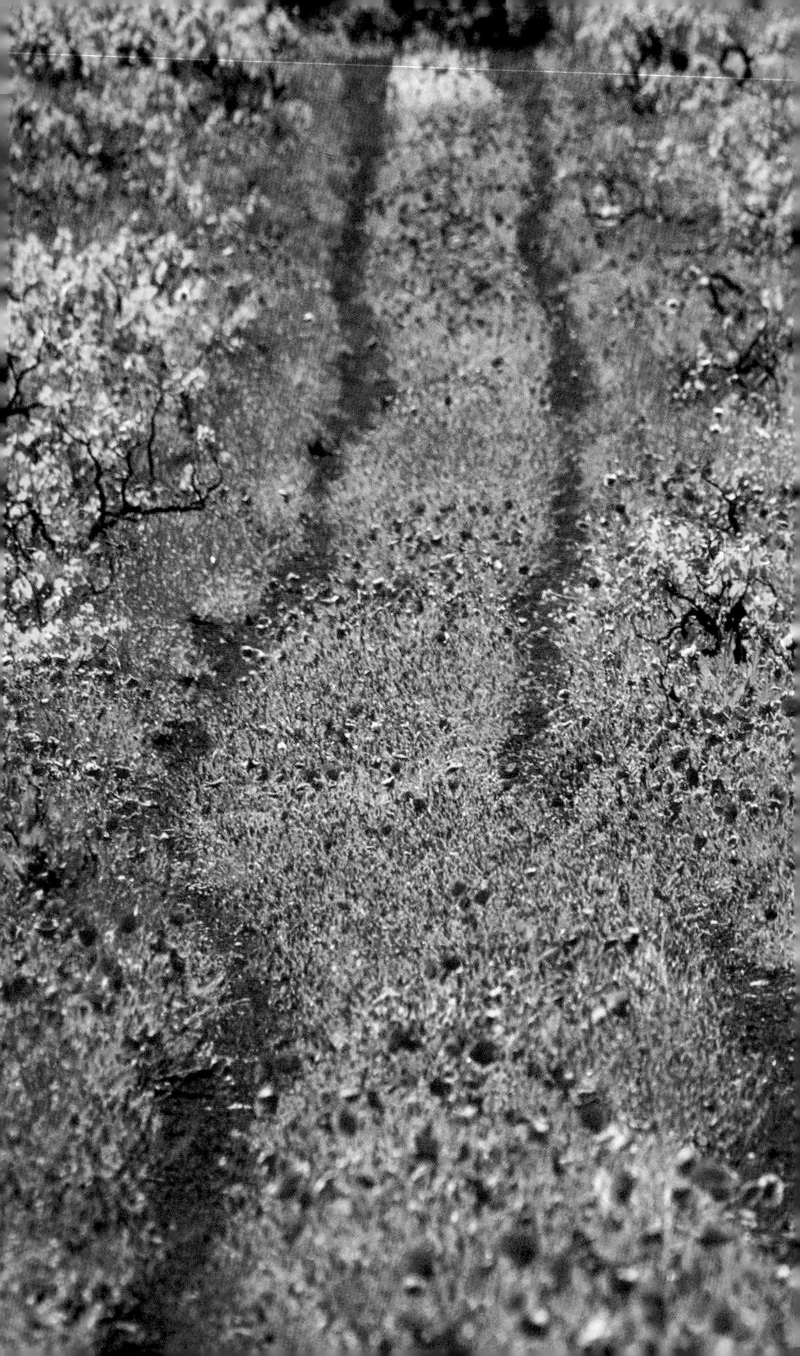

UNTERWEGS
AUF GRAN CANARIA

Ein Leitfaden für die
Reise und viele Tipps
für unterwegs.

Genaue Beschreibun-
gen von Städten und
Dörfern, Sehenswürdig-
keiten und Stränden,
Ausflugszielen und
Reiserouten.

Gran Canaria erleben:
Ausgesuchte Hotels
und Fincas, Kneipen
und Restaurants, Aus-
flüge und Bootstouren.

›Insel des ewigen Frühlings‹

Die
Inselmetropole

Sardina del
Norte

Santa
Catalina

Las Palmas

Vegueta

Puerto de
la Aldea

Telde

*Pico de las Nieves
1949 m*

Puerto de
Mogan

Maspalomas

Playa del Inglés

Parque de San Telmo

Gran Canaria-Atlas S. 235, D-F/1-2

DIE HAUPTSTADT VON GRAN CANARIA

Die Inselmetropole, in der über die Hälfte der Grancanarios lebt, zeigt dem Besucher viele Gesichter. Eher ruhig, gesetzt und fast melancholisch gibt sich die Altstadt mit historischen Bauwerken, engen Gassen und Museen. Quirlige Lebensfreude und ein buntes Völkergemisch empfangen den Besucher im Viertel Santa Catalina. Unzählige Geschäfte und Basare verführen den Kauflustigen und auch Nachtschwärmer kommen voll auf ihre Kosten.

Las Palmas

Gran Canaria-Atlas: S. 235, D 1/2
Wer sich der Hauptstadt der Insel von Süden über die Autopista Sur nähert, ist zunächst einmal unangenehm berührt: Die hässlichen Wohnklötze von Jinámar tauchen auf. Erst wenn im Stadtteil San Fernando die breite Avenida Marítima erreicht ist, kann man aufatmen, falls der dichte und hektische Verkehr das erlaubt. Die großzügig angelegte Küstenstraße, für deren Bau umfangreiche Aufschüttungen nötig waren, säumt die lang gestreckte Hauptstadt bis hoch zum Hafengebiet. An den Wochenenden, nach dem Exodus vieler Hauptstädter in Richtung Süden, ist es eine Freude, auf der Uferpromenade spazieren zu gehen und dabei Anglern, Segelbooten und ein- und auslaufenden Schiffen zuzusehen.

Ein eigentliches Zentrum – dort, wo das Herz der Stadt schlägt, mit Cafés und Restaurants als Treffpunkt der Einheimischen – wird man in Las Palmas vergebens suchen. Die historische Keimzelle im Süden der Stadt, La Vegueta, macht einen etwas leblosen Eindruck – Cafés und Restaurants fehlen um die zentrale Plaza de Santa Ana. Im nördlich anschließenden und zweitältesten Stadtteil Triana ist schon etwas mehr los. In der bekannten Calle de Triana kann man gut einkaufen, und am Abend füllt sie sich mit Einheimischen – doch auch hier mangelt es an Gelegenheiten, gemütlich zu sitzen und zu speisen. Am meisten Leben herrscht im nördlichen Stadtteil Santa Catalina zwischen dem Hafen Puerto de la Luz und dem langen Stadtstrand Las Canteras. Hier laden die vielen Cafés und Restaurants am Parque de Santa Catalina und an der Strandpromenade zum Verweilen ein, und die Bars, Pubs und Diskotheken lassen die Herzen der Partygänger höher schlagen.

500 Jahre Geschichte

Ende April des Jahres 1483 feiert die ›Königliche Stadt der Palmen‹ ein ganz besonderes Ereignis. Die Eroberung der Insel ist endlich abgeschlossen. Die letzte Schlacht ist geschlagen und die letzten Krieger der Ureinwohner haben sich – der Legende nach – von den Felsen von Ansite in den Tod gestürzt. Noch ist Las Palmas keine Stadt, nur eine Ansammlung weniger Häuser zwischen der Küste und dem Flüsschen Guiniguada. An diesem Apriltag gedenkt man auch der allerersten Schlacht, die Juan Rejón, Befehlshaber der ersten spanischen Eroberer, hier fünf Jahre zuvor erfolgreich geschlagen hat. Die vielen Palmen des Tales stehen Pate, als Rejón am 24. Juni 1478 die Villa Real de las Palmas gründete. Palmenromantik war den Eroberern allerdings fremd, sie nutzten viele Stämme umgehend zum Bau einer Palisadenmauer für das Militärlager.

Hoffnungsvoller Beginn

Las Palmas, erste Stadtgründung des spanischen Königreichs mit kolonialem Charakter außerhalb des Mutterlands, gewinnt bald an Bedeutung als Sprungbrett für die Entdecker, Eroberer und Siedler der Neuen Welt. Ob Kolumbus hier schon 1492 auf seiner ersten Entdeckungsfahrt an Land geht, ist nicht belegt, aber wahrscheinlich, residieren doch hier Vertreter der Krone, in deren Auftrag er unterwegs ist.

Nicht nur Spanier, auch Genuesen und Portugiesen lassen sich nieder, um Zuckerrohrplantagen anzulegen und vom Handel mit dem damals noch kostbaren Zucker zu profitieren. In den Straßen von Las Palmas sieht man viele Schwarze, denn die Stadt liegt an der Route des Sklavenhandels entlang der afrikanischen Küste. Der Bischof zieht von Lanzarote nach Las Palmas um und richtet 1504 die Ketzergerichte der Inquisition ein. Aber nur relativ wenige erleiden den Tod auf dem Scheiterhaufen, die meisten werden in Abwesenheit zum Tode verurteilt.

Zwei durch das Flüsschen Guiniguada getrennte Stadtteile entwickeln sich. In La Vegueta, der Keimzelle der Stadt, residieren vor allem königliche Behörden, Bischof und adlige Oberschicht. Zentrum ist die Plaza de Santa Ana mit Kirche und repräsentativen Gebäuden. Hier endet auch ein Arm der Wasserleitung aus den Bergen. Der zweite führt bald nach Triana auf der anderen Seite des Guiniguada. Dort lassen sich Händler, Kaufleute, Handwerker und Fischer nieder.

Niedergang

Von der Bedeutung Las Palmas' als Tor zu den spanischen Kolonien – neben Santa Cruz auf Teneriffa Durchgangspunkt der Flotten auf ihrem Weg in die Ferne – werden auch Piraten der konkurrierenden Seemächte England, Frankreich und Holland angezogen. Zur Abwehr wird das Fort Castillo de la Luz, damals noch weit entfernt von der Stadt an der Halbinsel Isleta, errichtet – mit nicht immer durchschlagendem Erfolg. Der holländische Admiral Van der Does erobert mit übermächtiger

Soldateska die Stadt und legt sie auf seinem Rückzug weitgehend in Schutt und Asche. Die Archive verbrennen, die Stadt muss fast von vorne beginnen.

Zum Niedergang von Las Palmas trägt auch das spanische Mutterland selbst bei. Handel und Verkehr mit den Kolonien in Übersee werden meist streng reglementiert. Oft hilft nur der Schmuggel zum Überleben. Bis ins 19. Jh. wächst Las Palmas nicht über die Stadtmauern von Triana hinaus. Viele wandern nach Südamerika aus, Missernten und Epidemien dezimieren die Einwohnerzahl zusätzlich. Allein 1721 stirbt ein Viertel der Inselbewohner an Hunger. Tausende fallen dem Gelbfieber und der Cholera zum Opfer. Santa Cruz auf Teneriffa überflügelt Las Palmas, das sich als vom Mutterland vernachlässigtes Aschenputtel fühlt.

Blick auf die Kathedrale Santa Ana

endlich 1883 in Angriff genommen. Initiator ist der aus Telde stammende Politiker Fernando León y Castillo (1842–1918), der es zu seiner Lebensaufgabe macht, seiner Insel eine größere Bedeutung zu verschaffen. Intuitiv erkennt er die wirtschaftliche Zukunft eines großen Hafens am Schifffahrtsweg zwischen Europa und Amerika, zumal Las Palmas schon seit 1852 den Status eines Freihandelshafens hat. Als er Minister für Übersee in Madrid wird, sorgt er durch seinen Bruder Juan für zentrale Unterstützung und zügigen Ausbau des Puerto de la Luz zu einem internationalen Hafen rechtzeitig für den schon bald einsetzenden wirtschaftlichen Aufschwung.

Auch in anderen Bereichen gibt es Neuerungen, meist auf Initiative und unter Leitung englischer Unternehmer, die auch den Bananenanbau und -handel beherrschen. Der wirtschaftliche Aufschwung stärkt die Position der Stadt so sehr, dass sie schließlich 1927 gegen Santa Cruz de Tenerife, seit rund 100 Jahren Hauptstadt der Kanaren, einen Teilsieg erringt und Hauptstadt einer kanarischen Ostprovinz wird – mit den Inseln Gran Canaria, Fuerteventura und Lanzarote.

Mit dem Bau des neuen Hafens, damals noch kilometerweit nördlich des Stadtzentrums, beginnt die Ausdehnung von Las Palmas über die Mauern von Triana hinaus. Bald führt auch eine Straßenbahn nach Norden, oft behindert durch Überschwemmungen und Sandverwehungen. Aufschüttungen werden notwendig. Die Hafenstadt im

Aufschwung

In der Konkurrenz zur Nachbarinsel fehlt Las Palmas ein guter Hafen. 1811 baut man zwar auf der Höhe des heutigen Parks San Telmo eine stabile Mole, doch ist die See hier oft zu stürmisch. Besseren Schutz für die Schiffe bietet die Bucht vor der Halbinsel La Isleta weiter im Norden. Das Projekt, hier einen Hafen einzurichten, wird

Norden und die Altstadt im Süden, anfangs nur über einen Weg durch ein Dünengebiet verbunden, wachsen langsam zusammen. Die Engländer bauen in diesem Zwischenbereich Hotels und Villen mit großzügigen Gartenanlagen. Ciudad Jardín, die ›Gartenstadt‹, entsteht.

Beginn des Tourismus

Der Strand Las Canteras wird schon um 1900 Ziel einiger weniger englischer Touristen, angelockt durch die Mundpropaganda ihrer Landsleute. Etliche Strandhäuser werden errichtet, aber erst nach dem Bau der Strandpromenade in den 1940er Jahren entstehen Hotels und Apartmenthäuser. Der Ruf von Las Canteras als zweite ›Copacabana‹ lockt immer mehr Touristen an, meist auf Kreuzfahrtschiffen Richtung Amerika. Als dann in den 1960er Jahren die großen Chartermaschinen auf dem neuen Flughafen von Gando landen und sich der Tourismus nach Süden verlagert, werden viele Hotels und Apartmenteinrichtungen in Wohnungen für die Einheimischen umgewandelt.

Seit den 1940er Jahren erlebt Las Palmas einen starken Zustrom aus allen Teilen der Insel. Der Bevölkerungszuwachs tut ein Übriges, die Stadt platzt aus allen Nähten. Ohne viel Planung wuchern immer neue Siedlungen die Berghänge hinauf. Rund 500 Jahre nach der Gründung von Las Palmas pulsiert das eigentliche Leben der Hauptstadt Gran Canarias in Santa Catalina am ›Hafen des Lichts‹ – weit entfernt von der Altstadt Vegueta, in der es ruhig, allzu ruhig geworden ist.

La Vegueta – Die Altstadt

Wer beim Gang durch die historische Altstadt wenig Zeit mitbringt, kann sich auf die Besichtigung der Plaza Santa Ana mit den historischen Gebäuden und der Kathedrale beschränken. Sehr empfehlenswert für geschichtlich Interessierte sind allerdings noch das archäologisch orientierte Museo Canario und das Museo Colón für die Kolonialzeit, beides äußerst anschauliche Informationsquellen. Besucher ohne Zeitmangel lernen auf dem Weg zur Kirche Santo Domingo die Enge der Altstadt kennen und können hin und wieder einen Blick in die begrünten Patios der alten Bürgerhäuser werfen.

Von der Kirche Santo Domingo zur Plaza Santa Ana

Die **Kirche Santo Domingo** [1] hat ihren Namen von den Dominikanermönchen, die hier einst vor dem Bau der Kirche ein Kloster (seit 1524) besaßen. Da der Orden traditionell mit der Ketzerverfolgung beauftragt war, wurden auf dem Platz vor der Kirche die Scheiterhaufen der Inquisition errichtet. In der Kirche befindet sich die Begräbnisstätte der Grafen de la Vega Grande, die zu den größten Landbesitzern zählen und auf deren Arealen im Süden der Insel die jetzigen Touristenhochburgen entstanden. Die Kirche wurde im 17. Jh. erbaut, Fassade und Türme sind aus dem 18. Jh. Sehenswert sind ihre Barockaltäre und die Luján Pérez zugeschriebenen Figuren, u. a. Christus und die hl. Veronika.

Das **Museo Canario** ☐2 gilt als das beste archäologische Museum der Kanarischen Inseln. Es vermittelt einen einzigartigen Eindruck von der Kultur der Altkanarier. Zu den interessantesten Exponaten gehören Fruchtbarkeitsidole, Topfkeramiken, Mumien, Schädel- und Knochensammlungen und eine Nachbildung der Höhle Cueva Pintada in Gáldar (s. S. 168). Ein Modell der Insel zeigt dem Besucher die wichtigsten Fundstellen und Kultstätten. Im Gebäude des Museums ist außerdem eine Bibliothek mit sämtlichen Publikationen über Gran Canaria untergebracht (Mo–Fr 10–20, Sa, So 10–14 Uhr).

Folgt man der Calle Dr. Chil, trifft man auf die kleine **Plaza del Espíritu Santo** mit Brunnen (19. Jh.) und Kapelle gleichen Namens ☐3. Die Kapelle soll einst nahe der Stadtmauern gestanden und den Sklaven als Gotteshaus gedient haben. Nach den wiederholten Piratenüberfällen wurde sie hierher verlegt. Die hier verehrte Christusfigur wird in der Karwoche in einer nächtlichen Prozession durch die Straßen getragen. Bei den Hochzeiten vieler Palmeros dient die Kapelle als sentimentales Fotomotiv.

Plaza Santa Ana

Das alte Rathaus, die **Casa Consistorial** ☐4, am oberen Ende der zentralen Plaza wurde nach einem Brand 1842 in neoklassizistischem Stil wieder erbaut. Vermutlich ist es Brandstiftung gewesen, denn aus dem Tresor wurden angeblich Gelder entwendet. Nach einer anderen Version traf ein Feuerwerks-

körper während einer Feier den Gebäudetrakt. Der historische Schaden war größer: Die Flammen vernichteten wertvolle Archivalien der Insel. Heute dient das Gebäude nicht mehr der Verwaltung, es finden nur noch Sitzungen und feierliche Veranstaltungen statt.

Gleich rechts vom Rathaus beeindruckt das sehr schöne alte Renaissance-Portal der **Casa Regental** ☐5. Hier residierten einst die Generalkapitäne, militärische und politische Statthalter der spanischen Krone in einer Person. Die dargestellten Löwen und Burgen symbolisieren die Macht der Könige von León y Castilla.

Fassade und Portal des **Palacio Episcopal** (Bischofspalast) ☐6, rechts gegenüber der Kirche, von dessen Balkon der höchste Geistliche der Insel an hohen Festen seinen Segen spendet, geben noch einen Eindruck vom Baustil des 16. Jh.

Gleich gegenüber der Kirchenfassade, am unteren Ende der Plaza, erwecken Hundestatuen die Aufmerksamkeit des Besuchers. Sie erinnern an jene Hunde (lat. *canis),* die nach einem Bericht des römischen Historikers Plinius eine frühe mauretanische Expedition von Gran Canaria mitgebracht haben soll und die der Insel angeblich den Namen gaben. Diese Statuen wurden jedoch englischen Hunden nachgebildet und stammen auch nicht aus Las Palmas.

Kathedrale

Die Plaza de Santa Ana, flankiert von Palmen und eingerahmt von repräsentativen Gebäuden wird von der gleichnamigen **Kathedrale** 7 beherrscht. Die Kirche, benannt nach der Schutzpatronin der spanischen Konquistadoren, wurde gleich nach der Eroberung der Insel und der Gründung von Las Palmas Ende des 15. Jh. begonnen. Schon 100 Jahre später brannte der erste einfachere, gotisch inspirierte Kirchenbau mit seinen achteckigen Türmen im Zuge eines holländischen Pira-

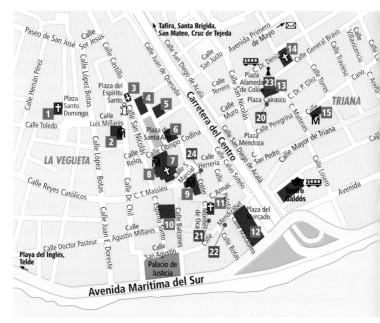

Sehenswürdigkeiten

1 Kirche Santo Domingo
2 Museo Canario
3 Kapelle Espíritu Santo
4 Casa Consistorial
5 Casa Regental
6 Palacio Episcopal
7 Kathedrale Santa Ana
8 Museo Diocesano
9 Casa de Colón
10 Centro Atlántico de Arte Moderno
11 Kapelle San Antonio Abad
12 Mercado de Las Palmas
13 Gabinete Literario
14 Kirche San Francisco
15 Casa-Museo Benito Pérez Galdós
16 Kapelle San Telmo
17 Jugendstil-Kiosk
18 Cabildo Insular

tenangriffs fast völlig aus. Erst Ende des 18. Jh. hatte die Stadt wieder genügend Mittel zur Aufnahme der Bauarbeiten, die sich bis weit ins 19. Jh. erstreckten. Erst jetzt entstand

Atlantischer Ozean

ALTSTADT

0   200 m

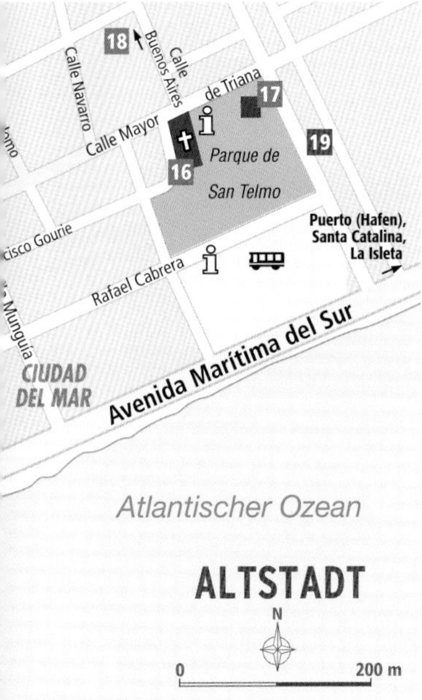

Übernachten
| 19 | Hotel Parque |
| 20 | Hotel Madrid |

Essen und Trinken
21	Restaurant Casa Montesdeoca
22	Bar-Restaurant El Herreño
23	La Galería
24	Hipócrates

die neoklassizistische Fassade nach den Plänen und unter anfänglicher Mitwirkung des grancanarischen Baumeisters und Bildhauers José Luján Pérez (s. S. 170).

Der Innenraum des fünfschiffigen Bauwerks ist im Vergleich zu den großen Kathedralen Spaniens eher bescheiden und schlicht. Die zehn Hauptsäulen tragen ein gotisches Rippengewölbe von 10 m Höhe. Die Vierung vor dem Hauptaltar überwölbt eine Kuppel mit Figuren von Luján Pérez. Zur Zeit ihrer Entstehung war eine solch große Kuppel für die Bauarbeiter der Insel eine derart revolutionäre Neuerung, dass sie argwöhnisch verlangt haben sollen, dass der Baumeister während der Arbeiten unter ihr saß.

Der sehenswerte vergoldete Aufsatz des Hauptaltars stammt aus dem frühen 16. Jh. und ist ein Erwerb vom spanischen Festland, aus Lérida. Der silberne Kronleuchter im Altarraum ist eine Arbeit von Künstlern aus Genua. Die reichen Schnitzdekorationen der beiden Kanzeln im vorderen Hauptschiff stammen teilweise von Luján Pérez. In den Seitenkapellen sind berühmte Persönlichkeiten der Insel begraben: der Dichter Bartolomé Cairasco de Figueroa, der Historiker José Viera y Clavijo und der Begründer des Hafens von Las Palmas, Fernando León y Castillo. Einen recht ungewöhnlichen Platz für die Ewigkeit hat der Bischof Codina gefunden: Seine durch Mumifizierung gut erhaltene Leiche ist in einem Glassarg zu besichtigen.

Zugang zur Kathedrale erhält man auch über das **Museo Diocesano** [8] rechts an der Kirche. In seinen Räumen

Schmuckstück kanarischer Baukunst: Innenhof der Casa de Colón

um den ›Orangenhof‹ in altkanarischem Stil wird religiöse Kunst aus dem 16.–18. Jh. gezeigt: kostbare Gewänder geistlicher Würdenträger, diverse Kultgegenstände sowie Heiligenfiguren aus Holz und Alabaster. Im ersten Stockwerk, vor dem Kapitelsaal (nicht immer geöffnet) mit seinem auf den Inseln einzigartigen Keramikfußboden, hängen in einem Gang die Porträts der wichtigsten Bischöfe (Mo–Fr 10–17 und Sa 9–14 Uhr).

Zur alten Markthalle

Hinter der Kathedrale trifft man auf die **Casa de Colón** 9 , das Kolumbusmuseum. Die Fassadenelemente dieses eindrucksvollen Gebäudes an der Plazoleta de Pilar Nuevo sind mehreren historischen Stilrichtungen nachemp-

funden. Der Entdecker der Neuen Welt hat allerdings wohl nie hier genächtigt, es ist nicht einmal belegt, dass er die Insel betreten hat. Authentisch sind das gotische Portal mit interessantem Figurenfries an der Fassade zur Calle Colón (Eingang zum Museum) und im Innenbereich ein Brunnen aus dem 15. Jh. Das Museum sucht durch seine Räumlichkeiten und mit einer Fülle von Ausstellungsstücken das Ambiente der Entdeckungsreisen zurückzurufen. Dazu gehören auch Exponate vorkolumbischer Kulturen aus Lateinamerika (Mo–Fr 9–19, Sa und So 9–15 Uhr, feiertags und im Sommer Sa und So geschl.).

Für Liebhaber moderner Kunst lohnt sich ein Besuch des nahen **Centro Atlántico de Arte Moderno** – CAAM 10 , das dem Ziel gewidmet wurde, gemäß der Lage der Kanarischen Inseln europäische, amerikanische und afrikanische Kunst zu verbinden. Die Fassade des Hauses aus dem 18. Jh., in dem das Museum untergebracht ist, wurde erhalten, das Innere ist modern umgestaltet (Di–Sa 10–21, So 10–14 Uhr, Eintritt frei außer bei Sonderausstellungen).

Nicht weit von hier erreicht man die kleine **Kapelle San Antonio Abad** 11. Sie stammt in ihrer heutigen Form aus dem 18. Jh. und steht an der Stelle eines schlichteren Baus aus dem 15. Jh. Kolumbus hat hier angeblich für das Gelingen seines Unternehmens gebetet. Ein Geheimgang soll die Kapelle mit dem angrenzenden Gebäude des heutigen Restaurants Montesdeoca verbinden. Der Erbauer dieses Gebäudes war Jude, der vor der Verfolgung auf dem spanischen Festland nach Las Palmas flüchtete. Bei erneuter Gefahr konnte er unerkannt in die christliche Kapelle entkommen.

Entlang der Calle Mendizábal gelangt man zum **Mercado (de Las Palmas)** 12, der ältesten Markthalle der Stadt. Wer Wert auf frische Ware legt, kauft hier: Obst und Gemüse, Fleisch und Fisch, Wurst und Käse, oft platzsparend und kunstvoll aufgetürmt auf den dicht an dicht stehenden Ständen. Eine Besonderheit der Markthalle sind die in die Außenmauer eingelassenen kleinen Imbiss- und Getränkebuden. Um die Schnellstraße zum Stadtteil Triana ohne Schwierigkeiten zu überqueren, geht man hoch zur Calle Codina. Dort stand einst eine Brücke, die das heute zubetonierte Bett des Flüsschens Guiniguada überspannte und die Altstadtteile verband.

Triana – Der jüngere Teil der Altstadt

Um einen allgemeinen Eindruck vom Stadtteil Triana und seiner Atmosphäre zu gewinnen, mag es vielen genügen, die palmenbestandene Plaza de Cairasco zu besuchen, weiter in Ruhe über die Geschäftsmeile der Calle Mayor de Triana zu schlendern und sich schließlich im Parque San Telmo auszuruhen und am Jugendstil-Kiosk etwas zu sich zu nehmen.

Von der Plaza Cairasco zum Teatro Pérez Galdós

An der Plaza Cairasco steht das Gebäude des **Gabinete Literario** 13, das Mitte des 19. Jh. gegründet wurde und dem liberal gesinnten Besitz- und Bildungsbürgertum als Treffpunkt diente. Vor dem Gebäude prangt die Büste des Dichters Bartolomé Cairasco de Figueroa (1538–1610), nach dem der Platz benannt wurde. Der Bereich der Plaza mit vielen Cafés ist ein beliebter Treffpunkt der hiesigen Bevölkerung.

Jenseits der Straße gelangt man auf die erhöhte Plaza (Alameda) de Colón, die im 19. Jh. ein wichtiges soziales Zentrum der Stadt war. Vorbei an einem Kolumbusdenkmal, das an die Fahrten des Amerikaentdeckers erinnert, erreicht man die kleine interessante **Kirche San Francisco** 14 mit einem Portal aus dem 17. Jh. und einer Decke im Mudéjar-Stil. Die Marienfigur der Virgen de la Soledad (Jungfrau der Einsamkeit) wird im Volk sehr verehrt. Sie soll die Gesichtszüge der Königin Isabel I. haben, Gründerin und Patro-

Café unter Palmen

Nach den Mühen der Besichtigung der Vegueta bietet sich eine angenehme Gelegenheit, eine Kleinigkeit zu sich zu nehmen: Auf der palmenbestandenen Plaza Cairasco im Stadtteil Triana lädt das Straßencafé des Hotels Madrid zu einer Stärkung ein. In diesem Hotel, einem der ältesten der Stadt, soll General Franco übernachtet haben, bevor er nach Marokko flog und den spanischen Bürgerkrieg einleitete (ab Mittag geöffnet).

nin des Franziskanerklosters, von dem nur die Kirche erhalten ist. Eine Inschrift an der Außenseite der Kirchenmauer erinnert daran, dass das Zuckerrohr von Madeira über Gran Canaria nach Santo Domingo auf der Karibikinsel Hispaniola gelangte und eine Phase der kolonialen Prosperität einleitete.

Das **Casa-Museo Benito Pérez Galdós** [15], Geburtshaus des Romanciers, steht in der Calle Cano. Hier sind Erinnerungen an den Dichter (1843–1920) zusammengetragen (s. S. 49, Mo–Fr 9–21, Sa 9–18, So 10–15 Uhr).

Den Namen des Dichters trägt auch das **Teatro Pérez Galdós,** das Anfang des 20. Jh. hier an der einstigen Mündung des Guiniguada und damals noch unmittelbar am Meer errichtet wurde. Pérez Galdós war von der Lage des Gebäudes nicht unbedingt begeistert. Seine Kritik drückte er durch eine Zeichnung aus, auf der Fische durch das Foyer des Theaters schwimmen.

Ein Saal des nur zu den Aufführungen geöffneten und von Néstor Martín Fernández de la Torre ausgemalten Theaters ist dem Komponisten Camille Saint-Saëns gewidmet. Der berühmte Franzose weilte anfangs unerkannt auf Gran Canaria, indem er sich als Weinhändler ausgab, wurde aber dann durch einen Artikel in einer französischen Zeitung entdeckt. Er besuchte die Insel mehrmals während der Wintermonate und komponierte unter anderem Teile seiner Oper ›Samson und Dalila‹ in seinem Haus bei Guía.

Calle Mayor de Triana

Belebtes Zentrum dieses Stadtviertels ist die als Fußgängerzone eingerichtete **Calle Mayor de Triana,** kurz Triana genannt. Die Einkaufszeile mit großer Tradition hat noch einige alte Hausfassaden aus der bürgerlichen Blütezeit des 19. Jh. und der Zeit um 1900 bewahrt.

Am Ende der Fußgängerzone stößt man auf den Parque de San Telmo. Die kleine **Kapelle San Telmo** [16] ist dem Schutzpatron der Fischer und Seeleute geweiht. Im Inneren beeindrucken die Barock-Altäre und die Decke in spanisch-maurischem Stil. Hier beginnt die Karwoche *(Semana Santa)* am Palmsonntag mit ihrer ersten Prozession. In der gegenüberliegenden Ecke des Parks steht ein reich dekorierter und farbenfroher **Jugendstil-Kiosk** [17] mit kleinem Café.

Zum Cabildo Insular

Bis zum Bau des großen Hafens in der zweiten Hälfte des 19. Jh. befanden sich auf der Höhe des Parks Werft und Mole von Las Palmas. Der Name der Straße an der Nordseite des Parks erinnert daran: Muelle de las Palmas. Entlang dieser Straße und der anschließenden Calle Bravo Murillo stand einst die Stadtmauer. Von ihr ist nur ein Rest am Ende der Straße Bravo Murillo und Beginn der Calle Mata erhalten.

Geht man die Calle Bravo Murillo hinauf, trifft man auf das Gebäude des **Cabildo Insular** 18, Sitz der Inselverwaltung. Es entstand in den 1930er Jahren in der architektonischen Tradition der Bauhaus-Schule, nach den Plänen eines Bruders des Malers Néstor de la Torre und des mit ihm verwandten deutschen Architekten Richard von Oppelt.

Die Wohnviertel an den Berghängen wurden im Laufe der Zeit von ärmeren Zuwanderern gegründet und sind nach Heiligen benannt: San José, San Roque, San Juan, San Nicolás. Sie werden von den Einheimischen als ›Los Riscos‹ bezeichnet. Das nördlich an Triana anschließende Stadtviertel Arenales entstand in der zweiten Hälfte des 19. Jh., als Zuwanderung und Bevölkerungsexplosion Wohnraum auch außerhalb der Stadtmauer nötig machten. Der Name (span. *arena* = Sand) deutet noch an, dass dieses Gebiet mit Sand bedeckt und weitgehend unbebaut war.

Pueblo Canario und Parque Doramas

Der Park Doramas und das ›Kanarische Dorf‹ liegen im Stadtteil Ciudad Jardín, der ›Gartenstadt‹, die als elegante Villengegend zwischen Altstadt und Hafengebiet mit dem Aufschwung von Las Palmas entstanden ist.

Das **Pueblo Canario** wurde nach Vorlagen des Malers Néstor de la Torre (1887–1938) von dessen Bruder Miguel ab 1939 erbaut und ist dem kanarischen Baustil nachempfunden. Wer die detaillierte Nachbildung eines typisch kanarischen Dorfes in der Art eines Freilichtmuseums erwartet, wird allerdings enttäuscht. Es besteht lediglich aus einer umbauten Plaza mit Restaurant, Café, Touristenbüro, Souvenirläden und dem Museo Néstor. Auf dem Platz finden sehenswerte folkloristische Veranstaltungen statt (So 11.30 Uhr).

Das **Museo Néstor** zeigt in zehn Sälen Werke des Malers und Architekten (s. S. 48) aus Las Palmas. In seinen Werken dominiert der Jugendstil (span. *modernismo*) mit stark symbolistischer Tendenz. Er setzte sich in den 1930er Jahren vorausschauend für den Tourismus der Insel ein – mit Architekturentwürfen und Unterstützung von Handwerk und Folklore (Di–Fr 10–13 und 16–20, So 11–14 Uhr; im August evtl. geschl.).

Das **Hotel Santa Catalina** in unmittelbarer Nähe, 1953 in Anlehnung an den altkanarischen Stil erbaut, ist das schönste und eines der elegantesten Hotels der Stadt. Hier ist das Gran Casino de Las Palmas (s. S. 90) untergebracht. Der Name des Hotels soll auf eine Kapelle zurückgehen, die von mallorquinischen Mönchen noch vor den Spaniern im 14. Jh. errichtet wurde. Das für den Neubau abgerissene alte Hotel gleichen Namens wurde schon 1880 auf Initiative der Briten erbaut, die sich wirtschaftlich auf der Insel stark engagierten und viele der Villen in der ›Gartenstadt‹ besaßen. Der nach dem letzten Herrscher der Ureinwohner benannte **Parque Doramas** rund um das Hotel Santa Catalina ist großzügig neu gestaltet. Vor dem Hotel können viele inseltypische Pflanzen und Bäume bewundert werden. Hinter dem Hotel eröffnet sich eine begrünte Anlage mit kleinen Seen und am Abend illuminierten Wasserfontänen, mit hohen Palmen, Drachenbäume, Rosengärten, einem Kinderspielplatz und einem kleinen Amphitheater mit Aktivitäten für Kinder am Sonntagvormittag.

Infostand Plaza de Santa Ana: altes Rathaus *(casa consistorial),* tgl. 10–15 Uhr.

Tourismusbüro (GEXCO) im Busbahnhof: Plaza San Telmo, Mo–Fr 6.30–20.30 und Sa/So 7.30–13 Uhr, dort und an den Busschaltern von GLOBAL gibt es Fahrpläne für die ganze Insel. S. auch S. 82.

Sonntagsmärkte in Vegueta

Auf dem Plaza vor der Kirche Santo Domingo findet von 10 bis 15 Uhr der traditionelle Blumenmarkt statt. Um das traditionelle Kunsthandwerk zu fördern, hat die Stadt hinter der Kathedrale Santa Ana, auf der Plaza Pilar Nuevo vor dem Kolumbusmuseum, einen kleinen Markt eingerichtet, 11–14 Uhr, oft auch mit folkloristischen Darbietungen.

Info-Kiosk im Parque San Telmo: Nähe Kapelle, Mo–Fr 10–19.30, Sa 10–15 Uhr.

Hotel Parque 19: Muelle de Las Palmas 2, Tel. 928 36 80 00, Fax 928 36 88 56. Am Parque San Telmo, Nähe Busbahnhof und Fußgängerzone von Triana, Restaurant La Terraza mit Sicht auf Park und Meer, Sauna, türkisches Bad. DZ ca. 90 €.

Hotel Madrid 20: Plaza de Cairasco 4, Tel. 928 36 06 64, Fax 928 38 21 76, im Stadtteil Triana. Schon fast nostalgisches Haus mit rund 20 Zimmern, General Franco stieg hier ab, bevor er in den Bürgerkrieg aufbrach, DZ ab 30 €. Im Straßencafé kann man entspannen und auch kleine Mahlzeiten einnehmen, drinnen sind die Wände mit historischen Fotos bedeckt, Blick auf die schöne Fassade des Gabinete Literario. Ab Mittag geöffnet.

Restaurant Casa Montesdeoca 21: C/Montesdeoca 10, Tel. 928 33 34 66 (Reservierung für abends angeraten), Mo–Sa 13–16 und 20–24 Uhr. Erlesene kanarisch-spanische und internationale Küche (besonders Fleischgerichte) mit frischen Zutaten und perfekter Bedienung, man speist im herrlich gestalteten Innenhof, erholt sich in wenigen Minuten von einem anstrengenden Rundgang und möchte nach dem Essen einfach noch stundenlang sitzen bleiben: eines der angenehmsten und schönsten Restaurants der Stadt. Hauptgerichte ab ca. 15 €.

Bar-Restaurant El Herreño 22: Calle Mendizábal 5, Nähe Markthalle, tgl. 9–24 Uhr. Kanarische Küche, sehr gute Tapas, an Ort und Stelle luftgetrockneter Schinken, Grill-Spezialitäten, Wein von der Nachbarinsel Hierro. Menüs ca. 12–25 €.

La Galería 23: Plaza Cairasco, im Gabinete Literario, Di–So 13–16.30, 20–23

Die Inselmetropole zeigt sich farbenfroh und bisweilen chaotisch.

Uhr. In dem historischen Gebäude gibt es ein sehr gutes Restaurant mit Café. Stilvolle, gemütliche Atmosphäre. Menüs im Mittel um 12 €.

Hipócrates 24: Calle Colón 4, gegenüber Kolumbusmuseum, Tel. 928 31 11 71, Di–Sa 13–16 und 20–24 Uhr, Mo nur abends geöffnet. Vegetarisch-ökologisches Restaurant, einfache Einrichtung, aber gewissenhafte Zusammenstellung der Menüs, meist nicht über 7 €.

🔒 Im Stadtteil Triana sind die gleichnamige Fußgängerzone und die Seitenstraßen beliebte Einkaufsbereiche. Die älteste und urigste Markthalle ist der **Mercado de Las Palmas** am Rande der Altstadt La Vegueta mit vielen Imbissbars (Mo–Sa 6–14 Uhr).

Der **Flohmarkt** Rastrillo von Las Palmas findet auf dem ›Dach‹ des unterirdischen Busbahnhofs am Parque San Telmo statt. Angeboten werden vorwiegend Neuwaren, vereinzelt auch für Touristen interessante Artikel. Einen Hauch von Afrika vermitteln die Verkäufer aus dem Westteil des schwarzen Kontinents. So ca. 8–14 Uhr.

Kunsthandwerksmesse, Feria de Artesanía (auch Geschenkmesse genannt): 2.–5. Jan., Parque San Telmo, hier kaufen viele Palmeros ihre Geschenke für den Dreikönigstag ein.

Fedac: Calle Domingo Navarra 7 (Triana), Mo–Fr 9–14 Uhr. Die halbstaatliche Geschäftskette verkauft originales Kunsthandwerk zu staatlich kontrollierten Preisen.

Artesanería Tagugüy: Calle Armas 1, Nähe Museo Colón. Altkanarisches Kunsthandwerk.

Kunsthandwerk wird auch im **Pueblo Canario** angeboten.

Librería del Cabildo: Calle Cano 24, Mo–Fr 10–20 Uhr. Große Auswahl an Büchern besonders über die Kanaren, auch deutschsprachige Bände.

💡 Die **Plaza Cairasco** ist Treffpunkt im Stadtteil Triana, während die historische Altstadt Vegueta schon am frühen Abend verlassen erscheint.

La Floridita: C/Remedios 10–12, im Stadtteil Triana, ab 23 Uhr. Benannt nach der berühmten Bar in Havanna, in der Hemingway verkehrte. Hier läuft – was sonst – kubanische Musik.

Gran Casino de Las Palmas: Hotel Santa Catalina, Mo–Do 16–4 Uhr und Fr–So 16–5 Uhr. Ausweis nicht vergessen, angemessene Kleidung.

s. S. 90f.

Semana Santa (Karwoche, beweglich): mit Prozessionen am Palmsonntag, Gründonnerstag und besonders am Karfreitag: *Procésion De las Mantillas* vormittags und nachmittags die Procesión Magna zur Kathedrale Santa Ana.

Doppeldecker-Touristenbus *(guaguas turísticos):* s. S. 91.

Pferdekutschen: Die engen Gassen der Altstadt kann man auf einer Kutschfahrt erkunden. Start vor der Kathedrale (11–18 Uhr, Mittagspause).

GLOBAL-Linienbus: Nr. 30 oder noch schneller, aber weniger häufig Nr. 50 *(Super Faro),* verkehren zwischen Maspalomas/Playa del Inglés und dem Busbahnhof *(estación de guaguas)* von Las Palmas am Parque San Telmo. Nr. 60 verbindet Las Palmas mit dem Flughafen. Wer die Insel mit dem Bus erkundet, steigt hier in einen GLOBAL-Linienbus für den Norden um. Hier kann man sich informieren bei der Oficina Información de GEXCO.

Stadtbusse *(guaguas municipales):* Die gelben Busse halten oben vor dem Ausgang des Busbahnhofs am Parque San Telmo. Der Stadtbus Nr. 1 durchfährt die gesamte Stadt: ab Theater Galdós – Parque San Telmo – Parque Doramas – Parque Santa Catalina und hält damit in der Nähe aller sehenswürdigen Bereiche.

Triana-Parkhaus: 200 m vom Theater Galdós. S. auch S. 91

Taxistand am Parque San Telmo.

Hauptpostamt *(correos):* Avda. Primero de Mayo 62, Triana, mit der Buslinie 2 zu erreichen.

Santa Catalina und Canteras-Strand

Der nördliche Stadtteil Santa Catalina zwischen Hafen und Strand beginnt an der Avenida de Mesa y López, der wichtigsten Geschäftsstraße von Las Palmas mit dem großen Warenhaus El Corte Inglés auf beiden Seiten der Straße. Das Herz des Stadtteils ist der **Parque de Santa Catalina** mit seinen Cafés, Bars und Verkaufsständen (hauptsächlich Lederwaren, Textilien und Zeitschriften). Am Gebäude des Touristenbüros trifft man fast immer auf Gruppen von Schach- und Dominospielern. Das Publikum ist international, fliegende Händler, meist Marokkaner, verkaufen billigen Schmuck und Uhren, Schuhputzer bieten ihre Dienste an. Ab und zu bauen auch Maler und Kunsthandwerker ihre Stände auf. Vom Parque Santa Catalina starten auch die gelb-blauen städtischen Sightseeing-Busse *(guaguas turísticos).*

La Regenta und Museo Elder

Das **Kunstzentrum La Regenta** zeigt zeitgenössische Kunst (Mo–Fr 11–13 und 18–21, Sa 11–13 Uhr). Früher wurden in den Hallen Tabakbal-

Die ›Copacabana‹ von Gran Canaria: Playa Las Canteras

len für die Ausfuhr verpackt. Heute stellen in den einstigen Fabrikhallen kanarische Künstler ihre Werke aus. Hin und wieder gibt es Wanderausstellungen.

Das **Museo Elder** [2] (für Wissenschaft und Technik) am Santa-Catalina-Park arbeitet mit einer neuen Museumskonzeption: Die meisten Objekte darf und soll man anfassen (Di–So 10–20 Uhr, www.museoelder.org). Auf mehreren Stockwerken trifft man z. B. auf historische Eisenbahnen, Dampfmaschinen und Sonnenuhren. Die Themen Wasser, Energie, Astronomie werden den Besuchern modern und praktisch nahegebracht.

Vom Restaurant im 24. Stock des **Hotelturms Los Bardinos** [3] hat man den besten Blick auf den Hafen.

Las Canteras

Nach nur wenigen Minuten gelangt man vom Parque de Santa Catalina zum **Stadtstrand Las Canteras** mit seiner kilometerlangen Promenade, gesäumt von Hotels, Apartmenthäusern, Läden, Restaurants und Cafés. Bis in die 1960er Jahre war die Playa Zentrum des Inseltourismus. Da in der Folgezeit die südliche Costa Canaria bevorzugt wurde, werden die Hotels in diesem Bereich heute vornehmlich von den Crews der Fluggesellschaften und Geschäftsleuten belegt. Der Strand ist an Wochenenden stärker von Einheimischen frequentiert. Trotz der hier patrouillierenden Strandpolizei sollte man beim Baden gut auf seine Sachen aufpassen.

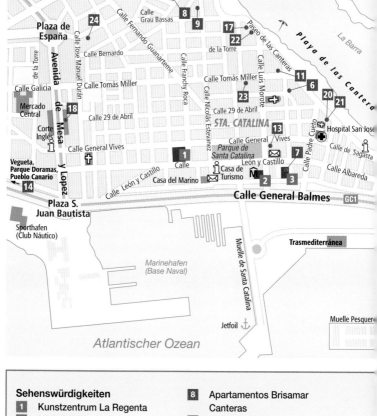

Sehenswürdigkeiten

1 Kunstzentrum La Regenta
2 Museo Elder
3 Hotelturm Los Bardinos
4 Mercado del Puerto
5 Castillo de la Luz

Übernachten

6 Hotel Reina Isabel
7 Hotel Sol Inn Bardinos

8 Apartamentos Brisamar
  Canteras
9 Hotel Faycan
10 Apartamentos Juan Pérez
11 Apartamentos Colón Playa
12 Hotel El Cisne
13 Hostal Plaza

Essen und Trinken

14 Restaurant Doramas

SANTA CATALINA

0   400 m

Bahía del Confital

15

10

16

Paseo de las Canteras

Calle Ferrera

Calle   Faro

19   **12**

Calle Albareda

4

Calle López Socas

Calle de Tallarte

Calle de Juan Rejón

La Isleta

Gordillo

Calle

Calle Tecén

Muelle de la Luz

5   PUERTO

15	La Marinera
16	Casa Carmelo
17	El Cerdo que rie
18	Bodegón Canario El Corte Inglés
19	Mesón Canarias
20	Bangkok
21	Sagar
22	House Ming
23	La Strada
24	Tapa en Tapa

Das dem Strand vorgelagerte und bei Ebbe teilweise begehbare Barriereriff La Barra schützt vor starkem Wellengang. Es diente einst als Steinbruch (span. *cantera),* was sich im Namen des Strands erhalten hat. Hier gehauene Steinquader wurden unter anderem zum Bau der Kathedrale Santa Ana verwendet.

Hafenregion

Auf dem Weg zum Hafen kommt man an einer kleinen Markthalle aus dem 19. Jh. vorbei, dem **Mercado del Puerto** 4. Hier werden neben Kleidung und Haushaltswaren auch Souvenirs verkauft. Die interessante Eisenkonstruktion der Halle wurde von der Firma Eiffel errichtet, die auch den Eiffelturm baute.

Gleich oberhalb der Hafenzone liegt das kleine **Castillo de la Luz** 5. Es wurde bald nach der Eroberung der Insel gebaut, lag aber in menschenleerem Gebiet rund 6 km nördlich der damaligen Stadt. Es hat sicher das Ankern von Piratenschiffen in der durch die Halbinsel geschützten Bucht verhindert, nicht jedoch massive Angriffe wie den des Holländers Van der Does, der Las Palmas 1599 plünderte und in Brand setzte. An größeren Fest- und Feiertagen sind um das Fort oft Jahrmarktbuden aufgestellt. Im Innern des Forts ist eine Schauspielschule untergebracht, außerdem finden hier wechselnde Ausstellungen und kulturelle Veranstaltungen statt.

Der Hafen, mit vollem Namen Puerto de Nuestra Señora de la Luz, entstand erst Ende des 19. Jh., als wirt-

VOM ›HÄSSLICHEN MEER‹ ZUM ›HAFEN DES LICHTS‹ - VELA LATINA

Wenn der Passatwind weht, stetig und ohne allzu steife Brisen, bietet sich an sommerlichen Sonntagen vor der Ostküste von Las Palmas ein elegantes Schauspiel. Schmale Boote mit hohen, mächtigen Dreieckssegeln kreuzen und wenden scheinbar mühelos gegen den Wind Richtung Norden. Sie sind Teil einer Regatta, die typisch für Gran Canaria ist: die Vela Latina.

Der Name rührt von dem spitzen lateinischen Segel her, 10 m hoch an einem einzigen Querbaum, der *palanca*, und unten so breit wie die bis zu 6,55 m langen Boote. Was so leicht und elegant erscheint, ist in Wirklichkeit das Ergebnis von genau synchronisierten Handgriffen der mindestens acht Mann starken Mannschaft. Genaueste Koordination entscheidet über Sekundenvorsprünge für den Sieg. Sie segeln für ihren *barrio*, einen Stadtteil von Las Palmas. Die Vela Latina fordert den ganzen Einsatz, denn angesichts geringer Bootstiefen und übergroßer Segel ist die Gefahr des Kenterns besonders groß.

Wiege des volkstümlichen Segelsports war wohl San Cristóbal, ein südlicher Vorort von Las Palmas am Meer. Fischer fuhren im Wettstreit mit ihren Booten einst bis zur Mole von Las Palmas, die vor dem Bau des Puerto de la Luz auf der Höhe des Parque San Telmo im Stadtteil Triana lag. Dort stand auch die Kapelle ihres Schutzheiligen. Als der neue Hafen weiter nördlich fertig gestellt war, versorgten die Fischer von San Cristóbal die Überseeschiffe mit ihren Waren. Ein besonders cleverer Fischer – so die Legende – setzte ein Segel, fuhr den noch rudernden Kollegen davon und verkaufte seine Ware als erster. Die Konkurrenz zog nach und es entstand ein kommerzieller Segelwettbewerb – Keimzelle der Vela Latina.

Tausende von Zuschauern verfolgen von der Avenida Marítima die Regatten, hier auch *Pegas* genannt. Es wird gefachsimpelt, mit Ferngläsern wird jede Bewegung der favorisierten Boote verfolgt, private Wetten werden abgeschlossen – an manchen Sonntagen der Saison von April bis Oktober und bei großen Rennen können schon einmal 10 000 Zuschauer die lange Promenade bevölkern.

Die etwa 10 km lange Regattastrecke beginnt vor der Playa de la Laja nahe der Salzwasseraufbereitungsanlage, im *mar fea*, dem ›hässlichen Meer‹ - so genannt nach den für kleine Boote gefährlichen Wellen und Strömungen. Dann heißt es, mehrere Bojen zu umfahren, bis zum Ziel am Puerto de la Luz, dem ›Lichthafen‹ der Stadt.

Neben der Lucha Canaria, dem kanarischen Ringkampf, ist die Vela Latina der beliebteste volkstümliche Sport der Insel. Im Kielwasser des so populären Amateursports segelt inzwischen natürlich auch der Kommerz. Es wird kräftig gesponsort. Boote tragen Namen wie Perico Toyota oder Pepsi Arenales. Und eine der begehrtesten Trophäen wird von der Caja de Ahorro gestiftet – der Sparkasse.

schaftlicher Aufschwung und Zunahme des transatlantischen Verkehrs einen Ersatz der kleinen und unsicheren Mole von Triana verlangten. Seitdem ist der Hafen ständig erweitert worden. Einen guten Eindruck vom ›Hafen des Lichts‹ erhält, wer die **Muelle de la Luz** entlanggeht. Einlass wird ohne weiteres gewährt. Stadtwärts sieht man rechts den Fischereihafen, links davon die Muelle de Santa Catalina, Ausgangspunkt der Fähren zu den anderen Inseln, dann den Marinehafen und ganz links den Sporthafen von Las Palmas. Von der anderen Seite der Mole blickt man auf den ehemals nach dem Diktator und General Franco benannten ›Dique del Generalísimo‹, an dem die großen Ozeanriesen anlegen. Jetzt heißt die Mole etwas geschichtsbereinigt ›León y Castillo‹.

Der Hafen ist die größte atlantische ›Tankstelle‹. Jährlich fließen 1,5 Mio. t Treibstoff durch Pipelines von insgesamt 7 km Länge zu den Schiffen. Rund 500 000 t Gefrierfleisch werden pro Jahr umgeschlagen. Der Hafen besitzt Freihandelsstatus.

Vor der Muelle de la Luz befinden sich die Gebäude der Hafenbehörde, weiter nördlich Richtung Isleta kommt man an dem Denkmal des Hafenerbauers León y Castillo vorbei. Von der Plaza Manuel Becerra kann man einen Bus zurück zum Parque de Santa Catalina bzw. zum Busbahnhof am Parque de San Telmo im Stadtteil Triana nehmen oder zu Fuß entlang der Calle de Juan Rejón zurück zum Canteras-Strand gehen.

An der **Calle de Juan Rejón** trifft man auf viele Basare, deren Besitzer oft indischer Herkunft sind. Die mit dem Hafen eng verbundene, meist einfache Bevölkerung des Arme-Leute-Viertels La Isleta trifft sich mit den Schiffsbesatzungen aus aller Herren Länder in den vielen bescheidenen, oft sehr einfachen Restaurants und Kneipen, die in den Straßen und Gassen Richtung Canteras-Strand zu finden sind. Besonders nach Einbruch der Dunkelheit ist diese Zone jedoch vor allem für Frauen, die alleine unterwegs sind, nur mit Vorsicht zu genießen.

Die Halbinsel **La Isleta** war anfangs nur durch einen sandigen Isthmus mit der Hauptinsel verbunden. Durch Aufschüttungen wurde Neuland für Hafeneinrichtungen und Wohngebäude geschaffen. Wie das Castillo de la Luz zeigt, entdeckte man die militärische Bedeutung der Halbinsel sehr früh. Noch heute ist ein Teil militärisches Sperrgebiet. In einer Bucht, die vom Stadtstrand Las Canteras aus sichtbar ist, hat sich einer der größten Slums der Stadt entwickelt, der aber in Zukunft ›saniert‹ werden soll.

Casa de Turismo Parque Santa Catalina: Plazoleta Ramón Franco, Tel. 928 26 46 23, Mo–Fr 10–19.30, Sa 10–15 Uhr.
Infostand am Strand Canteras: vor dem Hotel Meliá, Mo–Fr 10–19.30, Sa 10–15 Uhr.
Infostand Avda. Mesa y López: vor dem Kaufhaus Corte Inglés, Mo–Fr 10–15 Uhr.
Patronato de Turismo: León y Castillo 17, Tel. 928 21 96 00, Fax 928 21 96 01/12, www.turismograncanaria.com. Zentrale Stelle für die Tourismusverwaltung.

Hotel Reina Isabel 6: Alfredo L. Jones 40, Tel. 928 26 01 00, Fax 928 27 20 47. Bestes Hotel an der Strandpromenade, Terrassenbau, großer Pool auf der Dachterrasse. Nur die Hälfte der 231 Zimmer hat Meerblick. DZ ab ca. 100 €.

Im obersten Stock ist das Restaurant La Parrilla (Mo–Fr 13–16 und 20–24 Uhr) des 5-Sterne-Hotels mit weitem Ausblick auf Strand und Stadt untergebracht. Beste Küche mit Menüs von 30 € im Durchschnitt. Kleine Speisen zu günstigen Preisen genießt man im Café Reina Isabel mit schönem Blick auf Promenade und Strand, z. B. sonntags eine ausgezeichnete Paella von 9 € pro Person.

Hotel Sol Inn Bardinos 7: Eduardo Benot 3, Tel. 928 26 61 00, Fax 928 22 91 39, www.solmelia.es. Nähe Parque Santa Catalina, weithin sichtbarer ›Maiskolben‹-Hotelturm, 25 Stockwerke, Pool in der obersten Etage. DZ rund 90 €.

Restaurant/Bar/Café im 24. Stock, großartige Aussicht und gute internationale Küche. Menüs um 13 €, auch Buffet.

Apartamentos Brisamar Canteras 8: Paseo de las Canteras 49, Tel. 928 26 94 00, Fax 928 26 94 04. Am Strand, Zimmer meist mit Balkon und alle mit Meerblick. Apartment ca. 55 €.

Hotel Faycan 9: Nicolás Estévanez 61, Tel. 928 27 06 50, Fax 928 27 91 23. Überwiegend große Zimmer, teils mit Terrasse, nur 25 m zum Strand. Fr und Sa laut durch nahe Discos. DZ ca. 45 €.

Apartamentos Juan Pérez 10: Prudencio Morales 10, Tel. 928 47 02 66, Fax 928 47 03 00. Zimmer meist mit Balkon und immer mit Meerblick. Am Wochenende nichts für Lärmempfindliche. DZ ca. 45 €.

Apartamentos Colón Playa 11: Alfredo L. Jones 45, Tel. 928 26 59 54, Fax 928 26 59 58. Die 44 Apartments haben nur teilweise Meerblick, Dachterrasse. Apartment ca. 45 €.

Hotel El Cisne 12: Ferreras 19, Tel. 928 46 88 20, 100 m zu Strand. Einfache Unterkunft, wirkt etwas vernachlässigt, aber freundliches Personal. DZ ca. 25 €.

Hostal Plaza 13: Luis Morote 16, Tel. 928 26 52 12. Pension mit einem Stern am Parque de Santa Catalina, große Zimmer, von denen nur einige Aussicht auf den Park bieten, meist laut. DZ ca. 22 €.

An der Westseite des Parque de Santa Catalina kann man zwar im Freien sitzen und speisen, doch die Qualität der angebotenen Touristenmenüs ist eher durchschnittlich und die Preise teuer. Besser isst man an der Strandpromenade. Dort und in den anliegenden Seitenstraßen findet man die meisten Restaurants. An den Tischen auf der Promenade ist es teurer, da die Lokale für diese Nutzung der Promenade Gebühren an die Stadt zu zahlen haben.

Restaurant Doramas 14: Parque Doramas am Pueblo Canario, im Luxushotel Santa Catalina, Tel. 928 24 30 40. Fax 928 24 27 64, tgl. 13–16 und 20–24 Uhr. Absolute Spitzenklasse, sehr teuer. Menüs im Mittel 30 €.

La Marinera 15: La Puntilla (Felszunge am Nordende des Strands), Tel. 928 46 89 27, tgl. 12–24 Uhr. Terrasse am Meer mit weitem Blick auf den Strand, exzellentes Fischrestaurant, besondere (kanarische) Weine. Menüpreis im Mittel 23 €.

Casa Carmelo 16: Paseo de Las Canteras 2, Tel. 928 46 90 56, tgl. geöffnet 13.30–23.30 Uhr. Teilweise Blick auf den Strand mit Fischerbooten, internationale Küche, Grillspezialitäten, gute argentinische Steaks, aber auch Fischgerichte, umfangreiche Weinkarte. Menüs ca. 21 €.

El Cerdo que rie 17: Las Canteras 31, Tel. 928 27 17 31, tgl. 13.30–24, Di und Mi erst ab 17 Uhr. Das ›lachende Schwein‹ ist ein angenehmes Kellerlokal. Vor den Augen der Gäste wird das Fleisch *(cerdo =*

Schwein) flambiert, beste internationale Küche, Besitzer ist ein Schweizer. Menüs ca.17 €.

Bodegón Canario El Corte Inglés 18: Avda. Mesa y López 15, 7. Stock, Tel. 928 26 30 00, Mo–Sa 10–22 Uhr. Regionale kanarische Küche, Treffpunkt der Angestellten der Umgebung, frische Produkte vom Markt in der Nähe, kanarische Weine. Menüs im Mittel 15–18 €.

Mesón Canarias 19 (Tadeo): C/Tenerife, Tel. 928 46 29 55, ab 19.30 Uhr. Kanarisch-spanische Küche im Keller. Tagesmenüs um 10 €.

Bangkok 20: Las Canteras 16, Tel. 928 26 46 02, tgl. ab mittags geöffnet. Wer die leichtere asiatische Küche bevorzugt ist hier richtig. Thailändische Speisen inklusive Meeresblick. Menüs 12–25 €.

Sagar 21: Las Canteras 16, Tel. 928 26 68 38, Mo geschl. Indische Küche, vegetarisch. Menüs 12–25 €.

House Ming 22: Las Canteras 30, Tel. 928 27 45 63, Mo–Sa 13–16 und ab 19.30 Uhr. Das Restaurant hat hier im Strandbereich über 30 Jahre Tradition, chinesische Speisen zu moderaten Preisen, freundliche Bedienung. Menüs 12–25 €.

La Strada 23: Tomás Miller 58, Tel. 928 27 33 51, Mo geschl. Tapas-Lokal im Erdgeschoss, Selfservice mit Buffet im 1. Stock ab ca. 7 € und auf der Etage darüber Grillrestaurant.

Tapa en Tapa 24: C/Diderot 23, Mo–Sa bis 24 Uhr geöffnet. Stadtweit bekannt durch die große Tapa-Auswahl.

🛍 Die Einkaufszeile mit den meisten Geschäften für gehobene Ansprüche, insbesondere auch für Modeartikel, ist die Avenida de Mesa y López. Die größte Anzahl von Einzelgeschäften und Basaren mit zollfreier Ware konzentriert sich im Bereich zwischen Parque de Santa Catalina, dem Stadtstrand Las Canteras und dem Hafenbereich, dort vor al-

---

> ## Fisch für Gourmets
>
> Beliebt bei Fischgourmets und fast noch ein Geheimtipp sind die Fischrestaurants in ›Las Casas de las Coloradas‹ auf der westlichen Halbinsel. Die Preise sind allerdings recht saftig.

lem in der Calle Juan Rejón und La Naval.

Das neue **Freizeitzentrum El Muelle,** ›Die Mole‹, an der Einfahrt zum Hafen verfügt über rund 60 Geschäfte des gehobenen Anspruchs, mehrere Kinos und eine 14-Bahnen-Bowlinganlage. Das größte Terrassenlokal der Insel, La Markesina, ist bis in die Morgenstunden geöffnet, Parkmöglichkeiten für rund 1000 Wagen.

Corte Inglés: Avda. de Mesa y López, Mo–Sa 10–21 Uhr, in der Vorweihnachtszeit auch sonntags. Das Kaufhaus der spanischen Kette ist das größte der Insel, nicht gerade billig, aber gut sortiert. Bücher über Gran Canaria und die Kanarischen Inseln – oft auch auf Deutsch – im Parterre, riesige Kosmetikabteilung, großes Angebot an Lederwaren und von Lebensmittel sowie Feinkost im Kellerbereich.

Einkaufszentrum Las Arenas: im westlichen Bereich des Stadtstrands Las Canteras, Mo–Sa 9–21 Uhr, So vormittags geöffnet. Das Einkaufszentrum ist riesig und relativ modern, Kinder können in ›Spielwiesen‹ abgegeben werden.

Kunsthandwerksmarkt: Terrasse des Geschäftszentrums Las Arenas am Westende des Las-Canteras-Strandes. So 11–15 Uhr.

Mercado Central: an der Calle Néstor de la Torre (Parallelstraße der Avda. Mesa y López). Größte Markthalle der Stadt.

Mercado del Puerto: Mo–Sa bis ca. 14 Uhr. Die kleinere Markthalle hat auch ein Angebot an Textilien und anspruchslosen Souvenirs.

Feria de Artesanía Canarias: Messegelände an der Avda. Escaleritas im Nordwesten der Stadt nahe der neuen Stadtautobahn, Anfang oder Mitte Dezember. Die Kunsthandwerksmesse zeigt Produkte aller kanarischen Inseln.

 Das Nachtleben von Las Palmas findet im Bereich zwischen dem Strand Las Canteras und dem Parque de Santa Catalina statt. Die **Strandpromenade** ist ein beliebter Treffpunkt bis spät in die Nacht, manche sitzen in Gruppen noch nach Mitternacht am Strand und lassen die Bierflaschen kreisen. Auch Strandlokale sind zu dieser Zeit noch oft geöffnet.

Weiter südlich ist die **Plaza de España** vor allem von jugendlichen Nachtschwärmern mit vielen Cafés, Bars und Pubs ebenfalls stark frequentiert.

Wilson: C/Franchy Roca 20, tgl. ab 23 Uhr. ›Oldtimer‹ unter den Discos, hier schwofen eher fortgeschrittene Semester. Do und Fr wird Salsa getanzt.

Pachá: C/Simón Bolívar, Mo–Sa ab 22 Uhr. Eher elegant, sehr beliebt und voll.

Metropolis: C/Grau Bassas 46. Bier-Pub, den deutschen Bierkellern nachempfunden.

In den **Discos der Luxushotels** am Canteras-Strand, z. B. Reina Isabel (hier auf dem Dach des Hotels), trifft sich das entsprechend internationale Publikum.

Studio 53: C/ Secretario Artiles 24, ab 23 Uhr. Junges Publikum.

AREA: C/Secretario Artiles 48, Do, Fr und Sa ab 23.30 Uhr. Gleich gegenüber vom Studio 53, Pop Español.

Pequeña Habana: C/Fernando Guanarteme 45, ab 23 Uhr. Für alle, die kubanische Musik mögen.

Cuasquías: Calle San Pedro 2, ab 23 Uhr. Jazz, Salsa und Volksmusik.

Disco Flash: Bernardo de la Torre 86, ab 24 Uhr, Mo geschl. Hier trifft sich die Gay Community.

Circo: Sectretario Artiles 51, ab 23 Uhr, Mo geschl. Wie das Flash ein Treff der Schwulenszene.

🎭 **Festival de Música de Canarias:** Jan.–Feb. Klassische Musik mit Orchestern aus aller Welt (meist im Auditorio Alfredo Kraus).

Tolle Schnäppchen

Auf Gran Canaria ist der Wechsel der Jahreszeiten klimatisch zwar kaum zu spüren, es gibt aber wie bei uns Winter- und Sommerschlussverkäufe. Der Sommerschlussverkauf findet in den Monaten Juli und August statt, der wichtigere Winterschlussverkauf beginnt in den Tagen nach dem Dreikönigsfest, dem dortigen Geschenktag am 6. Januar, und dauert etwa zwei Monate. Wirklich ergiebig ist die Schnäppchenjagd in Las Palmas. In der Fußgängerzone der Calle Mayor de Triana und den Seitengassen werden Sie viele Angebote finden, noch mehr bieten das Kaufhaus Corte Inglés in der Avda. Mesa y Lopez und die Boutiquen in der Nähe. Achten sie dabei auf den Hinweis ›Rebajas‹. Bei Textilien, Lederwaren und vor allem bei Schuhen kann man erstaunliche Schnäppchen machen.

Festival de Ópera: Von Februar bis Juni finden im Rahmen dieses Festivals einige Aufführungen (meist im Teatro Cuyás) statt.

Festival Internacional de Jazz: im Juli in Las Palmas und in anderen größeren Orten der Insel. International bekannte Bands stehen auf dem Programm.

Festival de Teatro y Danza: Im Juni, Juli und August stellen spanische Gruppen neue Produktionen vor.

WOMAD: Musik, Kunst und Tanz im November. Veranstaltungsort ist meist der Parque de Santa Catalina. Infos: www.promocionlaspalmas.com

Los Reyes Magos – Heilige Drei Könige: 5./6. Januar, am 5. großer Umzug.

Carnaval: im Februar für drei Wochen, genauer Termin wird jährlich festgelegt, größtes Fest der Stadt und der Insel, Zentrum ist der Parque de Santa Catalina.

Día de San Juan: der 24. Juni ist nicht nur Johannistag, sondern gleichzeitig auch Gründungstag der Stadt. Sport- und Kulturveranstaltungen in der Nacht auf den 24. Tanz, Freudenfeuer und Feuerwerk am Stadtstrand Las Canteras, Nordbereich. Festdauer zwei Wochen.

Fiesta del Carmen: zweite Julihälfte, Fest der Bewohner der Isleta-Halbinsel zu Ehren der Schutzpatronin der Fischer und Seeleute. Höhepunkt meist am vorletzten Sonntag des Monats: Prozession am Hafen über Blumenteppiche bis zur Muelle de la Luz, dann Schiffsprozession in der Hafenbucht. Außerdem: Folkloredarbietungen und Handwerksstände.

Fiesta La Naval: Mitte Oktober, Marinefest und Hafen-*fiesta* in Gedenken an den Sieg über den Freibeuter Drake 1595. Außerdem auch zu Ehren der Virgen de la Luz, Schutzpatronin und Namensgeberin des Hafens, die auch den Titel ›Oberbürgermeisterin von Las Palmas‹ hat. Ein

Höhepunkt ist die Seeschlacht (batalla naval) zwischen Castillo de la Luz und Schiffen im Hafen. Auch El Chapuzón erfreut sich großer Beliebtheit: Am Strand dürfen Persönlichkeiten des öffentlichen Lebens mit Wasser bespritzt werden.

Am einfachsten ist die Besichtigung der Stadt in einem offenen Doppeldecker-Touristenbus (guagua turístico), auch am gelb-blauen Anstrich zu erkennen. Er startet am Parque de Santa Catalina, hält aber auch am Busbahnhof und an weiteren 20 Stationen. Der Bus braucht etwas weniger als 2 Stunden für eine Rundfahrt, man kann jederzeit aussteigen und später wieder zusteigen. Ab Parque de Santa Catalina rund alle 30 Min. von 9.30–12.30 und 14.45–17.45 Uhr, kurzfristige Änderungen möglich.

Hafenrundfahrten: Das Ausflugsschiff ›Bahía Cat‹ startet jeden Fr 11.30 Uhr am Sporthafen und um 15 Uhr an der Mole Santa Catalina. Kurzfristige Änderungen möglich, ca. 10 € p. P., Tel. 609 50 71 86.

Weitaus die meisten Besucher kommen auf einer Tages- oder Halbtagestour aus den südlichen Touristenzentren nach Las Palmas. Um Zeit zu sparen und die Nerven im aufreibenden Stadtverkehr zu schonen, sollten Leihwagenfahrer ihr Auto möglichst im Stadtrandgebiet abstellen und Stadtbusse (guaguas municipales) benutzen. Die Parkplatznot ist groß in Las Palmas. Wenn man nach langem Suchen einen Platz gefunden hat, ist die Parkzeit oft auf wenige Stunden begrenzt. Die beste Lösung sind Parkhäuser.

Parkhaus Elder: am Parque de Santa Catalina.

Taxi: Taxifahren geht schneller als Busfahren und ist nicht teuer. Taxistand am Parque de Santa Catalina.

Bus: s. S. 82.

Im sonnigen Süden

Dunas de Maspalomas

Sardina del
Norte

Las Palmas

Puerto de
la Aldea

Telde

Pico de las Nieves
1949 m

Puerto de
Mogan

San Agustín

Maspalomas

Playa del Inglés

Dunas de
Maspalomas

Gran Canaria-Atlas S. 238, A-C/3-4

PLAYA DEL INGLÉS – MASPALOMAS

Zentrum der Costa Canaria im trockenen und sonnigen Süden der Insel ist Playa del Inglés/Maspalomas, eine Urlaubergroßstadt mit einer unübersehbaren Zahl an Apartment- und Hoteleinrichtungen. Östlich schließen sich übergangslos etwas ruhigere Urlaubsorte mit kleinen Stränden an: San Agustín und Bahía Feliz.

Die Costa Canaria

Gran Canaria-Atlas: S. 238, A–C 3/4
Playa del Inglés liegt auf einem etwa 30 m hohen, keilförmigen Küstensockel. Vor der östlichen Steilküste beginnt ein langer und breiter, mit der Blauen Umweltflagge der EU ausgezeichneter Strand, der weiter südlich ein großes und auf den Kanaren einmaliges Dünenfeld säumt. Vor dem westlichen Steilabhang liegt der Stadtteil Maspalomas, der mit Leuchtturm, Dünen, Golfplatz und neueren, großzügigen Bungalowanlagen eher einen entspannten Eindruck vermittelt. Dagegen drängen sich in Playa del Inglés Hotel- und Apartmentkomplexe auf relativ engem Raum – der Inbegriff einer Touristenhochburg. Hier braucht man erst einmal eine gewisse Zeit, um sich zurechtzufinden.

Die nord-südliche Hauptverkehrsader Avenida de Tirajana verbindet Playa del Inglés mit dem nördlichen Stadtteil San Fernando, in dem viele Einheimische wohnen, zumeist Angestellte der Tourismuseinrichtungen. In ost-westlicher Richtung führt die Avenida Alfereces Provisionales als einzige Straße hinunter zum Strand von Playa del Inglés und zur anderen Seite nach Maspalomas. Außerdem werden alle Orte der Costa Canaria durch die Carretera General, in diesem Bereich eine Schnellstraße, verbunden. Über eine Autobahn, die Autopista Sur, erreicht man in etwa einer halben Stunde die Hauptstadt Las Palmas und in wenigen Minuten Arguineguín im Westen.

Playa del Inglés und Maspalomas

Gran Canaria-Atlas: S. 238, A/B 4
Im Nordteil des langen Strands von Playa del Inglés, dort, wo die Avenida Alfereces Provisionales den Strand erreicht, haben sich entlang einer Strandpromenade viele Souvenirläden, Cafés, Restaurants und Cafeterias niedergelassen. Wer über einen Wagen verfügt, kann in diesem Bereich gegen Gebühr parken. Die strandnahen Geschäftszentren Anexo I (Nordteil) und Anexo II

(Südteil) teilen sich den Service für den Strandurlauber.

Von hier erreicht man nach rund 5 km Strandwanderung um das Dünengebiet herum – vorbei an einem FKK-Strand *(zona naturista)* und an einem Strandabschnitt, der überwiegend von Schwulen besucht wird, – die ›Oasis‹ (Oase) von Maspalomas mit dem 56 m hohen Leuchtturm (Faro de Maspalomas). Er ist das älteste Bauwerk dieser Gegend und entstand schon Ende des 19. Jh., entworfen von dem Erbauer des Hafens Puerto de la Luz von Las Palmas, Juan de León y Castillo. Noch vor 50 Jahren stand der Faro in einsamer und wüstenhafter Küstenlandschaft mit wenigen Tomatenfeldern. Bis 1996 bediente noch ein Wächter die Lichtsignale.

Der Name Oasis de Maspalomas an der Mündung des Barranco de Maspalomas trifft nur noch auf die schönen Gärten der dortigen Luxushotels zu. Das Hotel Oasis gilt als das eleganteste der Costa Canaria. Für einen Blick auf die Gärten lohnt sich ein Gang entlang der Avenida de los Jardines und der Plaza de las Palmeras. Einst existierte in und um den kleinen Mündungssee (Lago oder Charco de Maspalomas) neben einer reichen Pflanzen- auch eine lebendige Vogelwelt. Der Name Maspalomas deutet noch darauf hin, dass hier ehemals viele Tauben *(palomas)* nisteten.

Vom Platz vor dem Leuchtturm geht es links durch eine Fußgängerzone mit vielen Geschäften, Ständen und dem Einkaufszentrum Oasis bis zum Strand von Maspalomas. Rechts vom Leucht-

Die Hotelanlagen an der Costa Canaria lassen keine Wünsche offen.

Playa del Inglés – Maspalomas

Atlas: S. 238

Übernachten

1	Gran Hotel Costa Meloneras	**7**	Hotel Parque Tropical
2	Hotel Riu Maspalomas Oasis	**8**	Creativ Hotel Catarina
3	Park & Sport Hotel Los Palmitos	**9**	Las Flores Nueva
4	Gloria Palace	**10**	Apartamentos Las Arenas
5	Creativ Hotel Buenaventura	**11**	Apartamentos Solymar
6	Ifa Beach Hotel	**12**	Bungalows Biarritz
		13	Ifa Interclub Atlantic

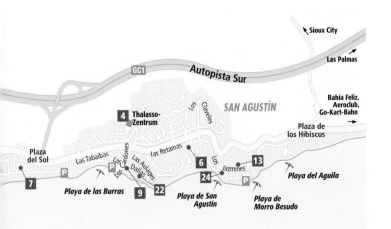

MASPALOMAS, PLAYA DEL INGLÉS, SAN AGUSTÍN

0   1500 m

Essen & Trinken

14	L'Orangerie		21	La Casa Vieja
15	Rias Bajas		22	El Puente
16	Pepe El Breca II		23	Amaiur
17	El Palmeral		24	Balcón de San Agustín
18	Tenderete II		25	Buffet Universal Las Camelias
19	El Senador			
20	Mesón Viuda de Franco			

turm führt der Paseo de Meloneras am Meer entlang, vorbei am riesigen Luxushotel Costa Meloneras, dem Einkaufszentrum Varadero, an künstlichen Höhlen mit Wasserfällen, einer archäologischen Fundstelle und dem Mujeres-Strand bis zur Playa de las Meloneras.

Dunas de Maspalomas

Gran Canaria-Atlas: S. 238, A/B 4
Die einzigartige Dünenlandschaft zwischen Oasis de Maspalomas und Playa del Inglés vermittelt ein gewisses ›Sahara-Feeling‹, verstärkt durch eine oft sichtbare Kamelkarawane, die Tou-

risten durch den Sand trägt. Der Sand ist marinen Ursprungs, in Jahrtausenden vom Wind zu 10 m hohen Wanderdünen aufgetürmt. Ein Teil des 25 km² großen Areals ist Naturschutzgebiet, doch die empfindliche ursprüngliche Trockenvegetation ist inzwischen auf ein Minimum reduziert.

Einen guten Überblick über die Dünenlandschaft hat man vom Hotel Riu Palace an der Südspitze von Playa del Inglés. Hier befindet sich auch ein offizielles Info-Zentrum für die Dünen, das nur unregelmäßig geöffnet ist.

Nördlich der Dünen liegt der große 18-Loch-Golfplatz (Campo de Golfo) von Maspalomas mit eigenen Bungalowanlagen. Zentrum der unmittelbar anschließenden Bungalowsiedlung Campo Internacional, deren Straßen die Namen internationaler Reiseveranstalter tragen, ist das große kreisförmige Einkaufszentrum Faro 2.

Über den Paseo Costa Canaria nach San Agustín

Die beste Möglichkeit, in aller Ruhe Strände und Einrichtungen östlich von Playa del Inglés zu erkunden, ist ein Spaziergang entlang dem Paseo Costa Canaria. Dieser Küstenweg ist im Bereich von Playa del Inglés eine gut ausgebaute und gepflasterte Promenade auf dem Rand des östlichen Steilhangs mit weitem Blick auf den Strand. Im Bereich der Strandzufahrt geht es steile Treppen hinauf. Im weiteren Verlauf trifft man im Bereich von San Agustín auf kleinere Strände und sandige Felsbuchten. Hier wird der Paseo – besonders in den Abendstunden – zu einem romantischen Pfad, der sich durch Felsen schlängelt, Sandstrecken durchquert und schließlich in steile Treppen mündet.

San Agustín ist die Keimzelle der Costa Canaria. Hier entstanden die

Über 10 m türmen sich die Dünen auf.

Atlas: S. 238

ersten Bungalowanlagen und Hotels für gehobene Ansprüche sowie das zweite Casino der Insel. In San Agustín kann man heutzutage einen ruhigeren Urlaub als in Playa del Inglés verbringen.

Der eigentliche Paseo Costa Canaria hört am Ende der Playa de San Agustín auf. Diese etwas dunkelsandige Playa von rund einem Kilometer Länge ist ebenso wie die Playa del Inglés mit der Blauen Umweltflagge der EU ausgezeichnet – für die gute Qualität von Wasser, Strand und Serviceeinrichtungen. Restaurants, Geschäfte und sogar ein kleiner Palmenhain säumen den Strand. Bevor man den Rückweg einschlägt, zu Fuß oder per Taxi, sollte man sich eine Ruhepause im Restaurant Balcón de San Agustín gönnen – mit weitem Blick auf Strand und Meer.

Weiter östlich schließen sich die **Playas del Morro Besudo, Águila** und **Tarajalillo** (vor Bahía Feliz) an. Die Strandbereiche werden zunehmend enger und sind teilweise steinig. Ganz Sportliche können die Playa del Morro Besudo über steile und verwinkelte Treppenfluchten von der Playa de San Agustín erreichen und dann im Strandbereich, oft über felsige Strecken, bis nach **Bahía Feliz** wandern. Die Ferienanlagen in diesen Küstenzonen weisen wenig Hochbauten aus und die Atmosphäre ist eher gelassen und entspannt – ohne den Rummel von Playa del Inglés. Während die See am Strand von San Agustín noch relativ ruhig und gut zum Baden ist, nehmen Wind und Brandung jetzt aber zu. Das ist auch ein Grund, warum sich Windsurf-Schulen in Playa del Águila und Bahía Feliz niedergelassen haben (s. S. 111).

Der Besuch von Bahía Feliz lohnt sich allein wegen der Parkanlagen am Hotel Orquídea und der Restaurants im nahen Einkaufsbereich der Plaza Canaria.

Zentrales **Touristenbüro** am Einkaufszentrum Yumbo: Mo–Fr 9–20, Sa 9–13 Uhr, Tel. 928 76 25 91. Lassen Sie sich den Veranstaltungskalender für drei Monate geben, eine Inselkarte und Infos über Wanderwege, falls gewollt. **Infostellen an der Strandpromenade** im Einkaufszentrum Anexo II: Tel. 928 76 84 09 und an der Straße hinunter nach Maspalomas am Mirador Campo de Golf, Tel. 928 76 95 85, ähnliche Öffnungszeiten wie das Zentralbüro.
Infos zum Dünen-Naturpark südlich vom Hotel Riu Palace am dortigen Info-Büro (unregelmäßige Öffnungszeiten). Folgende Büros vermitteln Zimmer und Apartments:
Suntourist: Avenida de Tirajana 29, Tel. 928 76 23 67, Fax 928 76 35 07.
Astor Travel: Yumbo Center Local 411-01, Tel. 928 76 53 25, Fax 928 76 52 74, www.step.es/astor-travel
Canarias Last Minute Bookings: C. C. Gran Chaparral local 21, Avda. de Gran Canaria 30, Tel. 928 73 02 24, Fax 928 73 02 27, www.canariaslastminute.com
Homberg S.L.: Avda. de Tirajana 29, Tel. 928 76 23 67, Fax 928 76 35 07.

Gran Hotel Costa Meloneras 1: Maspalomas, Urbanización Meloneras, Tel. 928 12 81 00, Fax 928 12 81 22, www.ghcmeloneras.com (ohne konkrete Infos, aber sehr kreativ). Diese gigantomanische neue Anlage nahe dem Leuchtturm hat über 1000 Zimmer, fünf Restaurants und eine riesige Pool-Landschaft. Luxus pur! DZ ab ca. 120 €.

Hotel Riu Maspalomas Oasis [2]: Maspalomas, Plaza de las Palmeras, Tel. 928 14 14 48, Fax 928 14 11 92, www. riu.com. Das älteste und traditionsreichste Hotel des Südens gilt als VIP-Absteige. 65 000 m² tropischer Garten mit rund 2000 Palmen. 342 Zimmer. DZ ab ca. 120 €.

Park & Sport Hotel Los Palmitos [3]: Barranco de Palmito, hinter dem Palmitos Park, Tel. 928 14 21 00, Fax 928 14 11 14, www.helga-masthoff-hotel.com. Buchung auch in Deutschland: Tel. 0211/680 17 25. Das Hotel liegt oberhalb des Palmitos Parks. In der parkähnlichen Palmenanlage abseits vom Touristenrummel kann man anspruchsvolle Aktivferien verbringen. Busshuttle nach Playa del Inglés. 47 Zimmer. DZ 65–110 €, Suite 79–139 €.

Gloria Palace [4]: San Agustín, Calle Las Margaritas s/n, Tel. 928 12 85 00, Fax 928 76 79 29, www.hotelgloriapalace.com, Gratisbus zum etwa 500 m entfernten Strand. Die 448 Gästezimmer verfügen meist über Meeresblick. Mehrere Süßwasserpools, einer davon auf dem Hoteldach für FKK-Fans. Für das Wohl der Urlauber sorgen u. a. das à la carte-Restaurant Gorbea (auf dem Hoteldach mit fantastischem Ausblick), Bars, Friseur, Boutiquen und die Diskothek Gloria (am Wochenende). Das Sportangebot umfasst Tennis (mit Flutlicht), Squash, Minigolf, Boccia und Bogenschießen. Es gibt Animationsprogramme für Erwachsene und Kinder. Eine spezielle Attraktion bietet das Thalassotherapiecenter in einem Nachbargebäude. DZ 80–100 €.

Creativ Hotel Buenaventura [5]: Playa del Inglés, Gánigo 6, Plaza de Ansite, Tel. 928 76 16 50, Fax 928 76 83 48, buenaventura@creativhotel.com. Besonders jugendliche Urlauber bevorzugen das Buenaventura, das oft ausgebucht ist. Hier kommt keine Langeweile auf: tägliches Animationsangebot in verschiede-

Wellness pur

Eine Kombination von Entspannung und nachhaltiger Anti-Stress-Behandlung verspricht das Kanarische Zentrum für Thalassotherapie ›Talasoterapia Canarias‹ in San Agustín, gleich neben dem Hotel Gloria Palace. Bei der Thalasso-Badekur setzt man auf eine regenerierende Wirkung der Mineralien in Meerwasser und Algen. Das Wasser der fünf Badebecken im 7000 m² großen Zentrum wird dazu bis auf ca. 37° C erwärmt. Die traditionelle Kur dauert sechs Tage, Wellness- und Anti-Stress-Kuren 3–5 Tage. Im Programm sind u. a. auch ärztliche Untersuchungen, Massagen, Kneippanwendungen und Cellulitekuren. Eine Spezialität des Zentrums ist die Behandlung von Verspannungen und anderen Beschwerden bei Golfspielern. Fitnessräume, Beautysalon und Sauna runden das Angebot ab. Tel. 928 76 56 89, Fax 928 76 57 46.

nen Sprachen, nächtliche Shows in der Disco California, Sportangebote (z. B. Tauchschule und Tennisschule, auch deutschsprachige Stunden), vier Tennisplätze, zwei Pools mit Kaskaden, häufig Partys und Live-Musik, sechs Spezialitäten-Restaurants. 724 Zimmer, DZ ca. 60 €.

Ifa Beach Hotel [6]: San Agustín, Los Jazmines 25, Tel. 928 77 40 00, Fax 928 76 85 99, beach@ifacanarias.es. Jedes der 207 Zimmer des Strandhotels ist

TOMATOLOGIE

Kanarische Tomaten für Menschen ...

Wieder einmal waren die Engländer die ersten. Im Empire-Hochgefühl, gebeugt von der ›Bürde des weißen Mannes‹, kamen sie als wahre Kulturbringer auf die Kanaren und versuchten es mit Tomaten. 1885 legte ein Mr. Blisse die ersten Tomatenkulturen Gran Canarias bei Telde an. Als cleverer Organisator von Transport und Marketing erwies sich sein Landsmann Pilcher – er avancierte zum Tomatenkönig der Insel.

Die Tomaten, die auf den Gemüsemärkten Londons angeboten wurden, waren noch so etwas wie tropische Raritäten. Zwar hatten sie schon die ersten spanischen Eroberer aus den Anden nach Europa gebracht, doch galten sie lange als giftig und wurden als dekorative Zierfrüchte gehalten. Wegen Farbe und Form hießen sie auch Paradies- oder Liebesäpfel. Erst mit der napolitanischen Pizza begann ihre Karriere als begehrtes Gemüse.

Der breite Küstensaum im sonnigen und trockenen Südosten der Insel hatte sich als günstig für den Anbau von Tomaten erwiesen. Doch die empfindliche Pflanze braucht viel Pflege und eine gute Ernte ist immer auch eine Glückssache – ganz abgesehen von den Risiken des Transports. Als die Engländer sich zurückzogen, versuchten die Einheimischen ihr Glück.

Wo sich heute die Touristenorte der Costa Canaria ausbreiten, wuchsen noch vor 50 Jahren Tomaten – auf den Ländereien des Grafen De la Vega Grande, des größten Grundbesitzers der Region. Doch der Graf war gar nicht glücklich, blieb doch der Profit aus dem Tomatengeschäft gering und das Geschäft höchst risi-

koreich. Das Wasser musste durch Tunnelbohrungen oft kilometerweit herange-
schafft werden, ein Wetterumschwung konnte die gesamte Ernte vernichten und
die Arbeiter, meist nur saisonal beschäftigt und auf Hungerlöhne angewiesen, waren auch selbstbewusster geworden. Er sattelte um und setzte auf Tourismus,
initiierte das Großprojekt der Costa Canaria und fuhr damit hundertmal besser als
mit Tomaten.

Zwar werden noch rund 10 000 ha des gräflichen Landes mit Tomaten bepflanzt,
doch der Anbau ist rückläufig. Und das hat viele Gründe. Last und Risiko ruhen
noch immer weitgehend auf den Schultern der Pächter, besonders der Klein-
pächter. Arbeitskräfte werden immer rarer und teurer, bietet doch die Arbeit als
Kellner oder Zimmerfrau in Restaurants und Hotels einfachere und geregeltere Beschäftigung. So muss die Pächterfamilie oft von morgens bis abends Hand anlegen.

Denn das meiste ist wirklich Handarbeit. Das fängt bei der Auslese der Samen
an, geht weiter über das Einsetzen der herangezogenen Pflänzchen, Entfernung
unerwünschter Triebe, Jäten des Unkrauts, Düngung, Behandlung mit Insektizi-
den bis zum Pflücken der reifen Tomaten und dem Sortieren für den Transport.
Dann müssen außer den Spalieren auch noch die Schutzplanen gezogen werden.
Die Tomaten reifen zwar am besten im Freien in der Sonne, doch drohen Schäd-
linge, zu starker Wind und heftige Regenschauer die ganze Ernte zu vernichten.

Um gegen die holländische und marokkanische Konkurrenz bestehen zu können, muss das Produkt schon perfekt sein für die verwöhnten europäischen Verbraucher. Um dieses Ziel zu erreichen, wird viel experimentiert und gezüchtet, auch
von staatlicher Seite. Die für die Inselbedingungen ideale Exporttomate soll her.
Schon heute ist es eher ein Glücksfall, wenn man im Supermarkt noch einige Exemplare wirklich schmackhafter Inseltomaten erstehen kann.

... und Tiere

frisch renoviert und besitzt einen Balkon oder eine Terrasse. Restaurant, zwei Pools. DZ ab ca. 60 €.

Hotel Parque Tropical [7]: Playa del Inglés, Avda. Italia 1, Tel. 928 77 40 12, Fax 928 76 81 37, an der Strandpromenade. Geschmackvoll gestaltete Anlage, kanarischer Baustil und grandiose subtropische Garten-Pool-Landschaft, wohl eine der schönsten Anlagen der Costa Canaria. Der Strand erscheint fast nebensächlich! 235 Zimmer. DZ ca. 60 €.

Creativ Hotel Catarina [8]: Playa del Inglés, Avda. de Tirajana 1, Tel. 928 76 28 12, Fax 928 76 06 15, catarina@creativhotel.com. In der Nähe der Dünen. 402 Zimmer. DZ ca. 50 €.

Las Flores Nueva [9]: Las Dalias, Nähe Playa San Agustín, Tel. 928 76 25 26. Sehr schön liegen die Reihenbungalows mit Meerblick gleich oberhalb der Strandfelsen. Diese Unterkunft verspricht einen erholsamen Urlaub. Eine der ältesten Anlagen von San Agustín. Bungalows ab ca. 50 €.

Apartamentos Las Arenas [10]: Playa del Inglés, Avda. Italia 25, Tel. 928 76 06 00, Fax 928 77 14 24. Das Nightlife-Zentrum C. C. Kasbah und der Strand liegen in unmittelbarer Nähe. Schwimmbad und Sonnenterrasse auf dem Dach. An die 200 Studios, Studio für zwei Personen ca. 45 €.

Apartamentos Solymar [11]: Playa del Inglés, Avda. de Tirajana 4, Tel./Fax 928 76 38 33. Ruhig gelegen, rund 300 m von den Dünen entfernt, 101 Zimmer mit kleinen Balkonen, Poolanlage, Tennisplätze. Apartment ab ca. 40 €.

Bungalows Biarritz [12]: Playa del Inglés, Avda. de Bonn 18, Tel. 928 77 39 93, Fax 928 77 39 96. 76 Bungalows in angenehmer Parkanlage, mehrere Tennis-Hartplätze, auch Unterricht. Apartment ab ca. 40 €.

Ifa Interclub Atlantic [13]: San Agustín,

Los Jazmines 2, Tel. 928 76 02 00, Fax 928 76 09 74, interclub@ifacanarias.es, www.ifacanarias.es/aleman/interclub.htm Der jüngst komplett renovierte Club (200 Apartments) besticht durch seine ruhige Lage, ca. 10 Min. vom Strand entfernt. Auf Wunsch werden Kreativprogramme insbesondere für Kinder angeboten. Zwei Restaurants, drei Pools, Sportangebote, z. B. Tauchkurse, Clubs für Kinder. DZ ab 40 €, Apartments ab ca. 60 €.

Besonders in den Einkaufszentren und am Strand von Playa del Inglés trifft man auf eine Fülle preiswerter Restaurants und Imbissstuben. Sehr zu empfehlen ist das **Pueblo Canario** in Bahía Feliz, ein attraktiver Platz mit Restaurants rundherum.

Einige Restaurants für Besucher von Playa del Inglés, die auf die heimische Küche nicht verzichten wollen, sind: **Hohensalzburg** (österreichische Küche), im Keller des Einkaufszentrums Cita; **Mi Casa** (deutsche Küche), Avda. Gran Canaria neben Hotel Riu Papayas; **Zum Schnitzelwirt** im Einkaufszentrum Yumbo und **Futterkrippe** im Einkaufszentrum Cita. Dort findet man auch eine ganze Reihe von Lokalen, die eine breite Palette von deutschen Bieren anbieten, beispielsweise die **Cita Bier Akademie** mit der wohl größten Auswahl.

L´Orangerie [14]: Maspalomas Oasis, Avda. del Oasis (im Hotel Palm Beach), Tel. 928 14 08 06, Mo–Sa ab 19 Uhr. Das gemütlich-elegante Restaurant zählt zu den besten der Kanaren, Spezialitäten: Fisch (besonders Sama) und Fleisch, das Kräuterlamm probieren! Menüs kaum unter 40 €.

Rias Bajas [15]: Playa del Inglés, Avda. Tirajana Ecke Avda. Estados Unidos, Tel. 928 76 40 33, Fax 928 76 85 48, tgl. 13–16 und 19–24 Uhr. Hier genießt man galizische Küche mit dem Schwerpunkt

Fisch und Meeresfrüchte, aber auch *cordero al horno* (Lamm aus dem Backofen). Menüs ab 30 €.

Pepe El Breca II 16: an der Landstraße nach Fataga, Tel. 928 77 26 37, Mo–Sa 13–16 und 19–23.30 Uhr. Oft gerühmt als bestes Fischlokal der Region, garantiert das Restaurant in schöner Gartenlage frisch zubereitete Spezialitäten, u. a. *pulpo frito* (gebratene Krake) und *crema de mango* (Mangocreme). Menüs um 25 €.

El Palmeral 17: Maspalomas, Plaza de la Constitución, Campo Internacional, Tel. 928 77 38 19, Fax 928 76 77 13, www. hecansa.org, Mo–Fr 10–16 Uhr. Das Palmeral gehört zur hiesigen Hotelschule, typisch kanarische, aber auch internationalkreative Küche, perfekter Service, kreative Cocktails an der Bar. Menüs um 24 €.

Tenderete II 18: Playa del Inglés, Avda. de Tirajana gegenüber 15, Tel. 928 76 14 60, tgl. 13–17 und 19–24 Uhr. Im Tenderete II genießt man typisch kanarische Küche, z. B. gute Gofiospeisen und hervorragenden *puchero* (Eintopf), Spezialität: Fisch/Meeresfrüchte. Das Restaurant hat mehrere Preise gewonnen, ist aber nicht so vornehm wie Tenderete I in Las Palmas, das den König zu Gast hatte. Menüs um 21 €.

El Senador 19: Maspalomas, Paseo El Faro (am Leuchtturm), am Beginn der Fußgängerzone, Tel. 928 14 20 68, Fax 928 14 33 89, tgl. 10–24 Uhr. Auf der großen Terrasse am Strand werden die Spezialitäten des Hauses, Fisch- und Meerestiere sowie Lammbraten, serviert. Menüs ab ca. 15 €.

Mesón Viuda de Franco 20: Marcial Franco 11 (am Kreisel zum Stadtteil San Fernando), Tel. 928 76 03 71, tgl. 12–17 und 19–23 Uhr. Die Einheimischen treffen sich hier vor allem wegen der guten Tapas an der Bar, spanisch-kanarische Küche. Menüs um 15 €.

La Casa Vieja 21: an der Straße nach Fataga, Tel. 928 76 27 36, tgl. 13–24 Uhr. Das große und urige Grillrestaurant mit Holztischen ist meist sehr voll und auch bei Deutschen sehr beliebt. Spezialitäten sind Lamm, Ziege und Kaninchen. Oft Tisch-Musik live, abends steigt die Stimmung. Menüs um 13 €.

El Puente 22: San Agustín, Las Dalias 3, Tel. 928 77 34 89, Di–So 18–23 Uhr. Das traditionelle Lokal gibt es bereits seit 1974. An einigen Tischen schöner Meerblick, aufmerksame Bedienung, Spezialitäten: Fleisch flambiert und Fisch (gute Fischplatte). Menüs um 13 €.

Amaiur 23: Maspalomas, Avda. Touroperador Neckermann (am Campo de Golf), Tel. 928 76 44 14, Mo–Fr 13–15 und 19–24 Uhr. Den Gästen serviert man baskische Küche, also Fisch und Fleisch vom Grill. Menüs um 12 €.

Balcón de San Agustín 24: San Agustín, Los Jazmines 15, Tel. 928 76 19 71. Der fantastische Blick von der Terrasse auf Meer und Küste und die gute Küche, etwa die *zarzuela* (Fischsuppe), sind das Erfolgsrezept dieses Restaurants. Menüs um 10 €.

Buffet Universal Las Camelias 24: Playa del Inglés, Avda. Tirajana 15, Tel. 928 76 02 36, tgl. 12–23 Uhr. Hier hat der Hunger keine Chance: Buffet-Selbstbedienung zum Sattessen. Auch im Yumbo-Einkaufszentrum kann man im Tropicana so viel essen wie man will. Erwachsene ca. 7 €, Kinder die Hälfte.

Internet-Café
CiberBeach: Avda. de Tirajana 11.
Internet Café C.M.P.: Secundino Delgado, Edif. Jovimar, Stadtteil San Fernando.
Free Motion: Avda. Alfereces Provisionales, Hotel Sandy Beach.
Es existieren weitere Internet-Cafés, die mitunter nur wenige Terminals haben. Da sich die Szene ständig ändert, fragen Sie

am besten in Ihrer Unterkunft nach dem nächsten Café, in dem Sie Ihre elektronische Post versenden und abrufen können.

📖 Die vielen **Einkaufszentren** (Centros Comerciales – abgekürzt C. C.) vereinen auf meist mehreren Etagen Supermärkte, Geschäfte, Kneipen und Restaurants. Einige sind wahre Labyrinthe, in denen die Orientierung schwer fällt. Da es in den jeweiligen Zentren meist mehrere Supermärkte und Geschäfte der gleichen Art gibt, sollte man unbedingt Preisvergleiche anstellen. Die Supermärkte im Stadtteil San Fernando sind im Allgemeinen billiger, da hier auch viele Einheimische einkaufen.

Ansoco-Supermarkt: San Fernando, im Souterrain eines Gebäudes an der Plaza del Hierro (gute Parkmöglichkeit). Einer der preiswertesten Supermärkte in der Umgebung.

Supermarkt Bellavista: San Fernando, Avda. de Gáldar. Ebenfalls günstige Preise.

Atlántico: Vecindario (Richtung Las Palmas), Mo–Fr 9–20 bzw. 22, Sa bis 14 Uhr. Um Großeinkäufe noch günstiger zu tätigen, verlassen viele Einheimische die touristische Zone und kaufen u. a. hier ein.

Wochenmarkt: in San Fernando Mi und Sa bis ca. 14 Uhr in der Markthalle. Neben frischem Gemüse und Obst werden auch Souvenirs und typische Spezialitäten der Insel angeboten. Die Markthalle ist auch an den anderen Wochentagen bis 14 Uhr geöffnet. Eine deutsche Bäckerei offeriert hier die verschiedensten Brot- und Kuchensorten – wie in der Heimat.

Fedac: im Touristenzentrum am Einkaufszentrum Yumbo. Kunsthandwerk zu staatlich kontrollierten Preisen.

Deutsche Lebensmittel: Delta Market, Avda. Alfereces Provisionales 25, Apartments Tirajana gegenüber Hotel Neptuno, Tel. 928 76 74 74, Mo–Sa 9–20 Uhr. Umfangreiches Angebot deutscher Markenartikel. Deutsche Bäckerei Zipf, Avda. de Tirajana 3, Deutsche Metzgerei im Einkaufszentrum von San Agustín.

Deutsche Bücher erhält man in guter Auswahl im BLB-Shop, Secundio Delgado, Gebäude Jovimar (neben der Videothek), Local 3, Stadtteil San Fernando, Mo–Fr 10–13 und 13–16 Uhr, Sa 10–13 Uhr.

⚠ Achtung: Der Bereich um das Einkaufszentrum Kasbah, in dem sich viele Discos und Bars befinden, hat keinen guten Ruf u. a. wegen der Drogenszene, Pornoshops und des Straßenstrichs.

Rein ins erfrischende Nass!

Ohne passende Kleidung kein Zutritt, Ausweispflicht.

El Corral: Einkaufszentrum Gran Chaparral, ab 23 Uhr. Flamenco pur.

Pascha: Playa del Inglés, Avda. de Tirajana, Edificio Tamarán, neben Hotel Rey Carlos. Disco für fortgeschrittene Semester, die es leiser lieben und auch mal zu Oldies schwofen möchten.

Belle Epoque: nahe C.C. Yumbo, Hotel Buenos Aires. In dieser Disco trifft sich ein gesetztes Publikum. Gelegentlich Live-Musik, Salsa und lateinamerikanische Rhythmen. Teuer.

Joy: Nähe Kasbah/Metro. Weithin bekannte und gut geführte Disco, die Platz für 1000 Besucher bietet. Im Joy ist erst ab 2 Uhr etwas los, aber dann wird bis in den Morgen getanzt und gefeiert. Gemischtes Publikum.

BoneyM: Playa del Inglés, Avda. de Tirajana, Nähe Plaza Teror. Traditionelle Disco für Jung und besonders Alt.

Studio 80: Nähe Kasbah/Metro, neben dem Joy. Freunde einer eleganten Atmosphäre und anspruchsvollerer Musik werden sich in dieser Disco wohlfühlen.

Chic: Nähe C.C. Kasbah/Metro. Ein betuchtes Publikum feiert in der Riesendisco oft ebensolche Parties, Lasershow.

Hippodrome: neben Kasbah. Der freie Eintritt lockt viele Gäste an. Men Stripshow, Go-Go-Girls, jede Nacht Happy Hour.

La Belle: C.C. Yumbo, Erdgeschoss, ab 22 Uhr. Ein Treffpunkt der Gay-Szene, Travestie-Show in Englisch von 22.30 Uhr bis Mitternacht. Das Einkaufszentrum Yumbo ist der bevorzugte nächtliche Schwulen-Treffpunkt.

Magic Elephant: Avda. Tirma 2. Beliebter Disco-Pub, in dem viele Oldies gespielt werden.

Casino Palace: San Agustín, im Hotel Meliá Tamarindos. Darsteller verschiedener Nationalitäten bieten eine wirklich hervorragende Varieté-Nightshow: u. a. Flamenco, Tanz, Komödie, Magie, Pferdedressur. Dieser Revue ab 22 Uhr geht das Dinner mit kleineren Showeinlagen voraus. Reservierung angeraten (Nov.–April, Reservierung über Hotelrezeption, Tel. 928 76 27 24). Andere Nightclubs bieten oft ein sehr dürftiges Programm.

Spielkasino: San Agustín, gegenüber dem Casino Palace, tgl. 20–4 Uhr. Im einzigen Spielcasino des Südens kann man sein Glück beim Roulette, Baccara, Black Jack und an Spielautomaten versuchen.

Ausflug in die Tropen: Palmitos Park

Pachá: neben Einkaufszentrum Kasbah. Der Disco-Pub ist vergleichsweise teuer. Viele Deutsche trinken hier ihr Bier und lassen sich von der Musik berieseln.

Garage: C.C. Kasbah. Das Garage ist häufig sehr voll, aus den Boxen ertönt überwiegend Techno. Beliebt bei Deutschen, Eintritt frei.

Paraíso Latino: Nähe C.C. Cita. Der Name verrät's: Hier schwingt man die Hüften zu Salsa und anderen lateinamerikanischen Rhythmen.

Tequila Boom: C.C. Tropical. Ebenfalls Salsa und südamerikanische Tanzmusik.

Bavaria Hofbräuhaus: C.C. Cita. Viel Bier und gute Stimmung ab 20 Uhr.

Casa Antonio: San Fernando, 12–24 Uhr. Hier wird das Tanzbein geschwungen.

Zum rollenden Matrosen: C.C. Cita im Kellergeschoss, ab 20 Uhr. Bedienung auf Rollschuhen, Tanz und Live-Musik, Tischtelefone für den Tanzkontakt.

Klassische Konzerte: Im Gebäude der Touristen-Information am Einkaufszentrum Yumbo zeigen Solisten häufig ihr Können. Viele weitere Veranstaltungen im Centro Cultural (Kulturzentrum) gegenüber der Kirche im Stadtteil San Fernando.

Kanarische Folklore: kostenlose Vorführungen an manchen Samstagen ab ca. 21 Uhr im Einkaufszentrum Faro 2, genaue Termine erfahren Sie im Touristenbüro am Einkaufzentrum Yumbo.

Fußballturnier von Maspalomas: Januar. Europäische Spitzenmannschaften treten im Stadion von San Fernando gegeneinander an.

Karneval: meist im März, im Anschluss an die Festivitäten in Las Palmas, der genaue Termin wird jedes Jahr festgelegt, Touristen können aktiv teilnehmen. Umzüge, Wahl verschiedener Königinnen, z. B. der ›Drag Queen‹ (Königin der Transvestiten); ›Begräbnis der Sardine‹ und Feuerwerk am Strand (Anexo II). Veranstaltungsschwerpunkt: Einkaufszentrum Yumbo.

Patronatsfest ›Santísima Trinidad‹: El Tablero nördlich von Maspalomas, Mitte Mai. Höhepunkte sind der Erntedankumzug und eine Riesenpaella für 5000 Personen.

Palmitos Park

Diesen hervorragend gestalteten Pflanzen- und Tiergarten sollten Sie nicht versäumen. In einer gelungenen Mischung werden hier subtropische und exotische Flora und Fauna auf 200 000 m² mit Seen und Bächen dargeboten. Höhepunkte: der Kakteen- und Agavengarten, die freilaufenden Pfauen, Käfige mit exotischen Vögeln, die Schmetterlings- und Orchideenhäuser, die farbenprächtige Unterwasserwelt des Aquariums. Für Kinder und Erwachsene gleichermaßen attraktiv ist die Papageienshow (stdl. von 11.30 bis 16.30). Von der Terrasse des Restaurants kann man frei fliegende tropische Vögel beobachten. Zum Besucherservice gehören u. a. ein Souvenirladen und ein Stand für Filmverkauf- und entwicklung. Der Eintrittspreis von 13 €, Kinder die Hälfte, lohnt allemal. Der ca. 8 km entfernte Park, geöffnet von 9.30–18 Uhr, kann mit dem öffentlichen und in kurzen Abständen fahrenden Bus 45 erreicht werden.

Patronatsfest in San Fernando: Kostenloses Fischbraten *Gran Asadero de Sardinas* am 30. Mai, dem kanarischen Nationalfeiertag *(Día de Canarias),* der in die *fiesta* integriert ist. Zur Mittagszeit werden über 1000 kg Sardinen gegrillt und mit Gofio und *papas arrugadas* gereicht. Abends *romería* (Erntedankumzug).
Festival Regional de Folklore: Ende Mai/Anfang Juni findet im Rahmen des Patronatsfests von San Fernando dieses Festival statt. Folkloregruppen von allen sieben Inseln präsentieren sich, die Aufführungen werden oft vom spanischen Fernsehen aufgezeichnet.
Johannisnacht: In der Nacht vom 23. auf den 24. Juni, der *Noche de San Juan,* gehen in den Küstenorten viele Einheimischen um Mitternacht ans Meer, tauchen drei Mal unter und wünschen sich etwas. Manche legen zur Bekräftigung drei Rosen ins Wasser. Hexen dürfen das Ritual

Mini Tren

Die Sightseeing-Bummelbahn im Wildwest-Look fährt zu interessanten Punkten des Orts. Abfahrt Avda. de Italia, C.C. El Veril, tgl. 10–12 und 14–20 Uhr, Infos während der Fahrt auch auf Deutsch.

stören, daher werden lärmende Hexen- und Geisterumzüge veranstaltet. Um das Böse zu bannen, werden Scheiterhaufen entzündet oder Feuerwerke veranstaltet.

An den Rezeptionen der Unterkünfte liegen meist Werbeprospekte der vielen Freizeiteinrichtungen aus. Zu zahlreichen Attraktionen der Insel werden Sammelfahrten ab Playa del Inglés durchgeführt. Über die Reiseleitung oder Hotelrezeption kann man viele Ausflüge und Sportaktivitäten buchen.

Freizeit- und Vergnügungsparks
Ocean Park: Maspalomas, tgl. 10–17 Uhr. Die Anlage bietet Abwechslung für die ganze Familie: Wasserspaß mit Riesenrutschen, Pools, Wellenbad, Abenteuerbereiche für Kinder, Restaurants, Cafeterías und Geschäfte.
Aqua Sur: Carretera Los Palmitos Parque bei Maspalomas, tgl. 10–17 Uhr, im Sommer eine Stunde länger, Bus 45. Größter Wasserpark auf den Kanaren: u. a. rund 30 Rutschbahnen, Wellenschwimmbad, Abenteuerbereich und Flugsimulatoren für Kinder, Cafeterías und Geschäfte.
Sioux City: Wildwestdorf in der Schlucht von Águila. Di–So 10–17 Uhr. Hier sollen Filme mit Clint Eastwood und Mike Krüger gedreht worden sein. Street-Shows fast stdl. ab Mittag: u. a. Überfälle, Reiterszenen, Stunts, Shoot-Outs. Do und Fr 20 Uhr Nightshows. Bus 29.

Parque de Cocodrilos: s. S. 189.
Mundo Aborigen: s. S. 116.

Minigolf
San Valentin Park: Calle El Timple, Tel. 928 76 24 65, 9– 23 Uhr. Große Minigolfanlage, beleuchtet, Kinderermäßigung. Weitere Minigolfanlagen: Apartmentanlage Roque Nublo, Avda. de Tirajana Nähe Plaza Telde, 10–24 Uhr und Apartmentanlage Taidia, Avda. de Tirajana, südlich der Plaza Teror, auch Tischtennis.

Ausflüge
Camello Safari Dunas: südlich des Golfplatzes an den Dünen, Tel. 928 14 02 05. Die ›Kamelsafaris‹ werden in Gruppen durchgeführt, man ›reitet‹ in bequemen Tragesitzen zu beiden Seiten der Dromedarhöcker durch die Dünen von Maspalomas.
Manolos Camel Safari: s. S. 118.
Jeepsafaris: Beliebt sind Ausflüge mit Jeeps in die nahe Bergwelt. Buchungen über die Hotelrezeption oder z. B. bei Miguel's Jeepsafari, Tel. 928 76 09 05 oder Unisafari, Tel. 928 77 19 96.
La Barranda Camel Safari Park: an der Straße nach Fataga, Tel. 928 17 24 65. Eine weitere Kamelsafari-Adresse; vor oder nach einer Kamelsafari kann man hier auf einer Terrasse essen oder auch nur frisch gepresste Fruchtsäfte genießen.

Sport
Gran Karting Club: nahe Bahía Feliz östlich von Playa del Inglés, tgl. 10.30–21.30 Uhr, Tel. 928 15 71 90. Die Kart-Bahn hat die ›längste Piste Spaniens‹ und auch eine Piste für Kinder. Eine kleinere Anlage liegt an der Straße zum Palmitos Park, Nähe Kreuzung nach El Tablero.
Bowling-Bahnen: Paraiso I beim Einkaufszentrum Kasbah. Beliebte Einrichtungen im Souterrain des Einkaufszentrums Cita.

Stierkampf: Traditioneller Stierkampf ist auf der Insel verboten. In der kleinen Arena an der Straße zum Palmitos Park finden unblutige Kämpfe mit Jungtieren statt.

Surfcenter Club Mistral Gran Canaria: Bahía Feliz, Tel. 928 76 17 78, www.club-mistral.com, tgl. 9.30–17.30 Uhr. Reservierung in Deutschland: Tel. 0881/415 44. Geräteverleih und Kurse für Anfänger und Fortgeschrittene. Eigene Bungalows.

Windsurf Center (Dunkerbeck) Side Shore: Playa del Águila, Plaza de Hibiscus 2, Tel. 928 76 29 58. Fax. 928 76 29 78, sideshore@retemail.es. Über 20 angegliederte Bungalows. Der Däne Dunkerbeck hält mehrere Worldcup-Titel.

Tauchschule Náutico, IFA Interclub Atlantic: San Agustín, Los Jazmines, Tel. 928 77 02 00, Fax 928 14 18 05, Anmeldung 9–18 Uhr. Die Tauchschule bietet Lehrgänge für Anfänger und Kinder. Geräteausleihe und Abschlüsse von (internationalen) Tauchscheinen.

Divingcenter SUNSUB: s. Hotel Buenaventura, Tel. 928 76 88 64.

Andreas Tauchschule Tortuga: Playa del Inglés, Avda. Gran Canaria, Gebäude (Edif.) Habitat, Local 7, Tel. 928 77 02 18, www.Tauchschule-Tortuga.de. Bietet u. a. Anfänger-Schnupperkurse im Pool und im Meer, Wracktauchen, Tauchtrips bei Nacht und zu anderen Inseln.

Hochseeangeln: Im unweit östlich von Playa del Inglés gelegenen Küstendorf Castillo del Romeral wende man sich an die Fischerbruderschaft (Cofradía de pescadores) Playa la Caleta, Calle Ansite 2. Sie nimmt mitunter Gäste auf die Ausfahrten mit.

Escuela de Vela: Segelschule der Gemeinde in Pasito Blanco (Yachthafen westl. von Maspalomas), Tel. 928 14 18 26; dort auch Club Náutico, Tel. 928 76 76 83.

Tenniscenter Maspalomas (auch Squash): Avda. T. O. Neckermann beim Golfplatz, Tel. 928 76 74 47, 8–22 Uhr. Sand- und Hartplätze (pistas de tenis), Flutlicht gegen Aufpreis, Tennisstunden, Schlägerverleih, Massagen.

Die meisten größeren Hotels haben ihre eigenen Plätze und stellen oft auch Trainer. S. auch Park & Sport Hotel Los Palmitos und Hotel Buenaventura.

Campo de Golf de Maspalomas: Tel. 928 76 25 81, Fax 928 76 82 45, www.maspalomasgolf.net, tgl. 8–19 Uhr im Winter. 18-Loch-Platz mit eigenen Unterkünften, Restaurant, Bar, Driving Range mit Übungsrampen, Putting/Pitching – Green, Schlägerverleih, Kurse. In der Winter-Hochsaison stark frequentiert, Reservierung ratsam.

Meloneras Golf: westl. von Maspalomas, Tel. 928 30 32 50, Fax 928 24 46 90. Neuere 18-Loch-Anlagen.

Salobre Golf: Urbanización El Salobre, Autobahn Richtung Arguineguín, km 53, Tel. 928 01 01 03, Fax 928 01 01 04, www.salobregolfresort.com, tgl. 10–18 Uhr. Das relativ neue 18-Loch-Golfareal, dessen Grün in der fast wüstenhaften Umgebung eindrucksvoll wirkt, bietet Driving Range, Golfcars, Pro-shop mit Schlägerausleihe, Restaurant und Cafeteria.

Reitstall Rancho Grande: am Ende des Orts Juan Grande, links an der Landstraße Richtung Las Palmas–El Doctoral, Tel. 928 72 81 15. Unterricht, organisierte Ausritte, Ponyclub.

Reitstall Rancho-Park: an der Straße zum Palmitos Park, neben Stierkampf-Arena.

Sportflughafen des Real Aeroclub de Gran Canaria: nördlich angrenzend an Bahía Feliz, erkennbar an dem Flugzeug-Denkmal. Tel. 928 15 71 47, Fax 928 15 72 04. Möglichkeit von Inselrundflügen, sogar Kurse mit Fluglizenzen (mind. 3-Wochen-Kurs).

Paraclub: Sportflughafen, Tel. 928 15 70 00. Fallschirmspringen *(paracaidismo),* Paragliding und Tandemsprung, meist mit Absprüngen über den Dünen von Maspalomas, Skydive Tandem.

Sprachkurse

Inlingua Sprachschule: Avda. de Tirajana 86, Stadtteil San Fernando, Tel. 928 76 52 37. In der einschlägig bekannte Sprachschule kann man Spanisch in Einzelunterricht, zu zweit oder in kleinen Gruppen von 3–5 Personen lernen, Grundkurse mit ca.10 Stunden pro Woche (Unterricht vormittags) oder Intensivkurse mit 8 Stunden pro Tag.

Sprachkurse Bénedict: Edificio Mercurio, Turm 1, 5. Etage, Tel. 928 76 18 30.

Bus: Die Costa Canaria vom Faro de Maspalomas über Playa del Inglés und San Agustín bis nach Bahía Feliz (Tarajalillo) wird mit einem relativ dichten Busnetz der Firma GLOBAL (früher SALCAI) versorgt. Wer beabsichtigt, viel mit dem Bus zu fahren, sollte sich gleich zu Beginn des Aufenthalts im GLOBAL-Büro am Yumbo-Einkaufszentrum einen Netzplan *(plano zona turística del sur)* holen. Zu allen Linien gibt es separate Zeitpläne *(horarios).* Für einige Linien werden auch ermäßigte Karten *(bonos)* verkauft. In Playa del Inglés verkehren die meisten Busse entlang der Avenida de Tirajana, verbinden alle wichtigen Einkaufszentren und fahren über Parque Tropical ganz im Osten von Playa del Inglés auf die Carretera General mit den Haltestellen für die östlichen Orte bis nach Bahía Feliz. Im Folgenden sind meist nur die Zielorte angegeben, die Stationen unterwegs kann man nur den genauen Plänen entnehmen. Nach Las Palmas: Nr. 30 Schnellbus über die Ortschaften ca. alle 20 Min. oder Nr. 50 ›Super-Faro‹ über die Autobahn stdl., Nr. 05 Nachtbus ab 21 Uhr. Alle genann-ten Buslinien starten ab Maspalomas Oasis.

In die Berge: Nr. 18 nach Fataga und San Bartolomé 4x tgl., bis (Cruz de) Tejeda 1x wchtl. (sonntags).

Nach Westen: Nr. 31 Puerto Rico, Nr. 01 nach Puerto de Mogán, Nr. 61 nach Puerto de Mogán (20–23.30 Uhr), Nr. 38 nach (La Aldea) de San Nicolás. Alle genannten Busse kommen aus Las Palmas und fahren im Bereich Playa del Inglés entlang der Carretera General, zusteigen an der Haltestelle San Fernando. Nur die Nr. 32 nach Puerto de Mogán startet in Playa del Inglés, Parque Tropical und hält u. a. am C.C. Yumbo und Faro 2. Auch die Linie 86, u. a. nach Puerto Rico, durchfährt ganz Playa del Inglés.

Flughafen: Nr. 66, stdl. ab Einkaufszentrum Faro 2.

Nr. 45 zum Palmitos Park, hält auch am Spaßbad Aqua Sur, alle 15–30 Min.

Nr. 72 zur Markthalle *(mercado)* des Stadtteils San Fernando.

Nr. 48 zum Freilichtmuseum Mundo Aborigen.

Bus 29 ab Faro de Maspalomas über Playa del Inglés, San Agustín, Bahía Playa, nach Sioux City.

Taxi: Büro der Funktaxi-Cooperative, Tel. 928 76 67 67. Taxistände vor allen Einkaufzentren und den größeren Hotels. Die meisten Taxis verkehren entlang der Avda. de Tirajana.

Fahrräder: Happy Biking GC: Avda. de Italia, Hotel IFA Continental, mit beliebtem Bikertreff, Tel. 928 76 68 32 und Werkstatt Tel. 928 76 82 98. Tourenbeispiele unter www.happy-biking.com

España Bike Travel: Avda. de Tirajana 25 Local 8, Tel. 928 77 33 17. Tourenbeispiele unter www.espanabike.com

Buchungen u. a. auch für jet&bike (Fahrrad ab Flughafen). Beide Adressen vermieten Rennräder und Mountainbikes nebst Ausrüstung. Viele Touren für Anfänger und Fortgeschrittene, Bustransport, Reparaturen etc.

Motorräder: Sun Fun: im Einkaufszentrum Gran Chaparral, Tel. 928 76 38 29. Mofas, Mopeds und Motorräder.

Motos Tivoli: im Edificio Prisma Local 26, Avda. España 7, Tel. 928 76 34 17.

Moto & Bike: Avda. Gran Canaria 32, Tel. 928 77 33 31.

Autovermietung: Rund 30 Mietwagenfirmen, meist in den Einkaufzentren lokalisiert, bieten ihre Dienste an. Die meisten Rezeptionen und Reisebüros vermitteln Leihwagen auf Wunsch. Eine unverbindliche Auswahl gängiger Firmen:

Autos Moreno: Avda. Tirajana 10, Tel. 928 77 73 85.

Orlando Rent A Car: Avda. de Tirajana 23, Tel. 928 76 55 02.

Union Rent: Avda. de Italia 6, Tel. 928 77 30 00.

Autos Cicar: Avda. de Italia 13, Aptos. Alegranza 1, Local 1, Tel. 928 76 76 54.

Avis: Crta. General del Sur, Tel. 928 76 14 54.

Hertz: Edificio San Fernando, Tel. 928 76 70 54.

In der *Semana Santa,* der Osterwoche, kommen sehr viele ausländische Touristen in den Süden der Insel, aber auch Tausende von Urlauber aus Las Palmas. Sie wohnen nicht nur in Apartments, sondern belagern in Zelten und Wohnwagen unbebaute Strände und hinterlassen viel Müll. Parkplätze und Zufahrtstraßen zu vielen Stränden sind dann völlig überlastet.

Polizei: Policía Local für Verkehrsunfälle im Ortsbereich, Notruf Tel. 092; Policía Nacional (schwere Delikte), Carretera Central, am Euro Center, zentraler Notruf Tel. 112.

Ärztliche Hilfe: Centro de Salud, nahe Kreuzung Maspalomas/Tablero (Cruce de Tablero), tgl. 9–13 Uhr, Tel. 928 72 10 96,

Notdienst 24 Std. (behandelt werden Patienten mit internationalem Krankenschein).

Speziell für den Urlaub oder generell Privatversicherte können sich gleich an folgende deutschsprachige Ärzte wenden:

Dr. J. Langhoff: San Agustín, Los Dragos 7, Vista Atlántico 104, unterhalb Interclub Atlantic, Tel. 928 76 41 90. Allgemeinmediziner, Sprechstunden Mo–Fr 10–13 und und nach Vereinbarung, Haus/Hotelbesuche, auch Chiropraktik, Akupunktur, Naturheilverfahren.

Dr. R. Houth: Playa del Inglés, Edif. Mercurio, Torre I, Planta 2F, Tel. 928 77 08 19. Zahnklinik, auch Zahnchirurgie.

Dr A. Salahi: Playa del Inglés, Edif. Mercurio, Torre II, 3H, Avda. de Tirajana 39, Tel. 928 77 12 12, Mo–Fr 9.30–13 Uhr. HNO-Arzt.

Dr. S. Moini: Playa del Inglés, Edif. Mercurio, Torre II 2H, Avda. de Tirajana, Tel. 928 76 32 33, Notruf Tel. 666 25 00 00, Mo–Fr 10–13 Uhr und nach Vereinbarung. Frauenarzt.

Dr. J. Hohenstein: Playa del Inglés, Avda. Gran Canaria 56, Club 25, Tel. 928 77 64 24, Notruf Tel. 629 06 31 88, Sprechstunde nach Vereinbarung. Urologe.

Ärztezentrum Salus: Playa del Inglés, Avda. Gran Canaria 19 gegenüber Hotel Gran Canaria Princess, Tel. 9 28 76 29 92. 24-Stunden-Bereitschaftsdienst, auch Haus- und Hotelbesuche.

Deutsches Ärztezentrum: zwischen Hotel Costa Meloneras und Riu Palace Meloneras. Tel. 928 14 15 38, mobil 669 28 46 59.

Verbraucherschutz – Büro (OMIC): San Fernando, C/A. del Castillo an der Markthalle *(mercado municipal)*, Tel. 928 76 95 45. Neuerdings bemüht man sich, berechtigten Beschwerden schnell nachzugehen. Das ist meist erfolgreich, wenn Beweise (z. B. überhöhte Rechnungen) vorliegen.

In die wilde Bergwelt

Blick vom Pinar de Tamadaba

Gran Canaria-Atlas S. 232, 233, 237, 238

DIE CUMBRE-REGION

**Von den südlichen Stränden geht es in die wild zer-
klüftete und einsame Berglandschaft im Inneren Gran
Canarias, zum höchsten Dorf mit seiner Höhlenkapelle und zum Pico de las Nieves, dem höchsten Berg der
Insel. Entlang der Route kommt man in den Genuss
atemberaubender Panoramen mit dramatischen Fels-
formationen, abgelegenen Bergdörfern und einsamen
Winkeln – das ›andere‹ Gran Canaria.**

Fataga

Gran Canaria-Atlas: S. 238, B 2

Ab Playa del Inglés durchfährt man den
nördlichen Ortsteil San Fernando und
folgt dem Hinweisschild ›Fataga‹. Über
kahle Berghänge mit kakteenartigen
Kandelaber- und Wolfsmilchgewäch-
sen geht es zuerst zu einer Aussichtsplattform. Kurz vorher bietet das sehenswerte **Freilichtmuseum Mundo
Aborigen** Einblicke in Bauweise und
Leben einer Siedlung der Ureinwohner.
Die Rekonstruktion eines altkanarischen Dorfs mit Figuren in Lebens-
größe lässt längst vergangene Zeiten
lebendig werden. Shows (u. a. ein kanarischer Ringkampf) und ein kleines
Museum bieten weitere unterhaltsame
Informationen. Für das leibliche Wohl
sorgt ein Restaurant (tgl. 9–18 Uhr, Gra-
tis-Zubringerbus ab Playa del Inglés, Infos an vielen Hotelrezeptionen). In den
scharfen Kurven der anschließenden
Abfahrt in die Fataga-Schlucht ist Vorsicht geboten und Hupen unbedingt
notwendig. Beim Weiler **Arteara** be-

ginnt man zu verstehen, warum das Tal
von Fataga auch ›Tal der Palmen‹ heißt.
In einem dieser Palmenhaine ist linker
Hand eine gut ausgeschilderte Kamelsafari untergebracht.

Das Dorf Fataga, malerisch auf
einem Bergsporn gelegen, ist umgeben von Mandelbäumen, Apriko-
sengärten und Palmenhainen, die einst
in tropischer Fruchtbarkeit das gesamte Tal füllten. Die für den Verkehr ge-
sperrten schmalen gepflasterten Gassen des Dorfes mit den aus Naturstein
errichteten Häusern führen hinauf auf
einen umbauten Felssporn mit weitem
Ausblick auf die roten Dächer rings
herum. Es lohnt sich, von der kleinen
Dorfkirche bis fast zum höchsten Punkt
aufzusteigen, an dem der deutsche
Künstler Friedhelm Berghorn sein Atelier hat.

Hinter Fataga geht es in steilen Serpentinen bergauf – stets mit schönem
Blick zurück auf den Ort. Dieser heute
gut asphaltierte Straßenabschnitt hat
den Beinamen ›Weg des Esels‹. Als
sich die ersten Vermesser der Straße

die Köpfe über den günstigsten Verlauf zerbrachen, soll ihnen der Legende nach ein Bauer bei ihrer Entscheidung geholfen haben, indem er lediglich seinen jede Anstrengung scheuenden Esel bergan laufen ließ.

Kurz vor San Bartolomé zweigt eine mit ›Las Lagunas‹ ausgeschilderte Nebenstraße links ab und führt schließlich sehr steil hinab in den Ort. Man folgt jedoch der Landstraße, um von der großen Terrasse des Restaurants Castillo Mirador den Panoramablick auf das Tal von Tirajana nicht zu verpassen. Linker Hand, hoch oben am Rand der mächtigen Steilwand, sieht man die weißen Kuppeln der Radarstation auf dem Pico de las Nieves, dem höchsten Berg der Insel. Die in das beeindruckende Halbrund der Bergwand eingebetteten kleinen Ortschaften sind auf einem schmalen Fahrweg zu erreichen. Im Tal erkennt man die Häuser und die Kirche von Santa Lucía (s. S. 121).

Hotel Rural Molina de Agua (de Fataga): ca. 1 km Richtung San Bartolomé, Tel. 928 17 20 89. Fax 928 64 21 69. Landhotel mit Palmenhain, Pool, Kamelreiten, Fahrrädern, Handwerkskursen, Gofiomühle *(molina)* nahebei. Im zum Hotel gehörenden Restaurante-Grill Molina de Fataga (Tel. 928 17 23 03, tgl. 8–22 Uhr) wird typisch kanarisches Essen in rustikalem Ambiente drinnen oder draußen auf der Terrasse aufgetischt. Menüs durchschnittlich 12 €. DZ 30–60 €.

Grill-Bar Fataga: an der Durchgangsstraße, tgl. 13–16, 19–22 Uhr. Viele Tapas, Fleisch vom Grill. Gespeist wird auf der Terrasse hinter der Bar. Menüs um 12 €.

Freilichtmuseum Mundo Aborigen: Kampfarena

Castillo Mirador: s. unter San Bartolomé de Tirajana.

🔒 **Galería de Arte:** im oberen Teil des Dorfs, Tel. 928 79 81 23, So–Fr 10–17 Uhr. In der Galerie des deutschen Malers und Bildhauers Friedhelm Berghorn werden auch oft Ausstellungen von Gastkünstlern gezeigt. Neben Kunst gibt es an der Bar und auf der Terrasse Tapas.

🎭 **Fiesta del Albaricoque (Aprikosenblütenfest):** Ende April/Anfang Mai. Das Fest wird zu Ehren des San José (hl. Josef) begangen. Handwerksstände.

🐪 **Manolos Camel Safari:** bei Arteara an der Straße Richtung Fataga, Tel. 928 79 86 86. Kamelsafari durch das Tal von Fataga.

🚌 **Bus:** Linie 18 verbindet Fataga mit Playa del Inglés/Maspalomas und San Bartolomé (ca. 4x tgl.).

San Bartolomé de Tirajana

Gran Canaria-Atlas: S. 238, B 1
San Bartolomé (de Tirajana) ist die Hauptstadt der größten Inselgemeinde, zu der auch Playa del Inglés/Maspalomas gehört. Für das Wort Tirajana gibt es eine schwungvolle Erklärung: Als sich Höhlenbewohner dieses Gebietes noch Botschaften mittels Leinen zuwarfen, sollen sie eine gewisse Anna, bekannt als Wurfspezialistin, mit dem Ruf »Tira, Ana!« (»Anna, wirf!«) angefeuert haben. Inselbewohner benutzen für San Bartolomé auch die kurze Bezeichnung Tunte, die sich auf eine gleichnamige vorspanische Siedlung bezieht.

Der offizielle Name San Bartolomé geht zurück auf den Tag des hl. Bartholomäus (24. Aug.), an dem die Spanier 1481 auf einer Eroberungs- und Sklavenexpedition bis hierher vordrangen, aber sich in dem noch ganz von den Ureinwohnern beherrschten und schwierigen Terrain blutige Nasen holten. Die Pfarrkirche am Ort ist dem heiligen Jakobus (span. Santiago) geweiht, Schutzpatron der schließlich doch erfolgreichen spanischen Eroberer und noch heute Nationalheiliger in Spanien. Neben diesem Jakobus dem Älteren (El Grande) wird hier vor allem Santiago El Chico, der Apostel Jakobus der Jüngere, verehrt. Beide sind in der Kirche in der Pose des *Matamoros,* des Maurentöters, dargestellt – in Erinnerung an die Vertreibung der Araber aus Spanien, als deren Fortsetzung die Eroberung der Kanarischen Inseln galt. Man erzählt sich, dass Santiago El Chico, von dem man Schutz gegen Trockenheit und Epidemien erhoffte, sich anfangs weigerte, aus seiner Kapelle in den Bergen in die Pfarrkirche gebracht zu werden. Seine Statue wurde so schwer, dass man umkehren musste. Ihm zu Ehren wird jährlich ein volkstümliches und sehr gut besuchtes Santiago-Fest gefeiert. Sehenswert ist die kleine Plaza zwischen Pfarrkirche und dem klassizistisch gestalteten Rathaus, Sitz der größten und reichsten Gemeinde von Gran Canaria.

🛏 **Hostal Santana:** etwa in der Mitte des Orts, an der Hauptstraße, Tel. 928 12 71 32. Einige wirklich einfache Zimmer. Gemeinschaftsbad, Bar mit Cafeteria im Erdgeschoss. DZ 12 €.

LUCHA CANARIA – KANARISCHER RINGKAMPF

Das Startritual muss stimmen. Eine kurze Begrüßung per Handschlag, dann gehen die beiden barfüßigen *luchadores,* die Kämpfer, leicht in die Knie, beugen die Oberkörper fast waagerecht nach vorne, rechte Schulter gegen rechte Schulter, packen mit der linken Hand das aufgekrempelte kurze Hosenbein des Gegners. Wenn der Schiedsrichter sich vergewissert hat, dass das Antrittsritual regelkonform ausgeführt ist, ruft er *brega* und der Kampf beginnt.

Die höchstens drei Kampfrunden, die *agarradas,* sind kurz – zwei Minuten pro Runde dürfen nicht überschritten werden – und schmerzlos, denn Tritte, Schläge und Boxen, Würgen oder Verdrehungen sind strikt untersagt. Nur Heben und Stemmen, Schieben und Ziehen sind erlaubt. Auf die kurze Hose kommt es an! Sie muss aufgerollt sein, damit der Gegner hier zupacken kann, die Hosenbeinweite ist streng reglementiert.

Gewichtsklassen gibt es nicht. Eher Leichtgewichtige können auf muskelbepackte Schwergewichtige treffen. Es kommt zwar auf Kraft an, aber mehr noch werden schnelle Reaktion, Geschicklichkeit und Fintenreichtum beklatscht. Außer Rand und Band geraten die Zuschauer, wenn ein muskelbepackter Koloss von einem eher kleinen, aber technisch cleveren Gegner zu Boden geworfen wird. Sehr gute Sportler beherrschen mehr als 40 verschiedene Griffe und Würfe. Wer mit einem anderen Körperteil als den Füßen zweimal den Sandboden berührt, hat die Runde verloren. Der Sieger empfängt Münzen und auch mal Geldscheine als Anerkennung von den Zuschauern.

Auf dem kreisrunden Sandplatz von zehn Metern Durchmesser, dem *terrero,* wird so lange gekämpft, bis eine der gegnerischen Mannschaften, die aus je zwölf Kämpfern bestehen, keinen Ringer mehr in den Kampf schicken kann. Die Trainer können einen guten Kämpfer auch mehrmals in die Arena schicken.

Herausragende Ringer, die auch gleichzeitig sehr populär sind, werden *pollos,* Kampf›hähnchen‹, genannt und erhalten oft hohe Gagen durch Sponsoren und Werbung. Inzwischen gibt es auch erfolgreiche Frauenmannschaften.

Die Lucha Canaria ist gut durchorganisiert – von der Dorf- und Stadtteilmannschaft bis zur Auswahlmannschaft der jeweiligen Insel. Die Zeitungen berichten immer ausführlich über Profikämpfe. Bei wichtigen Ligakämpfen ist in den Bars der kleineren Orte kein Platz mehr vor den Fernsehern frei.

Zwar kann der kanarische Ringkampf an Popularität nicht ganz mit Fußball oder Motorsport konkurrieren, doch bedeutet er viel für die kanarische Identität und wird daher auch offiziell in den Schulen gefördert. Der Canario, der den Stierkampf so vehement ablehnt, ist stolz auf diese ganz eigene Sportart, an der er Eleganz, Kameradschaftlichkeit und Gewaltlosigkeit schätzt.

San Bartolomé de Tirajana ist Verwaltungssitz für die Costa Canaria.

Hotel Las Tirajanas: am Dorfrand Richtung Fataga auf einem Bergsporn über dem Ort, Tel. 928 12 30 00, www. hotel-lastirajanas.com. 4-Sterne-Unterkunft mit fantastischer Aussicht, beheiztem Pool, Hotelbus zum Strand. Geführte Wandertouren, Jagd, Bogenschießen, Fahrradverleih. DZ ca. 50 €.

Restaurante Santiago El Grande: im Hotel Las Tirajanas, Tel. 928 12 30 00, tgl. 12.30–16.30 und 20–23 Uhr. Gute kanarische Küche. Menüs im Schnitt 21 €.
Castillo Mirador: kurz vor San Bartolomé und der Abzweigung nach Santa Lucía, Tel. 928 12 70 62, tgl. 9–20 Uhr. Kanarische und internationale Speisen, großartige Aussicht, viel Durchgangstourismus. Menüs um 10 €.

An vielen Wochenenden werden an Ständen vor der Kirche zunehmend lokale Produkte angeboten, z. B. Mandelgebäck, Sauerkirsch-Likör (*guindilla*) aus Rum, Zucker und Saft der kleinen roten Kirschen und Mejunje-Likör (Rum, Palmenhonig, Orangen und Kräuter) aus Santa Lucía. Die ziemlich süßen Alkoholika können in einigen Bars am Kirchplatz und im Ort gekostet werden.
Wochenmarkt Mercatunte: So ca. 9–14 Uhr.

Santiago de Tunte: um den 25. Juli. Das Fest zu Ehren des Apostel Jakobus des Jüngeren wird mit einer Prozession mit Militärkapelle begangen. An den Tagen und Wochenenden vorher pilgert man zur Kapelle des Heiligen. Viehmarkt, Handwerksmarkt.

Bus: Linie 18 verbindet San Bartolomé mit Fataga und Playa del Inglés/Maspalomas, die Linie 34 fährt über Santa Lucía nach Agüimes und El Doctoral.

›Caldera‹ de Tirajana

Gran Canaria-Atlas: S. 238, B 1
Das imponierende Halbrund des mächtigen, steilen Bergmassivs bei San Bartolomé, die so genannte Caldera de Tirajana, wird oft als ehemaliger Krater *(caldera)* interpretiert, dessen südliche Seitenwand vor Jahrmillionen durch eine mächtige Eruption weggesprengt wurde. Wahrscheinlicher ist, dass gewaltige Erosionsvorgänge am Werke waren. Noch in den 1950er Jahren kam es hier infolge sintflutartiger Regenfälle zu großen Erdrutschen.

Ein schmaler, asphaltierter Fahrweg mit fantastischen Ausblicken führt durch dieses Felsrund. Nachdem man San Bartolomé Richtung Tejeda verlassen hat, führt rechter Hand der Weg über die kleinen Dörfer Agualatente, Risco Blanco (›weißer Fels‹ wegen des hellen Gesteins der nahen Felswände) und Taidía nach Santa Lucía. Insbesondere nach Regenfällen besteht die Gefahr von Steinschlag. Natürlich kann man auch erst über die Hauptstraße Richtung Santa Lucía fahren und dann von Taidía aus das Felsrund erkunden.

Santa Lucía

Gran Canaria-Atlas: S. 238, B 1
Santa Lucía (de Tirajana) ist besonders wegen seiner Lage in palmenreicher Umgebung attraktiv. Die Ortsteile Rociana, Casas Blancas und Ingenio sowie Sorrueda mit idyllischem Stausee weiter unten im Tal liegen eingebettet in große Haine Kanarischer Dattelpalmen, Obstgärten und Blumenwiesen. Durch dieses kleine Paradies lohnt sich ein Spaziergang, den man am besten am Ende der Stichstraße hinunter zum Ortsteil Ingenio beginnt. Viele meinen, dass der Barranco de Tirajana das schönste Tal der Insel ist.

Fortaleza Grande

Gran Canaria-Atlas: S. 238, C 2
Fährt man von Santa Lucía wenige Minuten Richtung Küste und biegt dann in eine Nebenstraße rechts zum kleinen Dorf La Sorrueda ab, erreicht man den steil aufragenden Felskomplex Fortaleza Grande, auch Ansite genannt. Dabei kommt man am oberen Ende des Dorfs vorbei, wo sich der Blick auf einen romantisch gelegenen Stausee öffnet. Am Felsen angekommen, muss man vom ›Parkplatz‹ einige Meter hinaufklettern, um eine riesige Höhle zu erreichen, die durch das Gestein hindurch auf die andere Seite führt. Hier gibt es viele weitere, kleinere Wohnhöhlen, die oft nur schwer erreichbar sind. Klettert man über den Felskamm bis zur talseitigen Spitze, so trifft man auf teilweise gut gearbeitetes Mauerwerk. Die gefährliche Kraxeltour ist nur etwas für Schwindelfreie!

Ob der Felsen die letzte Widerstandsbastion der Ureinwohner war, ist umstritten, berichtet doch eine Chronik von rund 2000 Menschen, die schwerlich hier Platz gefunden haben können. Die Belagerung ging jedenfalls unblutig zu Ende. Der schon zu den Spaniern übergegangene Herrscher von Gáldar, Tenisor Semidán, soll erfolgreich vermittelt haben. Mit zwei Ausnahmen ergaben sich die Belagerten: Die beiden Anführer stürzten sich heldenhaft und todesmutig in die Tiefe. Aber auch das ist Legende und daher sind die alljährlichen Gedenkfeiern im April an diesem Ort inzwischen untersagt worden.

🛏 Im Tal von Santa Lucía stehen mehrere Landhäuser mit sehr begrenztem Zimmerangebot in herrlicher Palmenumgebung für Gäste offen. Weitere Unterkünfte sind in der Entstehung begriffen, man hat hier den ländlichen Tourismus entdeckt.

La Longuera: liegt rund 2 km außerhalb des Orts, inmitten eines großen Gartens. Das ursprüngliche Bauernhaus ist stilvoll restauriert und im Inneren modern eingerichtet, sehr ruhige Lage. Zwei Personen zahlen etwa 90 € pro Tag.
Buchung über Grantural in Las Palmas, Tel. 928 39 01 69 bzw. 902 15 72 81, www.canary-islands.com/es/agu-cr.html. Weitere Landhäuser über Retur in Vega de San Mateo, Tel. 928 66 16 68, Fax 928 66 15 60, www.returcanarias.com

🍴 **Restaurant Hao:** Tel. 928 79 80 07, tgl. 11–18 Uhr. Von der Durchgangsstraße als ein burgähnliches Gebäude erkennbar. Der ländlich-kulinarische Anziehungspunkt ist bereits am Vormittag stark von Bustouristen frequentiert. Man sitzt auf Palmstümpfen an Holztischen im Freien und lässt sich mit kanarischen Spezialitäten aller Art verwöhnen. Das kleine, private Museo Castillo de la Fortaleza, das unmittelbar an das Restaurant angrenzt sollte man nicht verpassen. Der inzwischen verstorbene Amateurarchäologe und Heimatkundler Vicente Araña hatte eifrig für diese Ausstellung gesammelt. Tel. 928 79 84 49, 10–18 Uhr. Menüs 12–25 €.

🛍 **Artesanía Conchita:** an der Durchgangsstraße. Handwerkskunst und Mejunje-Likör kann man in diesem Laden kaufen.

🎭 **Fiesta de Santa Lucía:** 13. Dez. Prozession unter Teilnahme einer schwedischen Festkönigin mit Lichterkrone.
Bauernfest Los Labradores: am Sonntag nach der Fiesta de Santa Lucía. Viel besuchtes Fest mit Prozession, in der Ochsenkarren mitfahren. Hier hat man die Gelegenheit, Trachten und Volkstänze zu sehen.

🚌 **Bus:** Linie 34 nach San Bartolomé und Richtung Küste nach Temisas–Agüimes–El Doctoral.

Von San Bartolomé nach Tejeda

Hinter San Bartolomé erreicht man nach steilen 5 km den kleinen Pass Santa Cruz Grande. Hier durchbricht die Bergstraße eine Felsformation und schlängelt sich durch eine großartig wilde und bizarre Felslandschaft, die der spanische Philosoph und Dichter Unamuno als »steinernes Gewitter« empfand. Der Zentralbereich der Bergwelt von Gran Canaria ist erreicht, der auch Cumbre genannt wird. Besonders charakteristisch für diesen Teil der Cumbre-Region sind die *roques* genannten Felsnadeln, von der Erosion frei gelegte ehemalige Kraterschlote. Der höchste von ihnen, der Roque Nublo (1803 m), kommt bei der Fahrt hinab nach Ayacata ins Blickfeld. Er thront auf einem mächtigen Felssockel hoch oben über den weißen Häusern des kleinen Dorfs.

Stausee von Chira

Gran Canaria-Atlas: S. 237, D 1
Einige Kilometer vor Ayacata führt linker Hand eine Nebenstrecke durch lichten Kiefernwald hinunter nach **Cercados de Araña** am Stausee von Chira, Ziel vieler einheimischer Camper an Wochenenden und in den hiesigen Schulferien. Von Cercados de Araña mit einigen Bar-Cafeterías führt der Fahrweg links am Stausee entlang bis zu den Gebäuden einer einfachen Herberge an der Staumauer. Unterkunft erhält man hier nur nach Anmeldung im Zentrum für Kultur und Umwelt (Centro Cultural y Medio Ambiente), Las Palmas, Calle Pérez Galdos 53, Tel. 928 38 41 65. Am Uferweg liegt das kleine Restaurant Las Tortolas, das nur dienstags, mittwochs und freitags zur Mittagszeit Grillspeisen anbietet, die in einem alten Rundofen bereitet werden. Es ist auf Jeepsafaris eingestellt, die über Feldwege von Playa del Inglés hierher kommen. Im Stausee darf gebadet und Paddelboote können gemietet werden. Diese Attraktion entfällt allzu oft, wenn durch sommerliche Trockenheit der Wasserspiegel zu niedrig ist.

Ayacata

Gran Canaria-Atlas: S. 233, E 4
Das Dörfchen Ayacata liegt auf 1300 m malerisch in einem Kerbtal zwischen steilen Felswänden und oft haushohen Felsblöcken, noch überragt vom 500 m höheren Felsfinger des Roque Nublo, dem ›Wolkenfels‹. Der Weiler ist ein Verkehrsknotenpunkt im Bergland. Straßen führen nicht nur weiter nach Tejeda, sondern auch hinunter nach Mogán und hinauf zum höchsten Inselpunkt, dem Pico de las Nieves. Das Tal mündet weiter unten in den Barranco de Soria mit dem größten Stausee der Insel. Vom späten Vormittag bis zum frühen Abend herrscht ein ständiges Kommen und Gehen, denn viele

Weg zum Wolkenfelsen

Die Felsnadel des Roque Nublo ist zu Fuß unschwer zu erreichen. In Ayacata fährt man an der Kirche rechts hoch Richtung Los Pechos bis zu einem kleinen Parkplatz links nach etwa 3 km. Von dort führt in etwa 35 Minuten ein zunächst befestigter Weg, der dann in einen ausgetretenen Pfad übergeht, im letzten Teil steiler und teilweise über Steinstufen, aufwärts zum Roque Nublo. Unterwegs sieht man links einen Felsmonolithen, der wegen seiner Form El Fraile, der Mönch, heißt. Am Roque Nublo angelangt, eröffnet sich ein fantastisches Panorama, bei gutem Wetter bis zum Teide auf Teneriffa. Die Südseite des Felsfingers wird auch ›Weg der Deutschen‹ genannt, da zwei Deutsche ihn 1932 zuerst bestiegen. An Wochenden trainieren oft Klettersportler am Felsen.

DIE ALTKANARIER

Das wissenschaftliche Hick-Hack um die Herkunft der Urbewohner Gran Canarias scheint beendet zu sein. Sie kamen wenige hundert Jahre vor Christus, nicht etwa Tausende von Jahren vorher. Es waren Berber aus Nordafrika und keine Steinzeitmenschen aus Südeuropa. Sprach- und Skelettvergleiche legen das nahe, aber auch Datierungen archäologischer Funde.

Trotz ihres relativ jungen Alters weiß man wenig Konkretes über die Kultur der Ureinwohner, die hier Altkanarier genannt werden sollen, da die Bezeichnung Guanchen streng genommen nur für die etwas abweichende Kultur der Ureinwohner Teneriffas gilt. Den spanischen Eroberern ging es eher um ihre Auslöschung und Versklavung. Das wissenschaftliche Interesse an alten Kulturen entstand erst im 19. Jh., als die meisten Spuren schon beseitigt waren und nur noch akribische archäologische Puzzlearbeit die Rätsel lösen konnte. Immerhin hat man ein grobes Bild von der Lebensweise der Altkanarier zusammensetzen können.

Der Altkanarier hämmerte, schabte oder schnitt mit primitiven Steinwerkzeugen aus Basalt und Obsidian. Metalle kannte er nicht, Erze kommen auf der Insel nicht vor. Auch die Knochen und Hörner der Ziege, dem hauptsächlichen Fleisch-, Milch- und Felllieferanten, dienten als Werkzeuge. An einem Stock befestigte Ziegenhörner wurden zum Ziehen der Ackerfurchen und Einsaat des Getreides genutzt. Die Ernte wurde teilweise in hochgelegenen und wetterabgewandten Höhlensilos, wie dem Cenobio de Valerón (s. S. 172) gespeichert. Das Getreide verarbeitete man nicht zu Brot, sondern geröstet und mit Milch und Honig versetzt zu dem noch heute verwendeten Gofio (s. S. 52). Als Bekleidung dienten Ziegenfelle, aber auch Lendenschurze aus Palmblättern und Binsen, aus denen auch Matten und Vorratsbehälter geflochten wurden. Erstaunlich hoch entwickelt war die Töpferei, obgleich die Drehscheibe nicht bekannt war. Gran Canaria verfügte über einen großen Formenreichtum und von allen Inseln als einzige über bemalte Keramik.

Als die Konquistadoren die Insel betraten, fanden sie zwei Herrschaftszentren vor, die jeweils von Fürsten, genannt *guanartemes,* regiert wurden: im Süden das Gebiet von Telde, im Norden das von Gáldar. Der jeweilige *guanarteme* entstammte dem mächtigsten Clan und herrschte zusammen mit einem Adelsrat, dem *tagoror,* dem auch der *faycán* angehörte, eine Art Hohepriester, der aufgrund seiner weit reichenden Befugnisse dem *guanarteme* an Macht kaum nachstand.

Der Adel suchte sich von der Masse der Ureinwohner scharf abzugrenzen, nicht nur durch das Tragen bestimmter Kleidung, sondern auch durch Bärte und lange Haartracht. Kein Adliger durfte etwas mit Fleischzubereitung zu tun haben und nicht außerhalb der adligen Familien heiraten.

Es ist daher durchaus glaubwürdig, dass sich die strikte Klassengliederung auch in der Form der Bestattung fortsetzte. Nach dem Waschen und Trocknen wurden

Wer sich für Frühgeschichte interessiert sollte das Museo Canario besuchen.

die Leichen höher gestellter Personen besonders sorgfältig mumifiziert. Die Eingeweide wurden entnommen und durch ein spezielles Gemisch ersetzt, dem auch Kiefernrinde und Bimsstein beigegeben waren. Die Mumie wurde dann nicht nur in eine Binsenmatte gehüllt, sondern zusätzlich in Lederhüllen.

Neben der auf allen Inseln gebräuchlichen Höhlenbestattung kennt nur Gran Canaria auch die Tumulusbestattung. Auf einem flachen Hügel errichtete man kegelförmige Zellen aus Bruchstein und bestattete darin die Mumien in Mulden oder Särgen aus Steinplatten. Besonders aufwändige Tumulianlagen wie die von La Guancha (s. S. 169) wurden wohl für die Häuptlingssippe errichtet.

Schon die sorgfältige Mumifizierung und Beisetzung der Verstorbenen mag darauf hindeuten, dass man den ›Seelen der Ahnen‹ einen gewissen Einfluss auf das Leben der Hinterbliebenen zusprach. Funde von Tonfiguren mit überbetont weiblicher Fülle und stark herausgestellten Geschlechtsmerkmalen legen die Existenz eines Fruchtbarkeitskults nahe, vielleicht sogar die Anbetung einer Muttergöttin. Tönerne Tierfigürchen waren möglicherweise Schutzgeister einzelner Stämme oder Sippen und erfüllten die Funktion eines Totems oder stellten auch Dämonen dar.

Als Kultorte werden Plattformen auf markanten Felsvorsprüngen gedeutet, z. B. am Roque Bentaiga (s. S. 127ff.) oder bei Cuatro Puertas (s. S. 194). Sie liegen an Höhlen und haben in ihrer Mitte Vertiefungen und Rillen, die vermutlich Flüssigkeitsopfern dienten. Vielleicht geht auch die Fiesta de la Rama (s. S. 158) auf ein Regenritual zurück, bei dem Priester und Volk in feierlicher Prozession Äste aus den Bergen holten und unter beschwörenden Schreien auf das Meerwasser schlugen.

Roque Nublo mit Blick auf Teneriffa mit dem Vulkan Teide

Ausflügler legen in Ayacata einen Zwischenstopp ein.

Die Nebenstrecke hinunter nach Mogán ist anfangs asphaltiert, setzt sich dann aber als Piste durch Kiefernwälder und entlang dem Stausee von Las Niñas zum Cruz de San Antonio fort. Der letzte kurvenreiche Teil des Fahrwegs hinab nach Mogán bietet unübertreffliche Ausblicke.

Wählt man die gut ausgebaute Straße nach Tejeda, durchfährt man die grandiose Felslandschaft um das Massiv des Roque Nublo. Umittelbar bevor sich der Blick auf das Bergdorf Tejeda eröffnet, ragt linker Hand der Felsenfinger des Roque Bentaiga (1404 m) empor, der Teil einer der wildesten, interessantesten und unbedingt sehenswerten Insellandschaften ist.

Casa Melo: an der Durchgangsstraße, Tel. 928 17 22 61, tgl. 11–20 Uhr. Das beliebte Restaurant mit Springbrunnen und rustikalen Sitzgelegenheiten auf seiner Terrasse bietet kanarisches Küche zu relativ günstigen Preisen. Menüs z. T. unter 12 €.

Casa Viera: an der Durchgangsstraße, Tel. 928 17 26 15, tgl. 10–20 Uhr. Konkurriert mit der Casa Melo und bietet große Portionen von kanarischen Speisen, besonders vom Grill. Menüs z. T. unter 12 €. Weitere kleine Restaurants und Bars ebenfalls an der Durchgangsstraße.

El Roque

Gran Canaria-Atlas: S. 233, D 4
Von der Landstraße Ayacata–Tejeda führt eine schmale Straße rechter Hand vorbei am Roque Bentaiga zum kleinen Dorf El Roque (›der Fels‹) in spektakulärer Lage, das wie ein Nest zwischen zwei mächtigen Felsen hängt.

Vom Dorfplatz hat man einen weiten Blick bis hinunter zum Dorf **El Chorrillo,** das man auf einem Fahrweg erreichen kann. In den steil aufragenden Felsen oberhalb und unterhalb von El Roque befinden sich viele von der Straße aus kaum sichtbare Höhlen, die noch heute als Viehställe und Vorratsräume genutzt werden. Gleich links am Dorfeingang kann man in die Felsen steigen (nicht ganz ungefährlich) und zu Höhlen gelangen, die volkstümlich **Cuevas del Rey,** ›Höhlen des Königs‹, genannt werden. Starke Regengüsse haben inzwischen den Pfad verändert, deshalb sollte man die Klettertour nur nach Erkundigung im Ort oder in der Informationsstelle am Roque Bentaiga (s. S. 127ff.) unternehmen! Bitte beachten Sie, dass Sie teilweise private Grundstücke betreten und die Besitzer natürlich ungehalten reagieren können. Die ›Königshöhlen‹ unterscheiden sich

nur durch die Größe und bessere Bearbeitung von den anderen. Im Boden sieht man Mulden, deren Funktion nicht ganz geklärt ist.

Roque Bentaiga

Gran Canaria-Atlas: S. 233, D 4
Dieser hochinteressante Ausflug (letzter Teil zu Fuß) zu einem archäologischen Informationszentrum und zu

Einsame Dörfer

Nehmen Sie sich unbedingt viel Zeit für diesen grandiosen Teil des Inselinneren. Auch mit einfachem PKW können sie weiter talwärts fahren und die urtümlichen Dörfchen La Solana und El Chorillo besuchen!

MANDELBLÜTE

Der spanische Dichter Lope de Vega empfahl vor 400 Jahren als Rezept gegen einen Kater, vor übermäßigem Weingenuss sieben bittere Mandeln zu essen. Ob man das Experiment wagen soll? Immerhin heißt es, dass erst rund 70 bittere Mandeln einen Erwachsenen ins Jenseits schicken. Das in diesen Mandeln enthaltene Amygdalin setzt dann im Magen entsprechend viel Blausäure für den Exitus frei.

Weit weniger bittere Gedanken kommen auf, wenn man im Februar nach Tejeda oder Valsequillo fährt. Je nach jahreszeitlicher Witterung stehen dann die Mandelbäume in voller Blüte – weiß bis zartrosa. Die Wirkung der Blütenpracht ist ungetrübt, denn Blätter entwickeln die Bäume erst später. Der Baum reagiert sehr sensibel. An gut geschützten Stellen – ohne kühle Winde – wagen sich die Blüten schon sehr frühzeitig heraus, oft schon im Januar. Dann werden die fröhlichen Mandelblütenfeste schon eher gefeiert. Der lyrische Volksmund verbindet mit der kurzen Blüte aber auch Trauer. In einem alten Liebeslied heißt es:

> Meine Träume und Hoffnungen waren wie Mandelblüten
> Sie sprossen früh und welkten schnell dahin

Die Blüten halten sich bei gutem Wetter rund eine Woche. Die Besitzer der Mandelbäume haben mit ausgewachsenen Bäumen während des Jahres wenig Arbeit – bis dann die Erntezeit kommt. Jetzt sind die Samenkerne, die Mandeln, reif, müssen mühsam per Hand gepflückt und aus der steinharten Schale gebrochen werden. Unter etwa 25 Kernen ist eine Bittermandel. Die trainierten Augen der Bauern erkennen sie an ihrer kleineren und spitzeren Form.

Die Herkunft des Mandelbaumes liegt im Dunkeln. Wahrscheinlich kommt er aus Vorderasien, wurde durch Seefahrer im Mittelmeerraum verbreitet und kam damit nach Spanien. Die Nüsse und die damit bereiteten Süßspeisen wurden hier bald sehr populär. Kein Wunder, dass die Eroberer der Kanaren Mandelbaum-Setzlinge auch nach Gran Canaria einführten, um den Anteil an Nutzpflanzen zu erhöhen.

Die Mandelblütenfeste (Fiestas del Almendro en Flor) in Tejeda und in Valsequillo sind für die geselligen Kanarier eine Attraktion. Es herrscht Frühlingsstimmung, Folkloregruppen treten auf, Handwerker bieten ihre Produkte an, es wird getanzt und an den Buden Unmengen an Mandelprodukten verspeist.

Die Verwendung der Mandel scheint unbegrenzt. Der Nachtisch *frangollo* ist sehr beliebt, eine Mischung aus Mandelpulver, Milch, Maismehl, Eigelb und Rosinen. Es gibt Mandelbrot, Mandelkuchen und sogar süße Mandelsuppe, die ursprünglich von zurückkehrenden Kuba-Auswanderern kreiert wurde.

Das beste, was aus den Mandeln werden kann, sind die Süßspeisen. Die Krönung stellt die Honig-Mandel-Mischung *bienmesabe* dar, bei deren Genuss gestandene Leckermäuler ausrufen dürften ›Mir schmeckt's gut – *Bien me sabe!*‹.

Wohnhöhlen mit Kultplatz der Ureinwohner am Fuße des Bentaiga nimmt mindestens eine Stunde in Anspruch.

Auf der Höhe des Roque Bentaiga biegt man links ab und erreicht nach ein paar Minuten das ausgeschilderte **archäologische Infozentrum Bentaiga** (Centro de Interpretación Arqueológico del Bentaiga, tgl. 10–17 Uhr). Hier wird eingehend über den Felsmonolith Bentaiga als heilige Kultstätte der Ureinwohner und Siedlungsraum mit rund 100 Höhlen informiert.

Ausgehend vom Parkplatz führt ein streckenweise steiler, felsiger und rutschiger Pfad hinauf zum Fuß der Felsnadel. Man muss über Mauerreste steigen, in denen die Archäologen Überbleibsel eines primitiven Bollwerks zum Schutze vor Angriffen vermuten. Schließlich gelangt man zu einer Steintreppe, an deren oberem Ende Überreste eines kleinen, in den Felsboden gehauenen Kultplatzes *(almagoren)* erkennbar sind. Die noch heute sichtbaren Näpfe und Rillen wurden von den Ureinwohnern möglicherweise für Flüssigkeitsopfer verwendet. Eine der Höhlen oberhalb des Kultplatzes ist erstaunlich sorgfältig in einen überhängenden Felsen eingearbeitet. Es lohnt sich, etwas herumzustreifen. Ein Pfad führt bis an den Fuß der Felsnadel selbst. Das Panorama zu beiden Seiten ist überwältigend. Überall trifft man auf Höhlen, einige hängen steil in der Felswand. Ein Höhlentunnel führt durch den Berg hindurch. Die gesamte Anlage macht den Eindruck einer gut durchdachten und uneinnehmbaren Bastion mit verschiedenen Rückzugsmöglichkeiten

vor einem Ansturm der Belagerer. Hier sollen sich einst Volk und Herrscher der Altkanarier unter Leitung ihres Hohepriesters, des *faycán*, zu mehrtägigem Fasten und Flüssigkeitsopfern für ihren Gott Acoran versammelt haben. Und hier verteidigten sich die letzten Ureinwohner noch einige Zeit gegen die Spanier.

Tejeda

Gran Canaria-Atlas: S. 233, E 4
Wieder zurück auf der Landstraße erreicht man nach kurzer Zeit Tejeda in ca. 1000 m Höhe. Die fast parallel zur Durchgangsstraße verlaufende Dorfstraße beginnt an der Tankstelle und führt am Bar-Restaurant Tejeda und geradeaus an der Kirche vorbei, um schließlich am Ende des Dorfs wieder auf die Durchgangsstraße zu treffen. Rechts von der Kirche geht es steil hinab ins Unterdorf ›La Tosca‹, das sich für einen Spaziergang anbietet.

Die alten Männer, die vor der Bar Tejeda im Schatten der Bäume sitzen, vor sich hindösen, hin und wieder einen *cafecito* trinken und mit dem Dorfpolizisten ein Schwätzchen halten, sehen keine rosige Zukunft für Tejeda. Sie bestätigen, was für die meisten Dörfer des Inselinneren gilt: Die Jugend verlässt den Ort, da sie keine Arbeit findet. In den letzten 40 Jahren ist die Einwohnerzahl auf die Hälfte geschrumpft, nur noch wenige arbeiten in der Landwirtschaft, meist ältere Bauern, die mühselig Hunderte von Obstbäumen und ihre wenigen Schweine, Ziegen und Kühe versorgen. Die meisten Arbeitnehmer sind im Dienstleistungsgewerbe beschäftigt, überwie-

129

gend in Las Palmas und in den Touristenbetrieben des Südens.

In den fünf Stauseen des wasserreichen Gemeindegebiets, das bis hinunter zur Küste reicht, sammeln sich rund 60 % des Stauwassers von Gran Canaria. Zum Unwillen der Einwohner kommt es traditionell aber anderen Gemeinden zugute.

Hostal Tejeda: C/Hernandez Guerra 19, Tel. 9 28 66 60 55. Wenige, saubere Zimmer, einige mit herrlichem Ausblick. DZ ca. 20 €.

Apartamentos Rurales Fina: Tel. 9 28 66 61 28. Apartments an verschiedenen Stellen des Orts. Eine Voranmeldung ist besonders an Wochenenden nötig. Apartments ab 30 €.

Rund 10 verschiedene Landhäuser im Rahmen des ›ländlichen Tourismus‹ mit sehr begrenztem Zimmerangebot. Zu reservieren über Grantural Tel. 928 39 01 69 bzw. 902 15 72 81, www.canary-islands. com/es/agu-cr.html.

Albergue de Montaña: Cruz Blanca, Tel. 928 66 65 17. Die preisgünstigste Möglichkeit der Übernachtung bietet diese (Jugend)-Herberge. Sehr große Schlafsäle, bis zu 16 Personen, oft durch Jugendgruppen belegt. Ca. 80 m hinter der Tankstelle nach links unten abbiegen. Übernachtung 8 €.

Sombra del Nublo: Hernández Guerra 12, die Straße hinunter ins Dorf, Tel. 928 66 65 44, Di–So 10–21 Uhr. Kanarische Küche. Menüs unter 12 bis etwa 25 €.

Cueva de la Tea: Hernández Guerra 23, an der Straße hinunter ins Dorf, Tel. 928 66 66 75, Di–Sa 12–23 Uhr, So nur mittags. Gute kanarische Küche, Spezialitäten Eintopf und Lamm. Menüs zwischen 12 und 25 €.

Gayfa: Cruz Blanca 34, unweit der Tankstelle, Tel. 928 66 62 30, 9–23 Uhr. Kanarische Küche. Menüs unter 12 € bis 25 €.

Dulcería Nublo: Dorfstraße Hernándo Guerra 14. Alles rund um die Mandel, u. a. *bienmesabe* (Mandel-Honig-Creme), Marzipankuchen und -kekse, Mandel-Nuss-Gebäck. Ein kanarisches Sprichwort besagt: Um *bienmesabe* zu kosten, geh nach Tejeda.

Fiesta Almendro en Flor: Mandelblütenfest, meist Anfang Februar, je nach Blütezeit: Mandel-Spezialitäten, Handwerkskunst, Folklore, Viehabtrieb, stark frequentiert an den Wochenenden.

Bus: Linie 305 von/nach Las Palmas mehrmals tgl., von/nach Maspalomas nur 1 x sonntags.

Artenara

Gran Canaria-Atlas: S. 233, D 3

Kurz nach Tejeda führt links eine Straße hoch nach Artenara, dessen weiße Häuser schon von Tejeda aus zu sehen sind. Das höchste Dorf der Insel – es liegt in 1270 m Höhe – hat ca. 500 Einwohner, die zum Teil in Höhlenwohnungen leben. Durch Fassadenerweiterungen sind sie allerdings oft nicht mehr sofort als solche erkennbar.

Folgt man der ansteigenden Dorfstraße schräg gegenüber der Pfarrkirche San Matias, erreicht man einen älteren Teil der Ortschaft mit der Höhlenkapelle, die der **Virgen de la Cuevita** geweiht ist. Von einem kleinen Parkplatz sind es nur noch wenige Meter zu Fuß. Die Statue der Höhlenjungfrau soll nach dem Volksglauben schon im 14. Jh. durch Missionare von Mallorca hierher gelangt sein. Die Veteranen und Radsportler der Insel haben die Marienfigur zu ihrer Schutzpatronin erwählt. Der Weg entlang der Felswand jenseits der Kapelle führt in einen noch recht ursprünglichen Teil von Artenara.

🛏 **Pensión Artenara:** Calle Matías Vega 7, Tel. 928 66 65 91. Sieben einfache Zimmer, mit Gemeinschaftsbad. Die Pension soll erweitert werden. DZ ca. 35 €.
Über Landhäuser und Höhlenwohnungen s. S. 217, z. B. Retur Tel. 928 66 16 68, Fax 928 66 15 60, www.returcanarias. com

🍴 **Mirador de La Silla:** Tel. 928 66 61 08, tgl. 10.30–17.30 Uhr. Einen Besuch des spektakulär wie ein Adlerhorst gelegenen Restaurants mit einzigartigem Ausblick sollte man auf keinen Fall versäumen. Die Zufahrt von der Durchgangsstraße ist ausgeschildert. An Wochenenden oft überfüllt, kanarische Küche. Menüs zwischen 12 und 25 €.
Bar-Restaurant La Esquina: Di–So 10–18 Uhr. Preiswert isst man auch im Ort an der Dorfplaza gegenüber der Pfarrkirche: mit Aussichtsterrasse und guten Tapas. Menüs zwischen 12 und 25 €.

🔒 **Kunsthandwerk–Zentrum** (Centro Artesanal de La Cumbre) in einer Höhle bei Kilometer 1 Richtung Pinar de Tamadaba, an der Bushaltestelle, kleine Auswahl.

🎎 **Fiesta de La Virgen de La Cuevita:** vorletzter Augustsonntag. Prozession zur Pfarrkirche und am Sonntag darauf zurück in die Höhlenkirche, Hauptfeiertag mit Viehmarkt, Folkloregruppen

Panoramastraße

Von der Straße Pinar de Tamadaba–Artenara führt eine gut ausgeschilderte Route über die Vega de Acusa hinab an die Küste nach San Nicolás, eine der spektakulärsten Strecken der Insel und einst ein Geheimtipp. Von der Hochebene von Acusa geht es in Spitzkehren hinunter in die Schlucht von La Aldea, dann vorbei an den Stauseen Parrallilo und Caidero de la Niña durch den wild zerklüfteten unteren Teil des *barranco,* bis man schließlich nach rund einer Stunde San Nicolás erreicht.

und Feuerwerk, viele Fahrradfahrer, da die Jungfrau deren Schutzpatronin ist.

 Bus: Linie 220 nach Las Palmas.

Pinar de Tamadaba

Gran Canaria-Atlas: S. 232/233, C/D 2/3
Die Fahrt von Artenara nach Westen durch die Kiefernwälder des Pinar de Tamadaba mag für waldgewohnte Mitteleuropäer etwas monoton sein, bietet aber im Nordwesten bei klarem Wetter atemberaubende Ausblicke von dem über 1000 m hohen Steilabfall auf die Westküste bis hinüber zur Insel Teneriffa. Die Kiefernwälder sind das Ergebnis von erfolgreichen Wiederaufforstungen. Das harte Holz gilt als

recht widerstandsfähig gegen die nicht seltenen Waldbrände. Wegen der Kiefernnadeln auf der Fahrbahn besteht bei Nässe erhöhte Rutschgefahr.

Zum Höhlendorf Juncalillo

Gran Canaria-Atlas: S. 233, D 3
Statt die Route vom Pinar de Tamadaba zurück über Artenara fortzusetzen, kann man – je nach noch verfügbarer Zeit – einen Umweg über **Juncalillo** wählen. Vor der spanischen Eroberung war hier ein bevorzugtes Siedlungsgebiet der Ureinwohner. Dazu wählt man aus Richtung Pinar de Tamadaba kommend die Abzweigung über La Coruña und Las Hoyas und fährt entlang der Stauseen von Los Pérez. Nahe der letzten Staumauer zweigt scharf rechts ein asphaltierter Weg nach Juncalillo ab (evtl. nicht ausgeschildert). Bald darauf erreicht man auf steiler Betonstraße das lang gestreckte Höhlendorf. Es klebt regelrecht am Nordabhang des Barranco Hondo de Abajo. Ungefähr in seiner Mitte befindet sich eine kleine Höhlenkapelle, malerisch in eine überhängende Felswand gehauen.

Über Juncalillo gelangt man bei El Tablero zurück auf die Hauptstrecke und erreicht bald darauf die **Caldera Pinos de Gáldar.** Von einer Aussichtsplattform, die einen weiten Blick auf die Nordküste bietet, blickt man in den Krater, der vor drei Jahrtausenden entstanden sein soll. Die Kiefernwälder der Pinos de Gáldar sind wie die von Tamadaba das Ergebnis mühevoller Aufforstung, stets bedroht von sommerlichen Waldbränden.

Cruz de Tejeda

Gran Canaria-Atlas: S. 233, E 3
Um Cruz de Tejeda zu erreichen, folgt man nicht der Strecke hinunter nach Valleseco, sondern einer vorher abzweigenden und gegenüber der *caldera* bergauf führenden Straße. In ihrem Verlauf führt sie teilweise durch Abhänge aus Vulkanasche.

Cruz de Tejeda, der höchste Pass (ca. 1500 m) der Insel, hat seinen Namen von dem Steinkreuz vor dem staatlichen Parador Nacional (nur noch Restaurant, Hotelbetrieb wieder geplant). Von der großen Terrasse des Parador bietet sich ein überwältigendes Panorama mit den Felsfingern des Roque Nublo (links) und des Roque Bentaiga (Mitte).

Hotel El Refugio: Tel. 928 66 65 13, Fax 928 66 65 20, elrefugio@canariasonline.com. Häufig von Wanderbegeisterten ausgebucht. Sauna, Pool, Minigolf, Fahrradverleih. DZ um 50 €.

El Refugio: Tel. 928 66 66 63, tgl. 13–17, 19–21 Uhr. Im gleichnamigen Landhotel gegenüber dem Parador. Kanarische Küche. Menüs durchschnittlich 18 €.
Restaurant des Parador Nacional: tgl. 12–16.30 Uhr. Vergleichbare Preise wie im El Refugio, dazu die unvergleichliche Aussicht von der Terrasse.

Bessere Qualität als die Souvenirstände vor dem Parador bietet der Fedac-Laden am Ort.

Bus: Linie 305 von/nach Las Palmas und nur sonntags Bus Nr. 18 von/nach Maspalomas.

Pico de las Nieves

Gran Canaria-Atlas: S. 233, F 4
Schräg gegenüber dem Parador, gleich links an den Häusern führt eine Nebenstrecke zum Pico de las Nieves. An Kreuzungen folgt man dem Schild ›Los Pechos‹. Nach rund 3 km erreicht man das Informationszentrum **Centro de Interpretación Degollada de Becerra** mit Ausstellungen zu Umwelt, Landwirtschaft und Handwerk, besonders Keramik des ›Ländlichen Schutzparks‹ Roque Nublo, zu dem dieses zentrale Gebiet gehört. Mit Cafeteria und Handwerksladen (tgl. bis 17 Uhr).

Auf den letzten Kilometern geht es durch Kiefernwälder. Mit dem Kuppelbau der Radarstation in einem militärischen Sperrgebiet ist auch das Ziel der Route, der Pico de las Nieves, erreicht. Schon von hier ist die Aussicht grandios. Doch ein paar hundert Meter weiter, am Zaun des Sperrgebiets, liegt der Mirador, eine Aussichtsplattform mit noch großartigerem Panorama. Der Blick schweift über den gesamten Südwesten der Insel, 1000 m hinab in den Barranco de Tirajana mit San Bartolomé, hinüber zu den Dünen von Maspalomas und bei sehr gutem Wetter bis nach Teneriffa mit dem Teide. Der Name Pozo (statt Pico) de las Nieves, Schneebrunnen, soll von Brunnen herrühren, in denen der hin und wieder fallende Schnee einst zu Eis gepresst wurde, das sich auf dieser Höhe lange hielt und als Kühlmittel verkauft wurde. Die Bezeichnung ›Los Pechos‹ (die Brüste) für die schmale Hochebene geht auf die weißen Kuppeln der militärischen Radarstation zurück, die den kanarischen Luftraum überwacht.

Eine asphaltierte schmale Stichstraße führt von der Sperrbezirk-Einfahrt ca. 3 km in die entgegengesetzte Richtung, vorbei an einigen Sendemasten. Von hier bieten sich weitere schöne Ausblicke.

Wer nicht über Ayacata zurückfahren will, hat die Möglichkeit, nach etwa 1 km ab Militärstation rechts Richtung Telde abzubiegen, eine kaum befahrene Strecke mit herrlichen Ausblicken, abwechslungsreicher Landschaft, vorbei am 1800 m hohen Cruz del Saucillo und dem Stausee Cuevas Blancas. Kurz vor Telde wird in Steinbrüchen Vulkanasche abgebaut.

Wählt man die Rückfahrt über Ayacata, hält man sich aus Richtung Pico de las Nieves links und gelangt durch ein fruchtbares Obstanbaugebiet zum Kiefernwald Llanos de la Pez mit beliebtem Picknickgelände (gemauerte Grillvorrichtungen). Auf der Weiterfahrt erstreckt sich rechts tief in einer Schlucht der mit 1550 m am höchsten gelegene Stausee der Insel, die Presa de los Hornos. Bald erblickt man vor sich die kleine Felsnadel des Roque El Fraile (›der Mönch‹) und die große des Roque Nublo, zu dem ein gut markierter Wanderpfad (30 Min.) führt. Kurz vor Ayacata geht es dann in Spitzkehren durch felsübersäte Landschaft steil bergab. An der kleinen Kirche von Ayacata treffen wir wieder auf die C-815, die uns in die Berge führte. Ohne Unterbrechung und bei zügiger Fahrt ist Playa del Inglés von hier aus in rund einer Stunde zu erreichen.

133

Nach Westen

Segler vor der Küste
von Puerto de Mogán

Gran Canaria-Atlas S. 232, 233, 236, 237

DIE ROUTE DER KLEINEN HÄFEN – ENTLANG DER WESTKÜSTE

Von Playa del Inglés geht es zum ruhigen Ort Arguineguín mit ursprünglicher Hafenatmosphäre, die man auch – um einige Nuancen eleganter – in Puerto de Mogán genießen kann. Bald nach dem Hafen von La Aldea eröffnen sich grandiose Panoramablicke auf die Steilküste des Westens. In Puerto de las Nieves oder in Sardina kann man sich mit einem leckeren Fischgericht für die Mühen der Fahrt belohnen.

Von Playa del Inglés nach Arguineguín

Will man nicht die Autobahn, sondern die Landstraße benutzen, fährt man auf der Schnellstraße im Bereich Playa del Inglés/Maspalomas ein Stück Richtung Faro de Maspalomas und biegt dann rechts ab, dem Schild nach Mogán folgend. Bald tauchen rechter Hand die Parabolspiegel des INTA auf (Instituto Nacional de Tecnología Aeroespacial). Diese Station diente in den 1960er Jahren der NASA zur Überwachung des ersten bemannten Apollo-Flugs zum Mond und begleitete die nachfolgenden Weltraumprojekte. In Las Palmas ließen sich viele Amerikaner nieder und bildeten eine regelrechte Kolonie. Die jetzige Station ist nur noch ein Rest der damals umfangreicheren Einrichtungen, die nach dem Ende des Mondprojekts abgerissen wurden. Heute werden von hier aus Satelliten überwacht.

Bald danach wird das Panorama von der Zementfabrik Santa Agueda an der Küste beherrscht. Der Name Santa Agueda soll auf Mönche aus Mallorca zurückgehen, die noch vor der Eroberung der Insel in dieser Gegend missionierten und das Bildnis der hl. Agathe mitbrachten.

Arguineguín

Gran Canaria-Atlas: S. 237, D 4

Der Anblick der Fabrik ist vergessen, sobald man in Arguineguín, das schon zur Gemeinde Mogán gehört und den Beginn der Costa Mogán markiert, zum Hafen hinunterfährt. Hier bietet sich noch ein recht malerisches Bild, das man an dieser von Ferienanlagen gesäumten Küste nicht erwartet. Meerseitig geschützt durch eine hohe und lange Mole liegt der Fischer- und Sporthafen mit mehreren Schwimmdocks und rund 100 Ankerplätzen. Vor der Hafenpromenade herrscht ein reges Treiben. Aufgedockte Boote werden emsig repariert, gepflegt und farbenfroh angestrichen.

In den frühen Morgenstunden oder spät am Abend, je nach Saison, wird in der Nähe der großen Mole frisch gefangener Fisch zum Verkauf angeboten oder versteigert.

Geht man ortsseitig ganz um die Bucht mit der steinigen und ungepflegten Playa de Marañuelas herum, trifft man auf dem erhöhten Felsbereich auf viele Bars und Restaurants. Von diesem Puesta de Sol (Sonnenuntergang) genannten Promenadenbereich hat man einen weiten Blick auf den Hafen. Das Meer wirkt hier meist so, wie es der altkanarische Name des Orts andeutet: ›Stilles Wasser‹.

Hier an der Südküste hat außer Puerto de Mogán nur Arguineguín einen Ortskern, der schon vor dem Touristenboom existierte. Fischfang war immer die Erwerbsgrundlage und nachdem 1890 zwei Pökelanlagen gebaut wurden und weitere Arbeitsplätze entstanden, siedelten sich auch zunehmend Familien an. Eine weitere Erwerbsmöglichkeit bot der Tomatenanbau. Der einzige Transportweg blieb lange Zeit das Meer, bis in den 30 Jahren des 20. Jh. eine Küstenstraße gebaut wurde. Die armseligen Bambusrohr- und Bretterhütten wurden erst ab Mitte des 20. Jh. durch feste Steinhäuser ersetzt. Vor rund 30 Jahren gewann der Tourismus an Bedeutung und beherrscht bis in unsere Tage die Wirtschaft. Dennoch gibt es noch heute eine Fischergenossenschaft, die vor allem während der Tunfischzeit aktiv wird.

Pensión León: Graciliano Alfonso 5, Tel. 928 15 15 06. Die Gäste wohnen in sehr einfachen Zimmer und teilen sich Etagenbäder und Gemeinschaftsküche, an Wochenenden und in den Ferien ist die kleine Pension meist von Grancanarios ausgebucht. DZ um 20 €.

Cofradía de Pescadores: Muelle de Arguineguín, Restaurant der Fischergenossenschaft im unteren Hafenbereich, Tel. 928 15 09 63, Di–So 12–23 Uhr. Fisch und Meeresfrüchte sind ganz frisch, viele Fischer und Bootsbesitzer verkehren hier. Filiale im Einkaufszentrum Ancora an der Durchgangsstraße. Menüs 12–25 €.

Los Pescaitos: Puesta de Sol (Promenade auf den Felsen gegenüber dem Hafen), Tel. 928 73 50 24, Di–So 12–22 Uhr. Auf der Speisekarte stehen Fisch, Meeresfrüchte und Spezialitäten der kanarischen Küche, besonders attraktiv ist die Aussicht hinunter auf den Hafen. Menüs 12–25 €.

Fisch mit Frischegarantie

Wer es ganz urig, einfach und preiswert liebt, biegt vor Arguineguín von der Landstraße Richtung Zementwerk und Ortsteil El Pajar ab. Kleine Fischlokale stapeln hier am Strand ihre Vorräte und in winzigen Buden wird der frisch gefangene Fisch den Gästen angeboten. Die Arbeiter aus dem Zementwerk essen hier zu Mittag und einheimische Familien belagern an Wochenenden die Buden oder grillen selbst am Strand.

Bar Cafetería Marañuelas: Miguel Marrero 55, im unteren Bereich der Strandbucht, tgl. 7–23 Uhr. Eine Adresse für alle, die sehr früh und auch spät am Abend noch einige Tapas zu sich nehmen wollen, bei Einheimischen beliebt.

Vielbesuchter **Wochenmarkt** am Hafen, jeden Dienstag von 8–14 Uhr.

Fiesta del Carmen: um den 16. Juli, Fest zu Ehren der Schutzheiligen der Fischer. An dem nächstliegenden Sonntag wird das Heiligenbildnis in einer großen Bootsprozession nach Puerto de Mogán gebracht, wo sich eine *fiesta* nahtlos anschließt. Am zweiten Sonntag darauf kommt die Heilige den gleichen Weg zurück nach Arguineguín.

Einen empfehlenswerten **Trip per Luxusliner** rund um die Insel bietet die ›Armas Day Cruise‹ ab der großen Hafenmole, Di und Do, Abfahrt um 10, Rückkehr gegen 17 Uhr, neuerdings auch Mi geplant, ca. 50 €, Kinder die Hälfte, Mittagessen und Drinks inklusive. Service an Bord: u. a. Pool, Restaurant, Karaokebar, Unterhaltungsprogramm, Kinderbetreuung. Für das etwas kühlere und windige Wetter vor der Nordküste eine Jacke mitnehmen. Infos und Buchungen am besten einen oder mehrere Tage vorher: Naviera Armas, Tel. 928 47 45 45. Versuchen Sie es auch eine halbe Stunde vor Abfahrt an der Mole von Arguineguín.
Der hiesige Wanderclub Grupo Montañero de Mogán veranstaltet jeden Sonntag **geführte Wanderungen** von ca. 5–7 Stunden, wenn es zu heiß ist, auch lange Strandtouren. Im Winter bestehen die Gruppen aus etwa 30 Teilnehmern, im Sommer weit weniger, Fitness und Ausrüstung werden vorausgesetzt, Unkostenbeitrag für Nichtmitglieder je Wanderung (inkl. Transport) 15 €. Die Mitgliedschaft erwirbt man für etwa 35 €. Infos (deutschsprachig) und Reservierung bis Fr 12 Uhr, unter Tel. 928 77 07 48, 928 14 11 45 oder 928 73 53 26.

Bus: Linienbusse verkehren entlang der Durchgangsstraße. Beispiele: Bus 32 Puerto de Mogán–Playa del Inglés, Bus 91 (Schnellbus) und 01 nach Las Palmas, Bus 70 zum Palmitos Park (s. S. 109).
Schiff: Der Hafenbereich von Arguineguín ist auch als Ausgangspunkt für einen Ausflug per Linienschiff entlang der Küste gut geeignet. Die Motorschiffe der Líneas Salmón an der Hafenmole verbinden den Ort mehrmals tgl. mit Puerto Rico und Puerto de Mogán.

Gesundheitszentrum (Centro de Salud): an der Durchgangsstraße, im Einkaufszentrum Ancora, Tel. 928 15 08 00. Für Kassenpatienten mit Schein E 111.

Stausee von Soria

Gran Canaria-Atlas: S. 237, D 1
Den größten Stausee der Insel, die Embalse de Soria, erreicht man auf schmaler, aber inzwischen asphaltierter Straße durch den Barranco de Arguineguín. Noch vor Arguineguín fährt man am Kreisel rechts ab und folgt dem Hinweisschild Cercado de Espino/Presa de Soria. Auf den ersten Kilometern geht es vorbei an Bananenplantagen und Kiesgruben, die das Zementwerk versorgen. Einst gab es hier dichte Palmenhaine, die abgeholzt wurden. Bei den Weilern El Sao und Los Peñones

In Arguineguín gibt's frischen Fisch!

mit üppigem Blumenschmuck vor den Wohnhäusern wird das Tal enger und damit interessanter. Hinter Los Peñones zweigt eine Stichstraße nach Cercado de Espino ab, einem Dorf mit hübschen Plätzen und Bars. Weiter geradeaus folgt der Weiler La Filipina mit hohem Schilfrohrgestrüpp im Tal und auch an der Wegstrecke. Nachdem man den Ort passiert hat, geht es in steilen Kurven bergauf. Hier beginnt die bergwärts immer dichter werdende südliche Pinienzone.

Im Dorf El Barranquillo Andrés hält man sich rechts und gelangt zum Dorf Soria mit dem Stausee, der nur nach ausgiebigen winterlichen Regenfällen völlig gefüllt ist. Nach langer Trockenheit ist er recht unansehnlich und wird von einheimischen ›Embalse de Aire‹, Luftsee, genannt. Man kann zur Staumauer des Sees wandern oder im Restaurant Casa Fernando eine Rast einlegen. Falls sie Anisbrot schätzen, lassen Sie sich den Weg zum Bäcker *(panadería)* zeigen, hier wird noch im Steinofen gebacken!

Die Straße geht noch etwas weiter durch idyllische Landschaft mit Pinienwäldern und Gärten und mündet in einen Feldweg, der durch wild romantische, unberührte Natur hoch zur Straße nach Ayacata führt. Geländewagen schaffen diese schwierige Strecke ohne Mühe, ein normaler PKW nur bei extrem vorsichtiger Fahrweise.

Wer zur Küste zurück will, kann zur Abwechslung in El Barranquilla Andrés rechter Hand Richtung Mogán fahren. Der äußerst kurvige Streckenteil hinab in den Barranco de Mogán bietet spektakuläre Ausblicke.

Casa Fernando: tgl. 10–19 Uhr. Am See von Soria kann man sich hier mit einfacher kanarischer Küche, großen Salatplatten und schmackhaftem Ziegenkäse stärken. Menüs unter 12 €.

Patalavaca

Gran Canaria-Atlas: S. 236/237, C/D 4

Während Arguineguín wenig moderne Ferieneinrichtungen hat, ist das westlich angrenzende Patalavaca eine reine Touristenzone. Die Durchgangsstraße verläuft oberhalb der Hotels und Apartmentanlagen, so dass man wenig von ihnen sieht. Die schönste und auch exklusivste Anlage hier ist das Steigenberger Hotel La Canaria mit riesiger Pool-Landschaft, eine beliebte Adresse bei wohlhabenden Deutschen. Die Strände vor den Ferienanlagen sind in der Regel künstlich aufgeschüttet. Der weiße Sand der **Playa de la Verga** westlich von Patalavaca stammt von den Bahamas und ist damit korallinen Ursprungs. Er vermittelt ein gewisses ›Karibik-Feeling‹ und heizt sich weniger auf als der normale Sand. Natürlich kann jeder Urlauber diesen herrlichen Strand genießen, denn per Gesetz müssen direkte Strandbereiche der Allgemeinheit zugänglich sein.

Puerto Rico

Gran Canaria-Atlas: S. 236, C 4
Puerto Rico, der ›reiche Hafen‹, mit mehr Sonnentagen als Playa del Inglés/Maspalomas und windstiller, ist eine reine Touristenstadt aus der Re-

torte mit 30 000 Gästebetten. Die Playa de Puerto Rico wirkt viel zu klein angesichts der erdrückenden Masse von Apartmentblocks, die sich an den Flanken des *barrancos* hochziehen. Sie ist meist mit Liegestühlen übersät und kann doch oft nicht allen Gästen genügend Platz bieten. Eine hohe Mole schützt den Strand von Puerto Rico vor Wind und Wellen und ermöglicht daher auch kleineren Kindern ein ungefährliches Badevergnügen. Der obere Teil des künstlichen Strands wird von einer Vielzahl von Speiselokalen und Cafés vor einer breiten Promenade gesäumt. Der gleich an den Badestrand anschließende kleine Hafenbereich Puerto Escala bietet den Urlaubern eine breite Palette an Wassersportmöglichkeiten. Der große Yachthafen und der Puerto Base für größere Schiffe liegen östlich der Badebucht.

Viele Urlauber fahren mit Bus oder Taxi zur westlichen **Playa de los Amadores,** die man auch zu Fuß entlang der Küste in 15 Minuten ab dem Strand von Puerto Rico erreichen kann. Der Amadores-Strand ist ca. 100 m länger als der von Puerto Rico und die Strandeinrichtungen sind sehr gut, es gibt Cafés und Restaurants.

Info-Pavillon: am zentralen Verkehrskreisel nahe der Durchgangsstraße (Oficina de Información Turística), Avda. de Mogán, Mo–Fr 9–19 Uhr, Sa 10–13 Uhr, Tel. 928 56 00 29, Fax 928 56 10 50. Gute, detaillierte Wanderkarten. Weiterer Info-Stand im Einkaufszentrum Puerto Rico.

Riosol: La Cornisa 24, Tel. 928 56 12 58, Fax 928 74 07 74. 225 Zimmer in Terrassenlage, weiter Blick auf Puerto Rico und Meer, Swimmingpools,

Linienboote verbinden Puerto Rico mit Puerto de Mogán.

Tennis, Squash, Kinderbetreuung, Animationsprogramm, Busservice zum Strand. DZ ca. 80 €.

Puerto Azul: La Cornisa s/n, Tel. 928 56 05 91, Fax 928 56 14 93. Von der Lage hoch oben am Berg grandiose Aussicht, rund 390 großräumige Apartments meist mit Terrasse, mehrere Pools, Tennis, Squash, Minigolf, Sport- und Fitnessräume, Sauna, eigener Busservice zum Strand. Apartments ab ca. 50 €.

Punta del Rey: Avda. de Mogán s/n, Tel. 928 56 00 81, Fax 928 56 17 83. 126 Apartments, Pool, Supermarkt, über eine Fußgängerbrücke erreicht man Hafen und Strand in 10 Minuten. Apartments um 50 €.

Rio Piedras: Avda. el Ancla, Tel. 928 56 11 13, Fax 928 56 12 51. 100 eher einfach eingerichtete Apartments, mit kleinem Pool auf der Dachterrasse, dafür nur ein paar Minuten zum Strand. Apartments um 40 €.

Für das leibliche Wohl der Badenden sorgt eine ganze Reihe von Restaurants an der Strandpromenade. Hervorzuheben sind hier: **Gran Canaria** (gute Fischgerichte und ebensolche Paella, große Portionen) und **El Pirata** (Fleisch vom Grill).

Oliver's: Einkaufszentrum Puerto Rico, Fase 2, Ebene 2, Tel. 928 56 19 03, tgl. ab 18 Uhr. Klein aber fein zeigt sich das Oliver's und verwöhnt Gäste mit französisch-baskischer und englischer Küche, einige Spezialitäten nur auf Vorbestellung. Menüs ab 12 bis über 25 €.

Giovanni's: Einkaufszentrum Puerto Rico, Fase 4, Ebene 2, Tel. 928 72 54 50, tgl. 12–24 Uhr. Italienische Küche, selbst hergestellte Pasta. Menüs 12–25 €.

El Pescador II: Einkaufszentrum Puerto Rico, Fase 1, Ebene 2, tgl. 12–23.30 Uhr. Die Gazpacho (kalte Gemüsesuppe) schmeckt köstlich und auch die Paella ist

nicht zu verachten. Spanisch-internationale Küche. Menüs 12–25 €.

TexMex: Einkaufszentrum Puerto Rico, Fase 3, Tel. 928 56 20 37, tgl. 12–23 Uhr. Lust auf mexikanische Küche? – Im TexMex serviert man sehr gute Enchiladas. Menüs 12–25 €.

Pancho Villa: Apartamentos Tindaya, Avda. Tasartico, Tel. 928 56 05 29, tgl. 13–24 Uhr. Mexikanische Küche. Menüs 12–25 €.

Don Quijote: Edificio Porto Novo, am Yachthafen Puerto Base, Tel. 928 56 09 01, Mo–Sa 13–23 Uhr. Dieses spanische Restaurant (Schwerpunkt Region La Mancha) hat sich auf Fisch und Fleisch flambiert und vom Grill spezialisiert Menüs 12–25 €.

Casa Zamora: Motor Grande 34, oberhalb des Aquaparks, Tel. 928 56 05 17, Di–So ab 18 Uhr. Gäste können zwischen spanischer, kanarischer und internationaler Küche wählen, sehr gut sind Kaninchen mit Mojo-Sauce, Spanferkel (2 Tage Vorbestellung) und die Grillspezialitäten, ruhige Lage, perfekte Bedienung. Menüs 12–25 €.

La Bolera: Avda. Tomas Roca Bosch, Restaurant der dortigen Bowling-Bahnen, Tel. 928 56 07 83, tgl. 11–23 Uhr. Internationale Küche wird auch auf der Terrasse serviert, Unterhaltungsshow ab ca. 22 Uhr. Menüs 12–25 €.

Sí Señor: Einkaufszentrum Puerto Rico, Fase 4, Tel. 928 56 12 25, tgl. 12–23 Uhr. Chinesische Küche, Büffet. Menüs bis 12 €.

In den **Einkaufszentren** (Centros Comerciales – C.C.) ist fast alles zu haben. Die größten vor Ort sind C.C. Puerto Rico und C.C. Europa, auch die Playa Amadores hat ein C.C. Interessant sind die **Wochenmärkte** in den Hafenorten Arguineguín und Puerto de Mogán (siehe dort). Siehe auch die Hinweise unter Playa del Inglés/Maspalomas und im Service-teil.

🍷 Bezüglich des Nachtlebens ist Puerto Rico verglichen mit Playa del Inglés kein heißes Pflaster. In den Einkaufszentren von Puerto Rico gibt es allerdings etliche Pubs und Discos. Gemütliche Stimmung herrscht in den Lokalen der Strandpromenade, die auch bis spät in die Nacht gut besucht sind. Mehrere Male die Woche veranstaltet **El Pirata** eine Flamenco-Show. **Bahía Playa** in der Nähe der großen Wasserrutsche bietet Tanzvergnügen und Live-Musik. Im **Tango** südlich des Einkaufszentrums Puerto Rico tönen meist heiße Salsarhythmen. Unten im C.C. Puerto Rico wird im **Joker** ebenfalls einiges geboten. **Snoopy, Harley's** und **Covent Garden** im 1. Stock sind beliebt.

Die Retortenstadt Puerto Rico hat keine eigenständigen Feste. Allenfalls die **Fiesta zu Ehren der María Auxiliadora** (Maria Hilf) Ende Mai im Ortsteil Motor Grande kann als solche gelten: mit ›Tag der Touristen‹ und Drag-Gala.

Aquapark: nördlich des Einkaufszentrums Puerto Rico, tgl. 10–17.30 Uhr, Eintritt 8 €, Erlebnispark in dem u. a. mehrere Schwimmbecken, diverse Wasserrutschen und Kamikaze-Tunnels für Spaß und Action sorgen.
Surfen: Das hiesige Revier ist gut für Anfänger, Fortgeschrittene siehe unter Playa del Inglés/Maspalomas.
Sail und Surf Overschmidt: Puerto Escala, Steg 1, Tel. 928 56 52 92, tgl. 10–17 Uhr, www.segelschule-grancanaria.de. Traditionell bewährte Adresse, DSV–Mitglied, Kurse für Anfänger und Fortgeschrittene, umfangreiches Programm, Verleih von Booten, auch Windsurfen, Verleih von Brettern.

Hochseeangeln: Viele Yachten (Besichtigung und Infos im Puerto Base) bieten ihre Dienste an, Ausfahrt 9 oder 10 Uhr, Rückkehr ca. 16 Uhr. Reservierungen nötig. Die Ausrüstung kann in der Regel ausgeliehen werden, ca. 10 Teilnehmer pro Boot, je Tour von 6 Stunden etwa 40 € pro Person, für reine Zuschauer billiger.
Tauchen: Aquanauts Dive Center: links vom Strand an den Wasserrutschen, Richtung Sporthafen, Tel. 928 56 06 55 und **Top Diving:** Puerto Escala, Tel. 928 56 06 09. Beide bieten auch Tauchgänge rund um die Insel, zu Riffen und Wracks vor Las Palmas. Tauchgang ca. 25 €, Tauchkurs ca. 60 €/Tag.
Wasserski: Martin's: Puerto Escala, Tel. 928 56 16 20, Di–So ab 10 Uhr, ca. 50 € pro Stunde.
Thomas Watersport: Puerto Escala, Tel. 928 15 02 48, tgl. ab 10 Uhr. Kurzer Schiffsausflug mit Möglichkeit zur Fahrt auf nautische Motobikes und Jetski ›Schwimmende Banana‹, ein sehr lautes Vergnügen.
Parasailing: an einem Fallschirm hängend wird man von einem Boot gezogen, Dauer 8 Min., Angebot bei Medisol (Puerto Escala).
Tennis: Viele Wohnanlagen haben eigene Plätze. Öffentliche Tennisplätze u. a. im Sport Center (Centro Deportivo), südlich des Einkaufszentrums Puerto Rico, Tel. 928 56 01 34, tgl. 8–22 Uhr, dort auch Squash-Hallenplätze, Schlägerausleihe.
Minigolf: u. a. am Verkehrskreisel, im Parque Infantil, an der Durchgangsstraße, tgl. bis 24 Uhr, weitere Anlagen südlich des Einkaufszentrums Puerto Rico/Avenida Tomás Bosch und am Einkaufszentrum Europa/Calle Isla de Lobos.
Schiffsausflüge: Segelschiffe, Katamarane und Motorschiffe liegen meist im Puerto Base und laden zu Trips entlang der Küste ein, oft inklusive Animation, Strand-

besuch, Verpflegung und Wassersport. Die meisten fahren um 10, 10.30 oder 11 Uhr ab und kehren um 16 Uhr zurück.

Sehr gefragt: Windjammer ›San Miguel‹ mit den roten Segeln (Tel. 928 76 00 76) und ›historisches‹ Segelschiff ›Timanfaya‹ (Tel. 928 26 82 80). Für viele erscheinen die Katamarane sicherer, z. B. größere wie ›Supercat‹ (Tel. 928 15 02 48) oder etwas kleinere von ›Afriyacht‹ (Tel. 928 56 17 16). Etliche haben einen Glasboden, um die Unterwasserwelt zu beobachten, z. B. die ›Spirit of the Sea‹ oder die ›Delfin Acuarium Cat‹. Die ›Bouche en Coeur‹ fährt auch am Nachmittag 16 Uhr zur Beobachtung des Sonnenuntergangs aus, Rückfahrt 21 Uhr. Mit rund 30 € pro Person sollte man bei allen Ausflügen rechnen, Kinder meist die Hälfte.

El Cristal: Puerto Escala, Tel. 928 56 10 31. Bietet einstündige Ausflüge ab 11 Uhr entlang der Küste an.

Wer keine besonderen Ansprüche stellt, fährt am einfachsten und billigsten mit den Linienschiffen der Líneas Salmón, siehe unten.

Mit einem **Luxusliner der Armas-Flotte** um die Insel (ca. 50 €) ab Arguineguín (s. S. 139), Zubringerbus vom Einkaufszentrum Puerto Rico, Infos an den Rezeptionen.

U-Boot-Ausflüge ab Puerto de Mogán (s. S. 148), kostenloser Buszubringer, Infos an den Rezeptionen.

Bus: Kostenlose gelbe Servicebusse transportieren die Gäste in Puerto Rico und verbinden viele Unterkünfte und Einkaufszentren, Busse fahren auch zur Playa de Amadores.

GLOBAL-Linienbusse nach: Las Palmas Nr. 91 (Express, stdl.) und 01, Playa del Inglés/Maspalomas (über Arguineguín) Nr. 32, Palmitos Park (s. S. 109) Nr. 70, Puerto de Mogán Nr. 32 und 38 nach (Aldea de) San Nicolás, letzterer fährt aber nicht direkt nach Puerto de Mogán hinein, sondern hält an der Cepsa-Tankstelle an der Zufahrtsstraße. Um die Westernstadt Sioux City (s. S. 110) zu besuchen, nimmt man z. B. Bus 31 bis San Agustín und von dort Bus 29. Busbahnhof gleich oberhalb des Verkehrskreisels.

Taxi: Funktaxis rund um die Uhr, Tel. 928 15 27 40. Zum Flughafen ca. 40 €. Taxis sind wegen des billigen Benzins preiswert und keine Fahrt in Puerto Rico sollte mehr als 4 € kosten.

Mietwagen: u. a. **Hertz:** Avda. Roca Bosch 45, Tel. 928 56 00 12; **Avis:** Avda. Roca Bosch, Tel. 928 56 10 09; **Orlando:** Einkaufszentrum Europa, Tel. 928 56 06 89.

Schiff: Bootsverkehr mit Líneas Salmón ab Strandmole Puerto Escala: nach Puerto de Mogán von 10–16 Uhr stdl., zurück jeweils 45 Min. später, nach Arguineguín von 10.30–16.30 Uhr alle zwei Stunden, zurück jeweils 45 Min. später. Tickets an Bord.

Atlantic Clinic Dental: Doreste y Molina 20, Tel. 928 56 01 01.

Salus-Ärztezentrum (Centro Médico Salus): Tel. 928 56 12 87, auch Hausbesuche, Einkaufszentrum Puerto Rico.

Behandlung auf Krankenschein E 111 ist in Puerto Rico nicht möglich, nur in Arguineguín im dortigen Centro de Salud (Tel. 928 15 08 00) an der Durchgangsstraße. In schweren Fällen: Notruf 112, auch deutschsprachig.

Post (Oficina de Correos): Nähe Durchgangsstraße, am Verkehrskreisel.

Barranco de Tauro

Gran Canaria-Atlas: S. 236, C 2/3

Auf der Weiterfahrt von Puerto Rico entlang der Küstenstraße erreicht man als Nächstes den breiten Barranco de

Tauro mit dem großen Campingplatz Guantánamo, zu dem ein langer, teils steiniger Strand mit grauem, natürlichem Sand gehört. Ein weiterer, zu Guantánamo gehörender Campingplatz (Anexo II) mit vielen Schatten spendenden Bäumen ist auf einem Fahrweg talaufwärts zu erreichen. Hier ist es weit ruhiger als an der Straße. Der strandnahe Campingplatz wird wohl bald Hotel- bzw. Apartmentanlagen weichen müssen. Weiter oben rechts im Tal liegt die Siedlung **Tauro,** in der auch viele Deutsche ihre Ferienhäuser haben.

Der nächste größere Ferienkomplex gehört zur **Playa del Cura,** eine Miniaturausgabe von Puerto Rico, nur viel ruhiger, wenn man nicht gerade in der Nähe der Discos im Einkaufszentrum wohnt. Die beste Lage hat das Hotel Riviera am Strand. Die **Playa del Taurito (Diablito),** erkennbar an der weißblauen Pracht des Hotel Princess, ist nicht nur ruhig und windgeschützt, sondern hat eine sehr schöne, für alle zugängliche Pool-Landschaft, mit Läden und Restaurants.

Noch verfügt die Küste in diesem Bereich über etliche unbebaute Strände, die man von der Durchgangsstraße teilweise nur zu Fuß erreichen kann. Sie sind bei Wochenendausflüglern aus Las Palmas beliebt, die hier auch mitunter in Zelten übernachten, was eigentlich verboten ist. Leider lassen sie oft ihren Müll zurück, wie beispielsweise an der Playa de Medio Almud und der Playa de Tiritaña.

Hotel Riviera Marina: Tel. 928 56 09 37, Fax 928 56 07 26, riviera@intercom.es. Beste Lage am Strand, Meerwasser- und Süßwasserpools inmitten einer Gartenanlage mit Liegeterrassen, Tennisplätze, Animations- und Sportprogramme. Buchungen auch über deutsche Reiseveranstalter. DZ um 80 €. Wochenmiete Apartment bei Buchung vor Ort ca. 250 € pro Person.

Camping Guantánamo: Barranco de Tauro, Tel. 928 56 02 07. Zum strandnahen Bereich gehören Serviceeinrichtungen wie Supermarkt, Cafetería, Sportstätten und ein Restaurant mit preiswerter kanarischer und internationaler Küche.

Anfi Tauro Golf: Barranco del Lechugal, Tel. 928 56 23 36, Fax 928 56 23 98. Der 9-Loch-Golfplatz mit weiten Ausblicken auf Meer und Berge verfügt über zwei Seen. Bei Loch 9 muss vom Tee zum Green mit dem ersten Schlag eine 100 m große Wasserdistanz überwunden werden. Serviceeinrichtungen u. a. Restaurant, Cafetería und Pro-Shop. Der Platz soll zukünftig auf 18-Loch erweitert werden.

Puerto de Mogán

Gran Canaria-Atlas: S. 236, B 3
Sobald die Küstenstraße das Tal von Mogán erreicht, sieht man links unten Puerto de Mogán, den Hafen des weiter oben im Tal gelegenen Dorfs Mogán mit dem Verwaltungssitz der zweitgrößten Gemeinde (bis Arguineguín). Noch in den 1970er Jahren war das Fischerdorf am Berghang über dem Hafen ein Geheimtipp für Aussteiger – weit entfernt vom Touristenrummel. Vor dem Bau der ersten Straße dauerte eine Bootsfahrt nach Las Palmas fast einen Tag, ein Maultierritt über die Küstenberge angeblich gar drei Tage.

Am Hafen von Puerto de Mogán

In den 1980er Jahren entstand zuerst der Yachthafen, der zu den exklusivsten der Insel gehört, dann die Apartmentanlage am Hafen, die stilvollste auf Gran Canaria. Sie wird wegen der sie teilweise durchziehenden Kanäle auch ›Klein-Venedig‹ genannt. Die schmiedeeisernen Gitter und Holzbalkone der nur zweistöckigen Häuser und die autofreien Gassen mit reichem Pflanzen- und Blumenschmuck sorgen für ein farbig-geschmackvolles Ambiente. Nach einer Besichtigung von Hafen und Wohnanlage sollte man aber nicht vergessen, einen Gang durch die oft steilen Gassen und Treppen des Dorfs am Berghang zu unternehmen.

Hotel Club de Mar: am Rande der Apartmentanlage am Hafen, Tel. 928 56 50 66, Fax 928 56 54 38. In attraktivem Ambiente wohnt man in rustikal eingerichteten Zimmern mit Balkon und Meerblick. Sonnenterrasse mit Gartenanlage und Pool, auch über deutsche Reiseveranstalter zu buchen. DZ 60–100 €, Apartments 40–60 €.

Casa Lila: Calle La Puntilla 22, Tel. 928 56 54 03. Ein ruhiges Feriendomizil an der Talseite gegenüber dem Dorf. DZ um 20 €.

Pensión Eva: Ortsteil Lomo Quiebre 35, an der Hauptstraße zum Ort, Tel. 928 56 52 35. Einfache Zimmer, Gemeinschaftsbäder und -küche. DZ ab 15 €.

Pensión Lumi: Ortsteil Lomo Quiebre 21, Tel. 928 56 53 18. Von den Terrassen der Pensión am Berghang hat man einen weiten Ausblick, einfache Zimmer mit Etagenbädern. Lumi ist sicher die beste Wahl unter der Handvoll von *pensiones* in Lo-

mo Quiebre, die alle zur unteren Preisklasse gehören. DZ ab 15 €.

In den Bars (Kneipen) des Ortskerns und des Strandbereichs werden weitere, auch zunehmend neu entstehende private Unterkünfte vermittelt, mehr als sonstwo auf der Insel. Man achte auch auf die Schilder mit ›Se alquila(n)‹ (Zu vermieten).

La Caracola (Die Seemuschel): Tel. 928 56 54 86, tgl. ab 19 Uhr, Juni–Aug. geschl. Sehr gute Küche, Spezialitäten sind Schwertfisch, Hummer und Riesengarnelen. Menüs über 25 €.

Bodeguilla Juananá: Hafenpromenade, Local 390, Tel. 928 56 50 44, Di–So 17–22 Uhr, im Winter auch mittags geöffnet. In rustikal-origineller Einrichtung speist man spanische Käsespezialitäten, gute kanarische Gerichte und viele andere Delikatessen. Verkauf von Handwerksartikeln. Menüs 12–25 €.

La Cofradía: Muelle Puerto de Mogán, tgl. 11–22 Uhr. Das Restaurant der Fischervereinigung von Puerto de Mogán garantiert frischen Fisch. Von den Fensterplätzen mit Blick auf das Hafengeschehen kann man am späten Nachmittag oft die Fischversteigerung beobachten. Menüs 12–25 €.

El Faro: Ende der Hafenmole am kleinen Leuchtturm, Tel. 928 56 53 73, tgl.13–22 Uhr. Spanische und internationale Küche mit Ausblick. Menüs 12–25 €.

Tu Casa: Playa de Mogán, Tel. 928 56 50 78, Mi–Mo 12–22 Uhr. Der Fisch ist frisch und die Salate gut, spanische und kanarische Küche, teilweise Blick von der Terrasse auf den Strand. Menüs 12–25 €.

El Cafetín: Plaza de Betoncor 1, Tel. 928 56 56 45, tgl. 11–22 Uhr. El Cafetín im unteren Bereich der Altstadtplatz ist sehr beliebt, an Markttagen bleibt kaum ein Platz frei. Hier gibt es frischen Fisch und Grillgerichte, aber auch Snacks und Suppen. Menüs 12–25 €.

Unter den Cafés und Bistros mit Snacks, Kuchen und Kaffee am Yachthafen bieten sich an: **Café de Mogán,** Local 128 und **Casablanca,** Local 133. Hier kann man auch Informationen zu Ausflugsfahrten entlang der Küste erhalten.

Markt: jeden Freitag ca. 8–14 Uhr, an der Ortszufahrt.

Fiesta del Carmen: Ende Juli, Fest der Schutzpatronin der Fischer. Am letzten Julisonntag um die Mittagszeit wird das Standbild der Heiligen in feierlicher Schiffsprozession, begleitet von vielen Booten der Einheimischen, nach Arguineguín (s. S. 136ff.) zurückgebracht. Samstagnacht brennen die Einwohner ein Feuerwerk ab.

Am Ende der Hafenmole kann man in einem gelben **U-Boot** die Unterwasserwelt erkunden. Übertriebenen Erwartungen sind unangebracht. Das Boot der Undersea S. L. ›Yellow Submarine‹ hat Platz für 46 Personen, Tauchdauer ca. 40 Minuten, Tauchtiefe rund 15 m, Abfahrt stdl. von 10–17 Uhr.

Atlantik Diving: Hotel Club de Mar, Tel. 689 35 20 49, Fax 928 56 54 38. Tauchkurse mit Zertifikaten für Anfänger und Fortgeschrittene, auch Schnupperkurse, Nachttauchen, Tauchgänge 30–40 €.

Ausflugsboote steuern die Strände von Güigüi an.

Bus: GLOBAL-Bus 32 verbindet Puerto de Mogán mit Puerto Rico und Playa del Inglés. Bus 01 fährt sehr oft am Tage nach Las Palmas. Bus 38 nach San Nicolás und Las Palmas hält an der Cepsa-Tankstelle der Zufahrtstraße. Busbahnhof an der Avda. de las Artes etwas oberhalb des Playa-Bereichs.

Schiff: Mit Líneas Salmón 10.45–16.45 Uhr stdl. nach Puerto Rico und von dort nach Arguineguín.

Mogán

Gran Canaria-Atlas: S. 236, C 2

Die Fahrt talaufwärts vom Hafen (Puerto) Mogán zum Dorf (Pueblo) Mogán führt durch eine für den Süden erstaunlich fruchtbare Landschaft, deren Quellenreichtum schon die Ureinwohner zur Ansiedlung animierte. Heute wird eine breite Palette von Früchten angebaut: Avocados, Auberginen, Papayas, Mangos, Orangen (betörender Blütenduft im März), Zitronen und auch Bananen. Palmen und Bambus komplettieren das Grün der Landschaft. Nicht von ungefähr gibt es im unteren Bereich des Tals eine der größten Baumschulen der Insel (nahe der Kreuzung nach Puerto de Mogán). Vor rund 40 Jahren noch zusammen mit dem Hafen einsam-abgeschiedener Hippie-Geheimtipp lockt heute das klimatisch angenehme Kerbtal viele Langzeiturlauber und ausländische Residenten an. Einst Aschenputtel – jetzt Prinzessin: Die reiche Gemeinde Mogán (ca. 50 000 Urlauberbetten) ›herrscht‹ über die touristisch erschlossene Küste bis Puerto Rico und Arguineguín.

Mogán ist ein beliebter Ausgangspunkt für Bergwanderungen. Vom oberen Abschnitt der Durchgangsstraße führt eine schmale, auch von PKW befahrbare Strecke in steilen Kehren und mit teilweise fantastischer Aussicht hoch zum Stausee de las Niñas und nach Ayacata.

Acaymo: an der Durchgangsstraße, Ortseingang, Tel. 928 56 92 63, Di–So 12–22 Uhr. In rustikalem Ambiente mit offenem Holzkohlegrill oder auf der Terrasse wählt man Gerichte der kanarisch-spanischen Küche, Fisch und Fleisch vom Grill, eine Spezialität: Schwertfisch. Menüs 12–25 €.

Casa Enrique: Dorfstraße San José 8, Tel. 928 56 95 42, tgl. 12–23 Uhr. Ein geschmackvoll eingerichtetes Restaurant, in dem sehr gute und kanarische Küche auf den Tisch kommt. Menüs 12–25 €.

La Pasta: San José 9, Tel. 928 56 93 16, Mi–Mo 12–22 Uhr. In den gemütlichen Korbstühlen lässt sich gut auf frische Pizze aus dem Holzkohleofen warten. Menüs 12–25 €.

Für alle, die nur eine Kleinigkeit zu sich nehmen wollen: **Bar Eucalipto Gordo** in der Dorfmitte, etwas erhöht sitzt man unter einem riesigen Eukalyptusbaum. **Bar Terraza Laurel,** weiter unten an der Dorfstraße San José, erkennbar an einem großen Lorbeerbaum *(laurel),* unter dem man sitzt und die Kühle genießt, abends treffen sich hier viele Einheimische, anspruchslose Snacks und Getränke.

 Bus: GLOBAL-Bus 32 von und nach Puerto de Mogán.

Von Mogán nach San Nicolás

Auf der Strecke von Mogán nach San Nicolás gibt es außer der Landschaft keine besonderen Attraktionen, lediglich eine etwa 10 km von Mogán entfernte mehrfarbige Felswand an der Straße, genannt **Azulejos** nach den bekannten spanischen Kacheln. Obgleich *azul* blau heißt, ist Grün die vorherrschende Farbe, entstanden durch Einwirkung späterer Eruptionen auf das schon abgelagerte Tuffgestein. In den Felswänden erkennt man weitere ähnlich gefärbte Stellen.

Die Bergregion weiter oberhalb der Straße ist von großen Kiefernwäldern bedeckt, die zum Naturschutzgebiet von Inagua gehören. Der **Pinar de Inagua** ist der größte zusammenhängende Kiefernwald neben dem von Tamadaba bei Artenara.

Von der küstenfernen Landstraße führen nur teilweise asphaltierte Wege hinab zu drei noch einsamen Stränden: Playa de Veneguera (schon vor den Azulejos), Playa de Tasarte und Playa de Asno, auch Playa de Tasartico genannt. Die Strände sind etwas belebter an Wochenenden, in der Osterwoche und zu den sommerlichen Ferienzeiten. Dann übernachten hier viele Einheimische aus Las Palmas in Zelten und Wohnmobilen. Die teilweise unbefestigten Wegstrecken sind bei vorsichtiger Fahrt auch für normale PKW geeignet.

Veneguera

Gran Canaria-Atlas: S. 236, B 2/3

Ein kurzer Besuch des Orts Casas de Veneguera lohnt sich wegen der schönen Lage und der Ursprünglichkeit des Ortes. Nur wenige Touristen ›verirren‹ sich hierher. An der Playa de Veneguera war ursprünglich eine Ferienanlage für über 100 000 Urlauber geplant, inzwischen will man sich – nach Protesten von Umweltschützern – mit 20 000 Betten (etwa die Größe von Puerto Rico) ›begnügen‹. Alles ist noch

Sonne, nette Menschen und jede Menge Zeit ...

in der Schwebe. Der nur teilweise steinige, lange Strand ist die Woche über einsam und eignet sich gut zum Baden.

Tasarte und Playa de Asno

Gran Canaria-Atlas: S. 236, B 1, A 1
Eher zu empfehlen ist der Abstecher zur überwiegend steinigen Playa de Tasarte mit kleinem Restaurant.

Am 700 m hohen Pass Degollada de la Aldea, wo an einem Stand tropische Fruchtgetränke und Fruchtkuchen angeboten werden, kann man entweder gleich zur Ortschaft La Aldea de San Nicolás hinunterfahren oder einen weiteren Abstecher an die Küste machen, zur Playa de Asno (de Tasartico). Nur bis zum Weiler Tasartico und etwas darüber hinaus ist die Strecke asphaltiert. Der Strandbereich ist mit dem Wagen nur auf einer schlechten Piste zu erreichen. Er wird von Anglern ge-

schätzt; das Baden ist jedoch wegen der Unterströmungen riskant!

Campingplatz Villamar: Playa de Asno, Tel. 928 89 04 93. Da viele einheimische Urlauber die Playa schätzen, hat man hier einen Campingplatz eingerichtet, 300 m vom Strand, mit Pool, Duschen und Cafetería.

Oliva: Playa de Tasarte, Tel. 928 89 43 58, Di–So 10–18 Uhr. Das kleine Restaurant am Meer garantiert fangfrischen Fisch. Fischgerichte um 8 €.

Playa Güigüi Grande und Playa Chico

Gran Canaria-Atlas: S. 236, A 1
Der Abstecher nach Tasartico lohnt sich vorallem, falls man eine Wanderung zu den Stränden von Güigüi plant, die – ohne Badeaufenthalt – je nach Kondition 4–6 Stunden hin- und zurück

dauert. Der anstrengende und meist felsige und kahle Pfad verlangt festes Schuhwerk und Kopfbedeckung. Er beginnt nach ca. 1 km unterhalb des Dorfs Tasartico und ist teilweise durch Wegweiser markiert. Zuerst geht es hinauf zum ca. 600 m hohen ›Pass‹ Degollada de Agua Sabina, dann teilweise in steilen Serpentinen und mit weiten Ausblicken in den Barranco de Güigüi hinunter zur Küste. Die von kahlen und hohen Felsen umrahmten feinsandigen Zwillingsstrände sind nur bei Ebbe ganz zugänglich. Die Playa Güigüi Grande ist rund doppelt so lang wie die Playa Chico und ist von ihr durch Felsen getrennt. Achten Sie auf die Flut, die den Rückweg unmöglich machen kann. Wie vor der Playa de Asno gibt es hier gefährliche Unterströmungen!

Einst ein Geheimtipp sind die Strände heute nicht mehr so einsam, da sie auch mit Ausflugsbooten von Puerto Rico oder Puerto de Mogán angesteuert werden. Eine Anlegestelle gibt es nicht, von den Booten muss man zu den Stränden schwimmen und waten.

San Nicolás

Gran Canaria-Atlas: S. 232, A/B 4
Von der Degollada de la Aldea führt die Landstraße hinab nach La Aldea de San Nicolás, mit weiter Aussicht auf das Städtchen.

Nach rund 2 km, noch vor dem Ort, lohnt sich der Besuch von **Cactualdea.** Rund 1200 Kakteenarten sind zu besichtigen, daneben auch Palmen, Sukkulente und subtropische Zierpflanzen. Auf Besucher warten außerdem der Pflanzenverkauf, ein kleiner Zoo mit Ka-

meln, Sträußen und Pfauen, ein Handwerksbasar und ein Restaurant mit umfangreichem Weinkeller. In einem kleinen Amphitheater werden kanarische Sportarten dargeboten (tgl. 10–17.30 Uhr).

Der vollständige Name der Ortschaft La Aldea de San Nicolás de Tolentino wurde vor einigen Jahren wieder in La Aldea (de San Nicolás) umbenannt. ›Aldea‹ bedeutet schlicht ›Dorf‹. Andererseits hält sich die Bezeichnung San Nicolás. Der Ort bietet keine Sehenswürdigkeiten, so dass man sich auf der Durchgangstraße halten kann, die am Ort linker Hand vorbeiführt und zum Dorfhafen (Puerto de la Aldea) führt.

Das Tal beeindruckt durch die besonders in der Abendsonne silbrig glänzenden Plastikplanen, die die Tomatenkulturen schützen und wie ein riesiges Mosaik die Talseiten bedecken. La Aldea ist der größte Produzent von Tomaten auf der Insel. Wasser gibt es reichlich aus den Stauseen in den Bergen.

Hinauf in die Berge, zu mehreren Stauseen und schließlich bis nach Artenara, dem höchsten Dorf der Insel, führt eine der landschaftlich schönsten Strecken der Insel, die allerdings in umgekehrter Richtung wegen der vielen Ausblicke interessanter ist und weniger Zeit beansprucht (s. S. 131). Von San Nicolás aus muss man durch den Ort und dann über den Ortsteil Los Molinos fahren. Inzwischen ist die gesamte Strecke hinauf in die Berge asphaltiert.

Die Inschrift im Wappen der Ortschaft ›Todos unidos por el trabajo‹ (Alle vereint für die Arbeit) ist Ausdruck eines langen Kampfs der Bauern und Arbeiter des Orts um Grund und Boden. Seit dem 16. Jh. wandten sie sich gegen den hiesigen Großgrundbesitzer. Ihr vollständiger Sieg im 20. Jh. begründete den relativen Wohlstand des Orts, der auf vielfältiger wirtschaftlicher Eigeninitiative fußt.

Información turística: am Ortsausgang nach Puerto de la Aldea, Tel. 928 89 03 78, tgl. 9–18 Uhr. Gebäude in Form einer Windmühle.

Hotel Cascajos: Los Cascajos 9, Ortszentrum, Tel. 928 89 11 65. Das Hotel bietet eine einfache Übernachtungsmöglichkeit während einer gemütlichen Insel-Rundfahrt oder während der Fiesta del Charco (s. S. 153), mit Cafetería. DZ um 40 €.
Pensión Segundo: Alfonso XIII 18, gegenüber der Kirche, Tel. 928 89 11 65. Wenige einfache Zimmer, z. T. mit Balkon, die Bar im Erdgeschoss bietet gängige Tapas und Erfrischungen. DZ unter 30 €.

Fiesta del Charco: 11. Sept., im Rahmen der Patronatsfeiern zu Ehren des Schutzheiligen San Nicolás findet diese *fiesta* statt, vormittags Musikzug zum Hafen, dort Tanz *(Baile de Muelle),* ca. 17 Uhr inselweit bekannte Wasser- und Schlammschlacht (s. S. 153). Tags zuvor Prozession, Erntedankumzug.

Bus: Linie 38 bedient die Südroute nach Playa del Inglés. Linienbus 101 fährt nach Norden über Gáldar nach Las Palmas.
Taxi: Taxis Ramos Rodríguez, Tel. 699 818 176.

Puerto de la Aldea

Gran Canaria-Atlas: S. 232, A 3
Reizvoll ist der kleine Hafen von San Nicolás, Puerto de la Aldea. Über einem langen, grobsteinigen, von Steilfelsen flankierten langen Strand thront eine ansehnliche, meist sehr windige Uferpromenade. Zu Beginn der 1990er Jahre lag hier noch ein idyllischer, ruhiger Strandbereich. Leider verwehrt jetzt die vor einigen Jahren gebaute Betonmole die volle Sicht aufs Meer. Eine größere Feriensiedlung ist geplant. Die alte Mole rechts vor den Felsen wurde Anfang des 20. Jh. angeblich von einem Deutschen gebaut – für die Frachtboote des beginnenden Tomatenexports.

El Charco: Varadero 2, tgl. 11–20 Uhr. Wer möchte, genießt hier fangfrischen Fisch und typisch kanarische Speisen wie Gofio und *papas arrugadas* (kleine Runzelkartoffeln). Fischgerichte ca. 10 €.
Aguasmarinas: Varadero 4, tgl. 11–20 Uhr. Mit Gerichten aus der kanarischen Küche, Fisch und umfangreichen Portionen wird der Hunger der Gäste gestillt. Einfacher, schmuckloser Speiseraum. Menüs um 7 €.
Bar Avenida: am Zugang zur Strandpromenade. Die für die vielen Besucher etwas beengte Bar bietet Erfrischungen und kleine Mahlzeiten um 3 €.

Entlang der westlichen Panoramastraße

Hinter Puerto de la Aldea windet sich die Straße hinauf in die Montaña Tablada, mit großartigem Blick hinunter auf San Nicolás mit plastiküberspannten Tomatenkulturen. Nach 5 km bietet sich vom **Mirador del Balcón** der erste überwältigende Eindruck vom westli-

FIESTA DEL CHARCO –
WASSERSCHLACHT IM TÜMPEL

Wer die erstaunlich großzügige Promenade am kleinen Hafen von La Aldea ent-
langschlendert, Sonne, Wind und die rhythmischen Schläge der Wellen auf den
Steinstrand genießt, stößt schließlich auf eine kleine Lagune mit schon etwas
brackigem Wasser – den Charco. Kaum zu glauben, dass er Schauplatz des größten Wasserspektakels der Insel ist – einmal im Jahr am 11. September, dem letzten Tag der traditionellen Fiesta de San Nicolás de Tolentino. An den Tagen zuvor
gibt es Folkloreaufführungen, Viehmarkt und ein Feuerwerk. Am 10. September
huldigt man dem Schutzpatron, einem Eremiten, der in einer Höhle lebte, mit einer
romería, dem Erntedankumzug. Damit ist der religösen Pflicht Genüge getan und
der 11. September steht ganz im Dienst weltlicher Vergnügen.

   An diesem Tag herrscht in dem sonst stillen und noch recht einsamen Winkel
von Puerto de la Aldea lärmende Ausgelassenheit. Tausende, meist Jugendliche,
aus San Nicolás und allen Teilen der Insel feiern den Abschluss der *fiesta.* Mittags
findet am Hafen der ›Molentanz‹ statt. Nachmittags wird im Kiefernwäldchen gleich
oberhalb der Promenade zu den Klängen einer Musikgruppe weitergefeiert, an ur-
igen Steintischen aus Mühlrädern wird Fisch und Fleisch gegrillt, Alkohol fließt in
Strömen.

   Plötzlich zieht es alle zum Charco, einige nehmen am Rande der Lagune Auf-
stellung und auf das Signal des Bürgermeisters stürzen sie sich in voller Kleidung
ins Wasser. Eine wilde Plantscherei beginnt, mehr Schlamm als Wasser spritzt auf.
Zur traditionellen Gaudi gehört es, Zögernde mit hineinzuschubsen oder nass zu
spritzen. Einige versuchen mit bloßen Händen, andere gleich mit einem Netz oder
Korb, die wenigen verirrten Fische einzufangen. Denn dafür gibt es einen Preis.

   Der Ursprung des Wasserfests liegt im Dunkeln. Ganz Ernsthafte vermuten, dass
es auf ein Wasserritual der Ureinwohner zurückgeht, an dem Mensch und Tier be-
teiligt waren. Andere meinen, dass die Altkanarier hier zur rituellen Reinigung nackt
badeten und besonders große Exemplare der mit der Hand gefangenen Fische als
Opfer darbrachten. Sicher ist jedenfalls, dass der untere Teil des wasserreichen und
fruchtbaren Tals bei der Ankunft der Spanier dicht besiedelt war. Noch vor 100 Jahren waren die steinernen Zeugen der Vergangenheit recht gut erhalten. Vor etlichen
Jahren ließ der hiesige Bürgermeister in einer Nacht- und Nebelaktion die letzten
Überreste einer Siedlung bei Puerto de la Aldea beseitigen.

   Eine Erklärung für das Bad in voller Kleidung hat der Volksmund auch. Einem
Bischof Venegas kam einst zu Ohren, dass Männlein wie Weiblein halbnackt oder
sogar splitternackt in den Tümpel stiegen. Dieser teuflischen Sitte gebot er Ein-
halt, indem er Zuwiderhandlungen mit Gefängnis, Geldbuße und Veröffentlichung
der Namen bestrafte.

Beliebtes Ausflugsziel:
Puerto de las Nieves

chen Steilküstenpanorama. Ein leichtes Schwindelgefühl regt sich beim Blick 400 m hinab von der hart am Abgrund hängenden Aussichtsplattform. Ebenso beeindruckend ist die Sicht vom wenige Kilometer entfernten Aussichtspunkt des **Andén Verde.** Steigt man hier einen kurzen felsigen Pfad hinab, bietet sich ein noch weiträumigeres Panorama.

Hinter Andén Verde führt die Straße tief hinab zum Weiler **El Risco,** ›der Fels‹. Die rund 200 Bewohner des kleinen Orts erhalten genügend Wasser aus dem Tamadaba-Massiv, der ›Grünen Lunge‹ von Gran Canaria. In der Bar Perdomo an der Durchgangsstraße kommt man vielleicht mit den ›Aussteigern‹ des kleinen Orts ins Gespräch. Ein Fahrweg führt hinab zur grobkörnigen Playa del Risco, an der an Wochenenden hin und wieder auch Getränke verkauft werden.

Nach El Risco verläuft die streckenweise in den Fels gehauene, küstennahe Route unter den bis 1000 m aufragenden Steilwänden von Tamadaba entlang und schlängelt sich auf- und absteigend durch kleinere Täler und über Höhen. Bei sehr gutem Wetter ist Teneriffa mit dem Pico del Teide zu erkennen. Das letzte Tal vor Agaete, der **Barranco de Guayedra,** ist mit der Geschichte der Insel verknüpft. Hier erhielt der letzte Herrscher der Ureinwohner von Gáldar, Tenisor Semidán, für seine Kooperation mit den spanischen Eroberern etliche Hektar kargen Bodens zugewiesen.

Kurz vor Agaete erklimmt die Straße noch einmal einen Ausläufer des Tamadaba-Massivs mit Blick auf das Tal von Agaete. Um die volle Sicht auf Puerto de las Nieves zu genießen, kann man seinen Wagen am Straßenrand abstellen und ein kurzes Stück bis zum Rand der Küstenfelsen gehen. Hoch oben sind die Kiefernwälder des Pinar de Tamadaba zu erkennen, des größten zusammenhängenden Waldgebiets der Insel.

Puerto de las Nieves

Gran Canaria-Atlas: S. 232, C 2

Bei den ersten Häusern von Agaete zweigt die Straße links nach Puerto de las Nieves ab, dem sehenswerten Hafen des Orts. Gleich am großen Parkplatz des Orts liegt die lang gestreckte weiße **Kapelle Virgen de las Nieves** (Schneejungfrau). In dem Kirchlein wird ein wertvolles altes Triptychon (dreiteiliger Altaraufsatz) aufbewahrt, das im mittleren Teil Maria mit dem Jesuskind darstellt, flankiert von den Heiligen Franziskus und Antonius, letzterer Schutzpatron der Vierfüßler mit dem Schwein als Emblem. Das Triptychon kam 1533 aus Flandern. Die Schiffsmodelle im Kirchenraum und die Nachbildungen geheilter Körperteile sind Dankesgaben an die Virgen de las Nieves, Schutzpatronin der Seeleute und des Hafens. Die Statue der Schneejungfrau wird während der Fiesta de la

Rama in einer Prozession hoch zur Pfarrkirche von Agaete getragen.

Schräg gegenüber der Kirche gelangt man zu der kurzen, aber netten Hafenpromenade mit Gelegenheit zu einem Imbiss an den Tischen der dortigen Lokale. Der Blick aufs Meer wird allerdings durch eine erst vor einigen Jahren errichtete hohe Betonmole eingeschränkt, von der Schnellboote nach Teneriffa starten. Zur alten Mole gelangt man, wenn man die Dorfstraße vor der Kirche hinabgeht. Von dort sieht man den Felsmonolith **Dedo de Dios** (›Finger Gottes‹), einen der Küste vorgelagerten 30 m hohen Felsen, der allerdings vor dem Hintergrund der dunklen Steilküste wenig eindrucksvoll wirkt. Man kann ihn aus größerer Nähe betrachten oder fotografieren, wenn man vor dem Restaurant Dedo de Dios den Strand entlang geht. Auf der entgegengesetzten Seite des Orts führt die Promenade **Paseo de los Poetas** an der Küste entlang, an deren Anfang eine alte Windmühle zu sehen ist. Den Paseo schmücken dekorative Steinplatten, deren Muster den *pintaderas* der Ureinwohner nachbildet sind. Das sind etwa handtellergroße Tonstempel, die mit Farbe bestrichen zur Körperbemalung und zur Kennzeichnung des Viehs gedient haben sollen.

🏨 **Hotel Puerto de las Nieves:** Avda. José de Armas, Tel. 928 88 62 56, Fax 928 88 62 67, nördlich des gleichnamigen Ortsteils unweit des Strands. Wer auf moderne Einrichtung und touristische Annehmlichkeiten nicht verzichten möchte, ist hier richtig: u. a. Sauna, Sport- und Kurangebote, beheiztes Hallenbad. DZ 60–90 €.

Apartamentos Loly: Virgen de las Nieves, Tel. 928 88 27 51, von der Kirche die Dorfstraße ca. 100 m hinab links, im dortigen Lebensmittelladen Loly fragen. Apartment um 30 €.

🍴 **Dedo de Dios:** an der alten Mole, Tel. 928 89 80 00, tgl. 11–24 Uhr. Das Lokal hat seinen Namen vom ›Finger Gottes‹. Im sehr großen, begrünten Speiseraum, mit Blick auf die Steilküste, wird kanarische aber auch internationale Küche serviert. Menüs 12–25 €.

Las Nasas: Nuestra Sra. de las Nieves 7, Parallelstraße zum Dorfstrand, Tel. 928 89 86 50, tgl. 11–22 Uhr. Besonders attraktiv ist die kleine, gemütliche Terrasse mit Blick auf Strand und Hafen, auf der die sehr gute Fischsuppe *(caldo de pescados)* noch ein bisschen besser schmeckt. Menüs 12–25 €.

Puerto de Laguete: gleich neben Las Nasas, Tel. 928 55 40 01, tgl. 10–22 Uhr. Wer nach Fisch, Meerestieren oder Paella noch nicht satt ist, sollte den Mandelkuchen kosten. Spezialität des Hauses ist außerdem der Saft von den Früchten des Feigenkaktus, *tuno indio.* Menüs 12–25 €.

Cofradía de Pescadores: nahe Zugang zur großen neuen Mole, Tel. 928 88 63 18, tgl. 10–22 Uhr. Im Restaurant der Fischerbruderschaft serviert man frischen Fisch und Meerestiere. Menüs 12–25 €.

Auf der kurzen erhöhten Promenade vor dem Dorfstrand von Puerto de las Nieves kann man im Freien sitzen, mit Blick auf den Hafen. Die dortigen Terrassenlokale bieten Snacks für den kleinen Hunger und gängige Speisen.

🚌 **Bus:** Mit Linie 103 über Agaete nach Las Palmas.

Schiff: Express-Fähren nach Teneriffa (Santa Cruz), Fahrzeit 60 Min., ca. 16 €. Winterfahrplan: Mo–Fr 7, 9, 13, 16, 19 u. 20.30 Uhr, Sa, So u. feiertags 9, 13, 16,

19 Uhr. Tel. 928 22 81 86, 928 49 50 40. Der Sommerfahrplan unterliegt nur geringfügigen Änderungen. Zubringer ab Las Palmas, Calle Luis Morote 4, eine Stunde vor den jeweiligen Abfahrten, Rückfahrt dorthin 15 Min. nach Fährankunft.

Agaete

Gran Canaria-Atlas: S. 232, C 2
Bei der Fahrt in das Städtchen Agaete überquert man eine alte Brücke über das meist trockene, breite Bett des Bachs, der das Wasser des Barranco de Agaete schon weiter oberhalb zum Bewässern der Felder abgegeben hat. Die neoklassizistische Kirche La Concepción gleich hinter der Brücke wurde in den Jahren 1874–81 anstelle eines älteren, abgebrannten Gotteshauses errichtet. Die Kirche ist nur zu Messezeiten geöffnet.

Von der schattigen Plaza Tomás Morales vor der Kirche führt an der rechten Seite eine schmale Gasse zum **Huerto de las Flores,** einem kleinen botanischen Garten mit besonderen Baum- und Pflanzenarten am Rande des Barranco de Agaete (tgl. 9–13 Uhr, diese offizielle Öffnungszeit wird leider schon jahrelang wegen Umbauarbeiten nicht eingehalten). Pflanzenfreunde, die den Jardín Canario (S. 201) besuchen werden, können auf diesen Garten ohne weiteres verzichten.

El Angosto: Paseo Obispo Pildaín 11, am nördlichen Ortsrand von Agaete, nahe dem Friedhof, Tel./Fax 928 55 41 92. Apartments in ruhiger Lage, einfach, aber mit Pool. Apartment um 35 €.

Casa Saro: José Sánchez y Sánchez 6, Tel. 928 89 81 60. Apartments unweit des Strands für ca. 30 €.
Casa Coca: Estanco 2, wenige Meter vom Barranco de Agaete, Tel. 928 89 82 87. Alle Apartments bieten Blick ins Tal, auch eine Höhlenwohnung wird vermietet. Apartment um 30 €.

Casa Pepe: Alcalde Armas Galván 5, Tel. 928 89 82 27, Do–Di 12–24 Uhr. Die Casa Pepe gilt als bestes Restaurant am Ort. Frische kanarische Küche mit Fisch, Gemüse und Salaten aus den Gärten des Tals von Agaete bereitet kulinarische Genüsse. Menüs 12–25 €.
Los Papayeros: Alcalde Armas Galván 22, Tel./Fax 928 89 80 46, tgl. 12–15 Uhr, abends meist nur für Gesellschaften. Typisch kanarisches Haus mit schönem Patio in dem u. a. die Fischsuppe, *caldo de pescados,* und die reichhaltige Paella serviert werden. Menüs schon unter 12 bis ca. 25 €.

Fiesta de la Rama: 4. Aug., auch kurz La Rama genannt, der wohl bekannteste und ausgelassenste Festtag der Insel (s. S. 158). Dieser Haupttag im Rahmen der Fiesta de las Nieves in den ersten zwei bis drei Augustwochen lockt Tausende, die morgens von der Kirche in Agaete hinunter zum Hafen ziehen und um ca. 10 Uhr mit Zweigen auf das Wasser schlagen. Spätabends Musikdarbietungen. An den darauf folgenden Tagen: Prozessionen, Folklorefestival, Konzerte, Theateraufführungen, Kinder-*Fiesta.*

Bus: GLOBAL-Bus 101 verkehrt zwischen Agaete und San Nicolás, mit Bus Nr. 102 erreicht man Los Berrazales im Tal von Agaete, Bus Nr. 103 fährt weiter nach Puerto de las Nieves, alle drei Busse verbinden den Ort mit Las Palmas.

FIESTA DE LA RAMA

Es ist Sonntag, der 4. August. Die Sonne kennt kein Erbarmen. Doch in Agaete ist der Teufel los. Eine schwitzende Menschenmenge wälzt sich durch die mit Fähnchen und Girlanden geschmückten Gassen des Orts, ekstatisch tanzend zu den Salsa-Rhythmen zweier Kapellen und in den hoch erhobenen Händen Palm- und Kiefernzweige schwingend. Einige schreien »*Agua, agua, agüita*« (Wasser, Wasser, ein bisschen Wasser) und erhalten prompt eine Dusche von einem Dach oder Balkon. Tanzend werden *papahuevos,* überlebensgroße Figuren aus Pappmaschee, mitgeführt. Es ist ein Zug der totalen Enthemmung, zusätzlich angeheizt durch Ströme von Alkohol. Das Treiben der meist jugendlichen Teilnehmer dauert schon einige Stunden, viele haben schon die vorige Nacht durchgefeiert. Wer sich schlafen gelegt hatte, wurde um 5 Uhr morgens durch die Musik der Kapellen geweckt. Jetzt erreicht das Fest seinen Höhepunkt. Alles tanzt lärmend hinunter Richtung Puerto de las Nieves, dem Hafen von Agaete.

Am Strand angelangt schlagen einige laut schreiend mit den Zweigen auf das Wasser, andere nehmen sofort ein erfrischendes Bad. Etliche Zweige werden anschließend in der kleinen Kirche des Hafenorts für die hier verehrte Schneejungfrau niedergelegt.

Damit ist das Fest aber keineswegs zu Ende. Abends geht die Sause weiter. Es wird weiter getanzt, gesungen und gezecht. Der folgende Tag ist einer ruhigeren Prozession vorbehalten. Das Altarbild der Jungfrau vom Schnee wird mittags von ihrer Kirche hoch zur großen Pfarrkirche von Agaete getragen, wo eine Messe zu ihren Ehren zelebriert wird. Und am Abend? Die *fiesta* geht weiter.

Die Fiesta de la Rama, das Fest des Asts, ist nach dem Karneval das wohl ausgelassenste Fest der Insel. Weniger aufwändig wird es auch an anderen Orten der Insel und des gesamten kanarischen Archipels gefeiert. Seine Herkunft wird gerne mit magisch-religiösen Riten der Ureinwohner in Verbindung gebracht. In einer alten Chronik wird berichtet, dass der Hohepriester und die *harimaguadas,* die heiligen Jungfrauen, zusammen mit viel Volk in die Berge stiegen, Zweige abbrachen und singend einen Felsen umtanzten, um dann zur Küste hinabzusteigen und Beschwörungsformeln rufend unter viel Geschrei mit den Zweigen auf das Wasser schlugen. Die so energisch aufmerksam gemachten Gottheiten sollten endlich den nötigen Regen für die Felder schicken.

Doch es gibt berechtigte Kritik an der Vermutung eines altkanarischen Ursprungs, ist doch das Fest der Zweige erst seit etwa 1900 belegt. Wie dem auch sei, den ausgelassen feiernden Grancanarios in Agaete ist das ziemlich egal. Das Fest ist ein willkommener Anlass, Verwandte, Freunde und Bekannte – auch von anderen Inseln – mal wieder zu sehen und vor allem um zwanglos und unbekümmert zu feiern. Mitunter zählt diese *fiesta* mehr als 10 000 Teilnehmer.

Im Tal von Agaete

Gran Canaria-Atlas: S. 232/233, C/D 2

Das von den Einheimischen auch kurz El Valle genannte Tal von Agaete gilt als eines der schönsten auf Gran Canaria. Vom Dorfplatz vor der Kirche in Agaete folgt man den Hinweisschildern ›Los Berrazales‹ bzw. ›El Valle‹.

Die an der linken Talseite verlaufende Straße gewährt weite Blicke hinunter auf Gärten und Plantagen, in denen Apfelsinen und Zitronen, aber auch Papayas und Mangos angebaut werden. Von hier oben kaum erkennbar sind die kleinen Kaffeeplantagen um den Ort San Pedro. Im Mai und Juni ist Ernte, wenn die Früchte ihr Grün in ein leuchtendes Rot verwandeln.

Am Dorf San Pedro vorbei erreicht man nach rund 15 Minuten auf guter Straße das Hotel Princesa Guayarmina, einst ein bekanntes Kurhotel, dessen Gäste sich einer Bade- und Heilwasserbehandlung gegen Haut-, Rheuma- und Organleiden unterzogen. Das Bäderhaus gleich unterhalb des Hotels weist am Fassadengiebel noch die Aufschrift ›Balneario‹ auf, ist heute aber eine Abfüllstation für die inselweit vertriebenen Mineralwässer ›Agua de Agaete‹ und ›Los Berrazales‹. Das sehr ruhig gelegene Hotel wird heute meist von Wanderlustigen und Familien angesteuert, hat unter der Woche oft Zimmer frei und eignet sich zur Übernachtung, wenn man einen zweitägigen Ausflug vom Süden der Insel aus plant.

Die Asphaltstraße endet gleich oberhalb des Hotels vor einem Rehabilitationszentrum für Alkoholiker. Bis hierher fährt auch der Linienbus. Auf einem einspurigen unbefestigten Fahrweg gelangt man weiter talaufwärts und nach ca. 20 Minuten zum Fuß der steil aufragenden Felswand am Ende des Tals. Um die Ruhe des Wandergebiets nicht zu stören, sollte man den Weg zu Fuß zurücklegen und den Wagen vor dem Hotel parken. Der Blick geht hinauf bis zum 1082 m hohen Berg El Gordo. Weit oben sieht man die Häuser von El Sao, mit dem Auto nur erreichbar von einer auf dem Schluchtrand verlaufenden Straße ab Caideros mit grandioser Aussicht ins Tal und über einen anstrengenden Wanderweg vom Talgrund aus.

Nur allzu oft stauen sich im oberen Teil dieses Tals die Wolken vor dem Tamadaba-Massiv, während in Agaete und Puerto de las Nieves die Sonne scheint.

Hotel Princesa Guayarmina: Ortsteil Los Berrazales am oberen Talende von Agaete, Tel. 928 89 80 09, Fax 928 89 85 25. Das altehrwürdige, aber renovierte Hotel ist sehr ruhig gelegen, diverse Massageangebote, kleiner Pool, große Sonnenterrasse, guter Ausgangspunkt für Wanderungen, daher an Wochenenden oft durch Urlauber aus Las Palmas ausgebucht. DZ 30–60 €.

Hotelrestaurant Princesa Guayarmina: Ortsteil Los Berrazales am oberen Talende von Agaete, Tel. 928 89 80 09, Fax 928 89 85 25. Das Restaurant im gleichnamigen Hotel bietet ein einfaches und gesundes Menü, die Zutaten kommen garantiert frisch aus den Gärten des Tals. Menüs zwischen 12 und 25 €.
La Romántica: Tal von Agaete, km 3,5 an der Hauptstraße, Tel. 928 89 82 72, tgl. 10–18 Uhr. Gute internationale Küche,

Spezialität ist kanarischer Frischkäse, auf Bustourismus eingestellt. Zum Restaurant gehört ein kleiner tropischer Garten. Menüs 12–25 €.

Nach Sardina del Norte

Etwa auf halber Strecke zwischen Agaete und Gáldar trifft man gleich rechts an der Straße auf die **Cuevas de las Cruces.** Diese Höhlen werden oft fälschlicherweise als Wohnstätte der Altkanarier bezeichnet, tatsächlich haben sie aber zur Materialgewinnung im Zuge des Straßenbaus gedient. Trotzdem bieten sie einen interessanten Anblick. Viele ›Höhlenwohnungen‹ liegen an den Hängen auf der anderen Seite der Straße.

Nach etwa 1 km erreicht man die Kreuzung Hoya de Pineda. Rechter Hand führt eine von Touristen wenig gefahrene, aber sehr interessante Route, die man auf einer späteren Tour erkunden kann, hoch nach Artenara. Höhepunkte dieser Strecke: weiter Blick auf Gáldar und Umgebung, die eindrucksvolle Landschaft bei Hoya de Pineda, einem Töpfereizentrum, mit der Schlucht von Anzofé und der überwältigende Blick in das Tal von Agaete auf der Strecke zwischen Caideros, Fagajesto und den Stauseen von Los Pérez.

Von der Kreuzung Hoya de Pineda führt die Route linker Hand weiter zum Gehege **Reptilandia.** Der Besuch lohnt sich nicht nur wegen der verschiedenen Echsenarten in Freilandterrarien, sondern auch wegen der Kollektion von Schlangen und Spinnen in überdachten Anlagen (tgl.11–17.30 Uhr).

Die Nebenstrecke Richtung Küste führt unterhalb von Reptilandia weiter durch meist kahle küstennahe Landschaft und durch ein Bananenanbaugebiet kurz vor Sardina del Norte. An einigen Stellen fehlt die Begrenzungsmauer oder ist eingefallen, so dass man die Bananenstauden aus nächster Nähe betrachten kann.

Sardina del Norte

Gran Canaria-Atlas: S. 232, C 1
Der kleine Ort Sardina (del Norte) entstand einst hier als Ausfuhrhafen von Gáldar, das in Konkurrenz zu Las Palmas eine Schiffsroute nach Santa Cruz de Tenerife einrichtete. Dem Besucher präsentiert sich zuerst eine recht uninteressante Ansammlung von Häusern. Folgt man allerdings der Ortsstraße bis ganz hinunter zur Hafenmole, bietet sich ein überraschend malerisches Panorama. Vor einer rostbraunen Felswand, an der die Häuser geradezu kleben, liegen bunt bemalte Fischerboote auf den Kaimauern. Der Blick geht hinüber zur mächtigen Steilküste bis zum vorgelagerten Roque Partido. Nur an Wochenenden kommen viele Besucher aus Gáldar und Las Palmas, um zu baden und um frischen Fisch zu essen.

La Fregata: am Zugang zur neuen Mole, Tel. 928 88 32 96, Di–So 12–24 Uhr. Der Speiseraum mit Meerblick und Schiffsdekorationen macht dem Namen La Fregata – die Fregatte – alle Ehre. Die Speisekarte, Fischgerichte und Meeresfrüchte aus garantiert frischem Fang, folgt ebenfalls dem maritimen Motto. Menüs ab 12 bis über 25 €.

Vistamar: an der Straße hinunter zur Mole, Tel. 928 55 05 96, Di–So 12–23 Uhr. Mit gutem Blick von der Veranda auf das Treiben an dem kleinen Ortsstrand genießen hier auch viele Grancanarios frischen Fisch und Meeresfrüchte. Spezialität ist Paella mit Meeresfrüchten und Tintenfisch, *pulpo*. Menüs schon unter 12 bis ca. 25 €.

Fiesta del Carmen: um den 16. Juli, zu Ehren der Schutzheiligen der Fischer. Ein Fest, das in allen Hafenorten der Insel gefeiert wird, hier eher bescheiden, Schiffsprozession, viele Teilnehmer aus Gáldar.

Centro de Buceo Sardina Club: Manuel de Falla 1, Tel./Fax 928 89 54 89. Tauchzentrum, auch Geräteverleih, organisierte Touren.

Zur Punta de Sardina

Gran Canaria-Atlas: S. 232, C 1
Um zum nordwestlichsten Inselkap Punta de Sardina mit dem Faro (Leuchtturm) zu gelangen, fährt man Richtung Gáldar und biegt noch im Ort Sardina bei einem Transformatorenhäuschen links ab. Der schmale Fahrweg führt erst steil bergauf mit weiten Ausblicken auf die Bucht von Sardina und dann durch ein kahles, steiniges Gebiet, vorbei an der Ferienanlage California Beach. Man kann auch auf der Landstraße weiter Richtung Gáldar fahren und dann über Media Vuelta die äußerste Nordostspitze der Insel erreichen.

Ein wenig abenteuerlich ist es schon noch, in den ausgewaschenen Lavafelsen der Kapspitze vor dem Leuchtturm herumzuklettern, die starke Brandung zu genießen und die Krebse in den Felsspalten zu beobachten. Leider ist auch in diesem Bereich am Leuchtturm eine Apartmentsiedlung entstanden und es ist nicht mehr so einsam wie früher, aber Klippen, Wind und Brandung kann man hier dennoch auf sich wirken lassen.

Auf der Weiterfahrt Richtung Gáldar (ab Leuchtturm links halten) kommt man durch die mauergesäumten Gassen von Bananenpflanzungen und erreicht über Barrial schließlich wieder die Hauptstraße kurz vor dem Stadtkern von Gáldar. Von hier sind es nur noch wenige Minuten bis zur Nord-Autobahn. Über Las Palmas gelangt man in etwas mehr als einer Stunde zurück an die Südküste.

Blaue Weite: Punta de Sardina

161

Der Norden

Sardina del Norte

Moya

Arucas Las Palmas

Firgas

Teror

Puerto de la Aldea

Telde

Pico de las Nieves
▲
1949 m

Puerto de Mogan

Maspalomas

Playa del Inglés

Moya

Gran Canaria-Atlas S. 232-235

DAS GRÜNE GRAN CANARIA – VON GÁLDAR BIS VALSEQUILLO

Die Fahrt geht in den fruchtbaren Norden der Insel – vorbei an Bananenterrassen, zu felsigen Küstenabschnitten und durch vegetationsreiche Täler. Die Höhlen von Valerón, der Küstenort El Roque, die schwarze Kathedrale von Arucas und das religiöse Inselzentrum in Teror zählen zu den Höhepunkten der Fahrt. Das Heimatmuseum in San Mateo vermittelt einen tiefen Einblick in die bäuerliche Kultur der Insel.

Gáldar

Gran Canaria-Atlas: S. 233, D 1
Die Attraktionen von Gáldar sind die dominierende Santiago-Kirche, die Plaza davor und der Drachenbaum im Patio des Rathausgebäudes. Das Wahrzeichen der Stadt ist der Bergkegel des Pico de Gáldar (434 m). Wegen seiner Ähnlichkeit mit dem Vulkankegel des Teide auf Teneriffa, der bei gutem Wetter von hier zu sehen ist, wird er auch ›kleiner Teide‹ genannt. Neben Arucas weiter im Osten ist das Gebiet um Gáldar und Guía die größte Bananenanbauregion der Insel. Der Anbau wird allerdings zunehmend durch exotische Früchte und Blumen ersetzt.

Die ›erste Hauptstadt‹ der Insel

Gáldar ist stolz auf seine Vergangenheit als ›erste Hauptstadt‹ der Insel. In vorspanischer Zeit stand hier der ›Palast‹ eines der beiden *guanartemes,* der Inselfürsten (der Begriff Häuptlinge wäre wohl treffender) der Ureinwohner. Der letzte Herrscher dieses Nordwestreichs, Tenisor Semidán, ergab sich 1483 dem Konquistador Juan Rejón – wohl aus kluger Einsicht in die Überlegenheit der Eroberer –, wurde an den spanischen Hof gebracht und auf den christlichen Namen Fernando Guanarteme getauft, da sein Taufpate der spanische König Ferdinand war. Er wurde mit Ländereien belohnt und war den Eroberern fortan durch Vermittlung behilflich, weshalb er bei den Ureinwohnern als Verräter galt. Ihm ist ein Denkmal an der Plaza del Faycán in der Altstadt gewidmet. Viele spanische Eroberer gingen Verbindungen mit Töchtern aus altkanarischem Adel ein, so dass einige Familien der Stadt traditionsbewusst ihren Stammbaum bis in jene Zeit zurückführen.

Die heutige Nachbarstadt Guía gehörte bis 1526 zu Gáldar. Dort wohnten vor allem Geldadel und Großgrundbesitzer, im Bereich des heutigen Gáldar siedelten die Arbeiter der Plantagen und viele Handwerker. Im Zwist der beiden entstand der Schimpfname *cebolleros,* Zwiebelverkäufer, für die meist einfachen, aber arbeitsamen Bewohner von Gáldar. Noch heute heißt eine Folkloregruppe Los Cebolleros. Dafür hießen die Bewohner Guías auch nicht weniger schmeichelhaft *los leche espesa,* die Milchverdicker, wohl in Anspielung auf die Käseproduktion. Im langen Streit um die Hauptstadt des Archipels hielt Gáldar zeitweise zu Santa Cruz de Teneriffe, Guía unterstützte Las Palmas.

Stadtbesichtigung

Gáldar ist bei der Anfahrt aus dem Süden in etwa einer Stunde über die Autobahn GC-1 nach Las Palmas und weiter über die Nordautobahn GC-2 zu erreichen. Die einst komplizierte Durchquerung von Las Palmas ist stark vereinfacht worden. Auf der autobahnähnlichen Küstenchaussee von Las Palmas, der Avenida Marítima, folgt man zuerst dem Hinweisschild Puerto, wählt dann die Abfahrt Gáldar/Norte bzw. Agaete und gelangt durch einen langen Tunnel schließlich zur küstennahen Nordautobahn GC-2.

Das hoch gelegene Zentrum der Altstadt von Gáldar wird von der neoklassizistischen Gemeindekirche, der **Iglesia de Santiago** (de los Caballeros) überragt. Das große Gotteshaus belastete den Geldbeutel der Stadt so sehr, dass sie erst etwa 100 Jahre nach dem Baubeginn 1778 fertig gestellt werden konnte. Sie ist Santiago geweiht, dem Nationalheiligen Spaniens, unter des-

Straßenbild in Gáldar

EL DRAGO – MAGIE EINES BAUMS

Wer schon einmal unter einem betagten Drachenbaum gestanden hat, wird verstehen, warum den Ureinwohnern Gran Canarias dieser seltsame und unverwechselbare Baum heilig war. Im Dunkel seiner dichten Krone und in seinem dicken, oft hohlen Stamm sahen sie den Sitz wohlwollender Geister. Deren Rat suchten die Priester zu Wetter und Ernte. Dass sich der farblose, harzige Saft des Baums beim Austreten rot färbte und wie das Blut eines lebenden Wesens erschien, musste den Glauben an magische Kräfte zur Gewissheit machen. Kein Wunder daher, dass ihm heilende Wirkung zugesprochen wurde und er zur Mumifizierung der Toten diente. Sogar in einigen Medizinschriften der Römer wird die gesundheitsfördernde Kraft des roten Harzes hervorgehoben.

Auch die späteren christlichen Eroberer sahen in dem Baum, den sie Drago nannten, alles andere als ein Zeichen des Teufels. In Klöstern wurden zahnstocherähnliche Stäbchen hergestellt und mit dem ›Drachenblut‹ getränkt – zum Erhalt des Zahnfleischs. Auf die magische Kraft des Baums bauten auch die *santiguadoras,* volkstümliche Heilerinnen, die das Ritual del Drago zelebrierten, um den Leistenbruch zu heilen. Noch vor Sonnenaufgang wurde der Kranke zu einem Drachenbaum geleitet und musste einen entblößten Fuß auf den Stamm setzen. Im Licht der aufgehenden Sonne schnitt die Heilerin mit einem Messer den Umriss des Fußes aus der Rinde. Heilte die Baumwunde schnell zu, würde auch der Kranke bald genesen.

Bei all dem Glauben an die legendäre Kraft des Drachenbaums ist es nicht erstaunlich, dass viele Kanarier noch heute manchen Dragos mehrere tausend Jahre zuschreiben. Botaniker sind da nüchterner. Sie gestehen auch den Methusalems unter ihnen allenfalls einige hundert Jahre zu, ist doch keine genaue Altersbestimmung möglich, da die Bäume – wie auch Palmen – keine Jahresringe haben.

Der naturwissenschaftliche Allround-Gelehrte und berühmte Weltreisende Alexander von Humboldt, 1799 auf einer Reise über die Kanaren, bestaunte schon die steinalten Exemplare des Drago, der mit der Yucca verwandt ist. Außerhalb der atlantischen Inselwelt von den Azoren über die Kanaren bis hinunter zu den Kapverden war diese Baumart schon vor rund 20 Mio. Jahren weitgehend ausgestorben. Wer nach Gáldar im Norden von Gran Canaria kommt, wird im engen Patio des alten Rathauses auf ein mächtiges Exemplar stoßen, datiert auf das Jahr 1718. Im Jardín Canario, dem großen botanischen Garten bei Tafira, kann man mehrere ausgewachsene Drachenbäume bewundern.

Ein Aussterben dieses Baums aus der Familie der Liliengewächse ist nicht zu befürchten. Obgleich der Drago erst nach etwa zehn Jahren seine verzweigte Krone ausbildet und Blüten entwickelt, ist er als Gartenpflanze beliebt. Manche Einkerbungen an sogar jungen Bäumen scheinen darauf hinzudeuten, dass das Drachenblut seine Magie noch nicht ganz verloren hat.

sen Patronat die Eroberung der Inseln stand. Er ist als schwertschwingender Heiliger am Altarraum dargestellt. Im Eingangsbereich steht die Pila Verde, ein grünlicher Taufstein aus Andalusien, an dem angeblich die ersten Ureinwohner getauft wurden. Dazu passt das große alte Gemälde links am Eingang. Hier sind Mönche dargestellt, die Heiden aus dem Fegefeuer befreien (offiziell Mo–Sa 18–19.30, So 10–12 Uhr).

Geht man vom Gotteshaus aus rechts um die von alten Lorbeerbäumen beschattete, attraktive **Plaza de Santiago,** eine der schönsten der Insel, gelangt man zum alten **Rathaus** (Casa Consistorial). Eingepfercht in den engen Patio steht hier der älteste **Drago** der Insel, ein Drachenbaum, der 1718 gepflanzt sein soll (Zutritt Mo–Fr 10–13 Uhr).

Wer sich für lokale Malerei interessiert, sollte das **Museo Antonio Padrón** besuchen (Calle Drago 2, Mo–Fr 9–17 Uhr, nicht immer verlässlich). Der Maler (1920–68) ließ sich von bäuerlichen Alltagsszenen und der vorspanischen Geschichte inspirieren und hat sie teilweise kubistisch verfremdet. Eine seiner Gemäldereihen trägt den Titel ›Canarias mágica‹.

Vom Kirchplatz in Richtung Durchgangsstraße erreicht man zu Fuß die **Cueva Pintada** (bemalte Höhle), die wegen Restaurierungsarbeiten allerdings schon jahrelang geschlossen ist und deren Wiedereröffnung nicht vor 2005 geplant ist. Die Wandmalereien, mehrfarbige geometrische Muster, der 1873 entdeckten Höhle sind einmalig auf den kanarischen Inseln und wurden erstmalig 1970–74 restauriert, nach-

dem die Höhle lange Zeit als Stall benutzt worden war. 1985 wurde sie erneut zur Restauration geschlossen, da sich die Farben zunehmend zersetzten. Inzwischen hat man auch weitere erhaltenswerte Räume entdeckt. Eine gute Rekonstruktion der Höhle ist im Museo Canario in Las Palmas zu sehen.

Hacienda de Anzo: ca. 2 km außerhalb in Vega de Anzo, Pablo Díaz 37, Tel. 928 55 16 55, Fax 928 55 12 44. Das Herrenhaus einer einstigen Bananenhacienda wurde im Kolonialstil luxuriös restauriert, Pool, Garten. DZ 60–90 €.

Die Calle Quesada ist die Hauptgeschäftsstraße der Stadt, sie führt vom Kirchplatz linker Hand hinunter zur Durchgangsstraße. An ihr liegt auch der **Mercado,** die Markthalle der Stadt, in dem überwiegend Obst, Gemüse und Fisch verkauft werden, Mo–Sa 6.30–13/14 Uhr.

Luis und Alberto Marrero Bolanos: Clavel 8, Tel. 928 88 05 55. In der Werkstatt werden hauptsächlich Bananenmesser hergestellt. Die Inhaberfamilie blickt auf eine lange Tradition in diesem Handwerk zurück, gute Exemplare sind kaum unter 50 € zu haben.

Wochenmarkt: jeden Donnerstag ca. 8–14 Uhr auf dem Platz vor der Kirche.

Kunsthandwerksmarkt: an jedem ersten Sonntag im Monat ebenfalls auf dem Platz vor der Kirche.

Fiesta de Santiago Apóstol: 25. Juli, spanischer Nationalfeiertag zu Ehren des Schutzpatrons Spaniens und der Pilger, mittags Prozession zur Kirche, abends *batalla de flores,* ›Blumenschlacht‹. An den Tagen vorher und danach je nach Programm Folkloredarbietungen, Erntedankfest mit *cabalgata* (festlicher Umzug), Autosegnung, Feuerwerk, Viehausstellung, oft auch kanarische Sportarten. Neben dem von San Bartolomé de Tirajana ist dies das bekannteste Santiago-Fest auf der Insel.

Bus: GLOBAL-Linienbus 105 stdl. von/nach Las Palmas, Nr. 101 fährt über Agaete nach San Nicolás, 102 nach Agaete, 103 über Agaete nach Puerto de las Nieves, 101, 102 103 alle von/nach Las Palmas.

El Agujero

Gran Canaria-Atlas: S. 233, D 1
Der Ausflug zum Küstenort El Agujero bei Gáldar lohnt sich nur für archäologisch Interessierte. Die noch vorhandenen Mauerreste einer altkanarischen Siedlung und einer Begräbnisstätte sind einmalig auf der Insel, aber von den zuständigen Stellen ziemlich vernachlässigt.

Vom Kirchplatz in Gáldar (oder von der Durchgangsstraße C-810 die Stadt westlich umfahrend) folgt man dem Hinweisschild ›El Agujero‹. Kurz vor der Küste führt die von Gáldar kommende Straße durch eine enge Häuserzeile, in der – gleich links und rechts der Straße, eingepfercht in eine Umzäunung und begrenzt durch Häuserwände – Überreste von kompakten Grundmauern einer **altkanarischen Siedlung** zu sehen sind. Bemerkenswert ist die Kreuzform der Räume.

Um die **Necrópolis** (Begräbnisstätte) **La Guancha** zu erreichen, biegt man, von Gáldar kommend, vor der oben erwähnten Häuserzeile rechts ab

und gelangt nach etwa 500 m zum Gräberfeld, das eingezäunt und anscheinend nicht zu besichtigen ist, obgleich es offiziell von Mo–Fr 11–13 Uhr geöffnet sein sollte. Einen Eindruck von den wenigen niedrigen Grundmauern kann man sich aber durchaus vom Zaun aus machen. Etliche Grabhügel mit Mauerresten von Grabkammern sind von Interesse. Der größte dieser Tumuli mit zwei runden Kammern in der Mitte, umgeben von weiteren radial angeordneten Grabzellen an der Innenseite des äußeren Mauerkreises, wird als Begräbnisstätte der adligen Herrscherschicht interpretiert. Bei Ausgrabungen 1935 wurden rund 30 Leichenreste eines relativ großen und langschädeligen Menschentyps mit geringen Spuren von Einbalsamierung entdeckt. Ein Modell des zentralen Tumulus ist im Museo Canario in Las Palmas zu sehen.

Guía

Gran Canaria-Atlas: S. 233, D 1
Guía besitzt einen interessanten Ortskern mit einer stattlichen Kirche und al-

Blumenkäse

Die Spezialität von Guía ist der *queso de flor,* der ›Blütenkäse‹ aus Schafs- oder Ziegenmilch, deren Gerinnung, Haltbarkeit und Aroma durch den Blütensaft einer Distelart gefördert wird. Man kann ihn in vielen Läden der Stadt kaufen.

Unbedingt probieren: Käse aus Guía

ten Häusern um die zentrale Plaza. Der im Umland produzierte Blumenkäse hat den Ort berühmt gemacht.

Die Stadt, mit vollem Namen Santa María de Guía, heute mit Gáldar zusammengewachsen, machte sich als Gemeinde schon sehr früh von Gáldar unabhängig und stand seitdem in Konkurrenz zum Nachbarort. In den Jahren nach der Inseleroberung ließen sich hier reiche Familien vor allem genuesischen Ursprungs nieder. Besonders eine von ihnen, die Familie Riverol, unterstützte finanziell den spanischen Hof, die Eroberung der Insel und die Entdeckungsfahrten des Kolumbus, der auch aus Genua stammte.

Die Stadt ist besonders stolz auf den hier geborenen Bildhauer José Luján Pérez (1756–1815). In vielen Gotteshäuser der Insel und des Archipels stehen seine barock inspirierten Werke. Besonders verbreitet sind die *dolorosas,* Darstellungen der Maria als Schmerzensmutter, die er einfühlsam gestaltete. Der berühmte französische Komponist Camille Saint-Saëns besuchte zwischen 1889 und 1909 siebenmal die Insel. Er komponierte einige seiner Stücke in seinem Landhaus Villa Melpómene in einem Ortsteil von Guía, der sich Llanos de la Parra nennt.

Von der Durchgangsstraße folgt man dem Schild ›Casco‹ zur **Kirche Santa María de Guía** oberhalb einer schattigen Plaza, umgeben von alten Häusern. Der mittlere Teil der eindrucksvollen Kirchenfassade ist barock, die Türme sind neoklassizistisch. Das Innere birgt viele Kunstwerke des berühmtesten Bildhauers der Kanaren und Sohns der Stadt, José Luján

Pérez. Von ihm sind unter anderem die Christusfiguren im Hauptaltar und im rechten Seitenaltar, zwei Skulpturen der Mutter Gottes und eine des hl. Sebastian in der ersten Seitenkapelle links vom Hauptaltar.

Etwas verdeckt durch die spätere Erhöhung der Plaza Grande, links gegenüber der Kirche liegt das im kanarischen Stil errichtete Haus der Familie Quintana, die aus dem Baskenland einwanderte.

Albergue Juvenil ›San Fernando‹: Avda. de la Juventud, Tel. 928 55 06 85, Fax 928 88 27 28. Die einzige offizielle Jugendherberge der Insel verfügt über Vierbettzimmer, in denen auch Nicht-Mitglieder für 3 € pro Person übernachten können. In der Regel muss man jedoch vor Ort einen Benutzerausweis für ca. 10 € erwerben, falls man nicht über einen Jugendherbergsausweis verfügt. Die Herberge hat Sportplätze und ein großes Schwimmbad. Das Essen ist hier preiswert und es gibt Infos zu Wanderungen.

Santiago Gil: Calle Marqués del Muni 34, die Straße am Zentralpark unterhalb der Kirche, Tel. 928 88 18 75, Mo–Sa 8–22 Uhr. Verkauf des typischen Blumenkäses, Kostproben sind möglich, kleine Tapas werden gereicht. Allein schon das Interieur des ältesten Ladens am Ort ist sehenswert, neben Weinflaschen hängen und kleben unzählige Heiligenbilder, Plakate und Fotos vergangener *fiestas*. Die Käsewaage, mit der Santiago abwiegt, könnte aus einem Museum stammen.

Los Quesos: Lomo de Guillén 16, Durchgangsstraße Richtung Gáldar, Mo–Fr 9–22 Uhr. Neben Blumenkäse, Honigspezialitäten und lokalen Weinen werden auch Tapas angeboten. Verkauf von Ka-

narischen Messern und anderen Handwerksprodukten.

Francisco Torres Rodríguez: José Sansón Henríquez 42. Wer bei einem *cuchillero* (Messermacher) direkt kaufen möchte, ist hier richtig. Seit 40 Jahren im Geschäft findet man in der Familienwerkstatt neben guten Messern ab ca. 40 € auch Schmuckstücke.

Fiesta del Queso en Flor: Ende April, Anfang Mai großes Käsefest auf der Zentralplaza, mit Folklore, Käse-Prämierung, Melk-Demonstrationen, Verkaufsausstellung von Käsesorten von allen sieben kanarischen Inseln mit Probierbuden, Handwerkskunst. Daran anschließend eine weitere Käse-*Fiesta* im Bergdorf Montaña Alta mit ähnlichem Programm, fast ebenso stark besucht wie die in Guía.

Fiestas de la Virgen: zweite Augusthälfte, nahtlose Abfolge von Festen zu Ehren mehrerer Schutzheiliger, hauptsächlich an den Wochenenden, u. a. Blumenschlacht, Feuerwerk, Musikdarbietungen, Prozessionen, Veranstaltungen auch im kleinen Küstenort Roque Prieto.

Fiesta de Las Marías: drittes September-

Bananenmesser

Die *cuchillos canarios* haben traditionell dünne, breite Klingen und reich verzierte Griffe. Gute Handwerksexemplare zeichnen sich durch sorgfältige Einlegearbeiten mit Keramik, Silber und Horn aus. Der volkstümlich gebrauchte Name *naifes* geht auf englisch *knife* zurück. Fein gearbeitete Messer sind kaum unter 40 € zu erwerben.

Wochenende, jährliches Dankfest für die Befreiung von einer Heuschreckenplage Anfang des 19. Jh., die der Siroco aus Afrika brachte. Typischer Ablauf: samstags *Bajada de la Rama,* Herabtragen von Zweigen aus den Bergen durch Wallfahrer, sonntags Prozession und *romería,* Erntedankzug mit Festwagen und Folkloregruppen.

Bus: GLOBAL-Linienbus 105 stdl. von/nach Las Palmas und Gáldar. Busse 101, 102 und 103 verbinden weniger häufig mit Las Palmas und Gáldar.

Cenobio de Valerón

Gran Canaria-Atlas: S. 233, E 1
Am Ortsende von Guía nimmt man die zweite, mit ›Cuesta de Silva‹ beschilderte Abzweigung rechts, um entlang der Landstraße GC-291 zu den Höhlen von Cenobio de Valerón zu gelangen (Mi–So 10–17 Uhr, Eintritt frei). Die Strecke bietet herrliche Ausblicke auf die Nordküste bis nach Las Palmas. Während der Fahrt achte man rechter Hand auf Treppen, die steil hinauf in eine Felswand zu den Höhlen von Valerón führen. Die Parkmöglichkeiten an der Straße sind beengt. Nachdem man die Treppen erklommen hat, steht man unmittelbar vor einer weiten Felsöffnung mit wabenartig in den Tuffstein gehauenen Höhlen. Das Betreten der insgesamt etwa 300 Höhlen ist allerdings untersagt. Der plausibelsten Erklärung nach, handelt es sich um einen kollektiven Vorratsspeicher, in dem die Ureinwohner Getreide lagerten. Die Vermutung, dass es sich um ein Kloster (span. *cenobio)* der *harimaguadas,* in

freiwilliger klösterlicher Abgeschiedenheit lebende Priester-Jungfrauen, handelte, ist inzwischen verworfen, hält sich aber nach wie vor hartnäckig. Auf dem Berg hoch über den Höhlen sind noch wenige Überreste eines *tagoror,* eines Versammlungs- und Gerichtsplatz der Altkanarier mit steinernen Sitzen, erhalten. Von den Höhlen aus kann man nicht zu dieser Stelle hinaufsteigen. Wer sich für *tagorors* interessiert, kann besser erhaltene und leichter erreichbare in Cuatro Puertas und am Roque Bentaiga sehen.

Hinab zur Küste

In ihrem weiteren Verlauf windet sich die Straße durch die Barrancos de Calabozo und de Silva und erreicht schließlich die Nord-Autobahn, die Las Palmas mit Guía verbindet. Um das unwegsame Küstengelände zu überwinden, mussten mehrere Tunnel und Brücken gebaut werden. Die **Puente de Silva,** in deren Nähe man die Schnellstraße erreicht, soll mit 125 m die höchste Brücke Spaniens sein. Die Namensgebung geht auf den Portugiesen Diego de Silva zurück, dessen Schiffe noch vor der spanischen Eroberung in diesem Küstenbereich landeten. Er soll von den Ureinwohnern besiegt, dann aber begnadigt worden sein und die Erlaubnis zur freien Weiterfahrt erhalten haben. Heute haftet dem Bauwerk leider auch der traurige Ruf einer ›Selbstmörderbrücke‹ an, da sich viele von hier oben in den Tod gestürzt haben.

Zurück auf der Schnellstraße folgt man ihr kurz Richtung Las Palmas, um dann die Abzweigung nach San Felipe zu wählen. Sobald der Küstenbereich erreicht ist, fallen schon die weißen Häuser von **El Roque** auf, die malerisch auf einer von Brandung umspülten Felsenzunge liegen. Gedrängt und verschachtelt stehen die Häuser auf den Felsen, so dass möglichst viel fruchtbarer und kostbarer Ackerboden zur landwirtschaftlichen Nutzung übrig bleibt. Es lohnt sich, zu Fuß durch die engen Gassen zu schlendern und über die vielen Treppen des Orts zu steigen – bis zur Spitze der Felszunge mit kleinem Esslokal. Es gibt im Ort erstaunlich viele alte Menschen, die Spanisch sprechende Besucher schnell in ein Gespräch verwickeln.

Wer Zeit hat, kann die Fahrt in diesem Küstenabschnitt über eine Stichstraße zum lang gestreckten Dorf **San Felipe** fortsetzen. Hier wird man kaum ausländische Touristen antreffen. An Wochenenden kommen allerdings viele Ausflügler aus Las Palmas, um hier zu baden und in den Fischrestaurants zu essen. Das Dorf selbst ist völlig uninteressant.

Los Pescaditos: San Felipe 25, Tel. 928 55 63 10, Di–So 12–21 Uhr. Frischer Fisch, kanarische Küche, u. a. variationsreiche Gofiospeisen. Menüs 12–25 €.
El Paso: an der Straße nach San Felipe, Tel. 928 62 01 77, Di– So 12–22 Uhr. Frischer Fisch, kanarisch-spanische Küche. Menüs bis ca. 25 €.

Bus: GLOBAL-Linienbus 215 verbindet die Küstenorte mit Arucas und Teror.

Moya

Gran Canaria-Atlas: S. 233, E 1/2
Wegen seiner grünen Umgebung auch ›Villa Verde‹, grüne Stadt genannt, erstreckt sich Moya entlang des Steilrand des Barranco de Moya. Den Ort dominiert die von Norden aus weithin sichtbare und fotogen gelegene Kirche La Candelaria (auch El Pilar genannt) an der Talschlucht. Um Moya zu erreichen, unterquert man bei El Roque die Autobahn. Nach kurzer ansteigender Strecke wählt man die Route über Cabo Verde, die durch Bananenterrassen, Mais- und Tomatenfelder nach Moya führt. Wer Moya und Firgas auslassen möchte, fährt wieder auf die Autobahn und gelangt über Bañaderos nach Arucas.

In der Kirche steht die Statue der Jungfrau von Candelaria, deren Hände und Gesicht aus dem 16. Jh. stammen. Einer der damals hier ansässigen Nachkommen eines Eroberers von Teneriffa, Hernando de Trujillo, brachte das ursprüngliche Standbild von dort mit. Die Jungfrau sollte die Schutzheilige von Gran Canaria werden, ›unterlag‹ aber schließlich der Virgen del Pino aus Teror. Zwei weitere Statuen, die der Madonna mit Kind und des Heiligen Judas Tadeus, stammen vom Bildhauer José Luján Pérez aus Guía. Von der Plattform hinter der Kirche bietet sich ein weiter Blick hinunter in den Barranco de Moya. Die immer wieder fotografierte Panoramaansicht der über dem Barranco thronenden Kirche hat man allerdings nur von der anderen Seite der Schlucht, wenn man wenige Kilometer Richtung Guía fährt.

Grünes Paradies: im Naturschutzgebiet Tilos de Moya

Einen interessanten kleinen Friedhof mit sorgfältig geschnittener Zierhecke und umlaufenden Columbarien (Nischenbestattung in Mauern) kann man unweit oberhalb der Kirche besichtigen. Gegenüber dem Gotteshaus liegt das Geburtshaus des Politikers, Arztes und Dichters Tomás Morales Castellano (1884–1921), als kleines Museum eingerichtet. Er verbrachte nur seine Kindheit hier und war später Arzt in Agaete. In der Welt der spanischen Dichtung zu Beginn des 20. Jh. machte er sich einen Namen mit der Gedichtsammlung ›Rosen des Herkules‹ (1920), in der er den Atlantik besingt (Mo–Fr 9–20, Sa u. So 10–14 Uhr, Eintritt frei).

Tilos de Moya

Gran Canaria-Atlas: S. 233, E 2

In der Nähe von Moya existieren noch
Reste des Lorbeerwalds, der einst
große Teile dieser Höhenstufe bedeckte, aber rücksichtslos abgeholzt wurde.
Um die wichtigste Stelle dieses Restwalds, die Tilos de Moya, zu erreichen,
fährt man rund 2 km von Moya Richtung
Guía (GC-700) und biegt dann links am
Schild ›Camino Los Tilos‹ in einen Fahrweg (GC-704) ein. Die Baumbestände
in diesem Bereich sind unter Naturschutz gestellt. Das kleine Tal trägt den
eigentlichen spanischen Namen für den
Lorbeerbaum: Barranco del Laurel. Die
Spanier der ersten Jahre kannten angeblich den Lorbeerbaum nicht und
nannten ihn aufgrund der Ähnlichkeit
seines Holzes mit dem der Linde Tilo.

 Cortijo de las Hoyas: an der Straße
von Moya nach Fontanales, Tel. 928
61 02 83, tgl. 9–20 Uhr. Kanarische und
internationale Küche zubereitet aus frischem Gemüse und Obst, die kreative
›gesunde Küche‹ wird betont, kanarische
Käsespezialitäten. Menüs 12–25 €.

Bus: GLOBAL-Linienbusse 116 und
117 verbinden Moya mit Las Palmas, Nr. 123 fährt nach Arucas.

Firgas

Gran Canaria-Atlas: S. 233, F 2

Von Moya führt eine landschaftlich
schöne Strecke nach Buenlugar, dann
rechts hinauf nach Firgas. Der Ort verfügt über sehenswerte, erst vor wenigen Jahren angelegte Keramikgassen,

Die Almen Gran Canarias

Von Moya führt eine eukalyptusgesäumte Straße weiter in die
Bergwelt, hinauf nach Fontanales. Das kleine Dorf ist ein Wochenendziel vieler Einheimischer
mit einigen Ausflugsrestaurants.
Zwischen diesem Ort und dem
Weiler Juncalillo in der Nähe von
Arinaga schlängelt sich eine wenig befahrene Nebenstraße (GC-702) durch eine Landschaft, die
einmalig auf der Insel ist. Berghänge und Hügel sind im Winter
und Frühjahr mit grünen Wiesen
überzogen, Weideplätze der vielen Schafsherden. Farne und
Moose gedeihen im Übermaß.
Der Besucher fühlt sich in eine
Almlandschaft versetzt. Dank der
Passatwolken, die sich hier stauen, ist die Region das niederschlagreichste Gebiet der Insel.
Im Sommer stehen die silbrigverdorrten Grasflächen in hartem
Kontrast zu den immergrünen
Kiefernwäldchen.

die über Stufen aufwärts führen. Der
Paseo de Gran Canaria mit einer Wasserkaskade in der Mitte, seitlichen Keramikbänken und Wappen, die Inselorte repräsentieren, geleitet zuerst hinauf zur attraktiven Plaza mit der Kirche
San Roque. Die anschließende Keramikgasse zeigt Darstellungen der Kanarischen Inseln und ist das Ergebnis
eines Künstlerwettbewerbs.

Die Abfüllanlage des inselweit bekannten Mineralwassers ›Firgas‹ liegt ca. 5 km entfernt im wasserreichen Barranco de Azuaje, in dem Las Madres genannten Talbereich. Hier werden über 200 000 Flaschen täglich abgefüllt. Die maschinellen Einrichtungen stammen zu einem großen Teil aus Deutschland.

Bus: GLOBAL-Linienbusse 201, 202 und 203 verbinden Firgas mit Las Palmas, Nr. 211 fährt nach Arucas.

Arucas

Gran Canaria-Atlas: S. 234, B 1
Die heute drittgrößte Stadt auf Gran Canaria ist nicht nur attraktiv wegen ihrer dunkel-schönen ›Kathedrale‹, des botanisch hochinteressanten Stadtparks und der Rumfabrik, sondern auch wegen ihres kegelförmigen Stadtbergs mit Restaurant und Panoramablick bis nach Las Palmas.

Der Name geht auf die vorspanische Siedlung Arehuc(as) zurück, die vom spanischen Eroberer Juan Rejón auf seinem ersten Feldzug in den Norden der Insel nach erbittertem Widerstand der Ureinwohner weitgehend zerstört wurde. Bei der erneuten Auseinandersetzung mit seinem Nachfolger Pedro de Vera im Jahr 1481 soll sich ihr Anführer Doramas einem Zweikampf gestellt haben, um ein Gemetzel zu verhindern, wurde aber von den Spaniern hinterrücks ermordet. Die verklärende spanische Version berichtet von einem ehrenwerten Kampf, aus dem Pedro de Vera als Sieger hervorging. Das Haupt

Doramas wurde als Triumph und Abschreckung auf den Palisaden von Las Palmas zur Schau gestellt.

Wie üblich nach Eroberungen wurde das Land um Arucas unter den spanischen *hidalgos* (Edelmänner) verteilt. Einer von ihnen, Tomás Rodríguez de Palanzuela, gründete Arucas offiziell 1505. Die Spanier legten einige Zuckerrohrpflanzungen an. Noch heute erinnert der Name des Ortsteils Trapiche (span. für Zuckersiederei) an die Zuckerrohr-Monokultur, die aber schon im 17. Jh. aufgrund der karibischen Konkurrenz fast keine Rolle mehr spielte. 1884 entstand hier die erste große, mit Dampfkraft arbeitende Zuckerfabrik der Kanarischen Inseln, die Fábrica Azucarera de San Pedro, 1911 die Rum- und Likörfabrik San Pedro, deren bekannte Erzeugnisse (Ron de Arehucas) noch heute auf den Inseln und dem Festland vertrieben werden. Der Rohstoff muss allerdings schon seit längerem importiert werden.

Seit den 1920er Jahren baute man zunehmend Bananen an. Die mit Pflanzungen bedeckte Landschaft bei Arucas trägt daher auch den Namen ›Mar de las Plantaneras‹, was man kurz mit ›Bananenmeer‹ übersetzen kann. Wie so oft in der Wirtschaftsgeschichte der Insel ist auch diese Monokultur wegen geringer Rentabilität rückläufig. In den letzten 20 Jahren schrumpfte die Anbaufläche auf etwa die Hälfte. Auf den mauerumsäumten Terrassen werden zunehmend Gemüsesorten, Früchte und Blumen angebaut.

Aus Richtung Firgas kommend, erkennt man die **Rumfabrik** Destilería Arehucas an ihrem hohen Schornstein.

Eine kurze Straße rechts führt zur Fabrik. Die Produktionsanlagen und ein kleines Rummuseum können besichtigt werden (Museo de Ron, Era de San Pedro 2, Tel. 928 60 60 50, Mo–Fr 9.30–13 Uhr, kostenlose Führung auch auf Englisch). Interessant sind die Eichenfässer mit Autogrammen von prominenten Besuchern wie dem spanischen Königspaar, dem Künstler César Manrique aus Lanzarote, dem Schlagersänger Julio Iglesias, dem Tenor Plácido Domingo, dem Schachgroßmeister Anatoli Karpow und deutschen Politikern wie Willy Brandt und Walter Scheel. Im Laden am Eingang kann man einfachen Rum wie auch die verschiedensten Rum-Obst-Liköre kaufen, jedoch kaum preiswerter als in vielen Supermärkten. Heute hat die Fabrik rund 100 Angestellte, produziert etwa 50 000 l Rum täglich und exportiert auch nach Deutschland.

Stadtbesichtigung

Auf dem Zentralplatz von Arucas, der Plaza de la Constitución steht das moderne Denkmal des altkanarischen Herrschers Doramas, zu Deutsch ›breite Nase‹. Gleich dahinter liegt der **Stadtpark** *(parque municipal),* der für botanisch interessierte Besucher zu empfehlen ist. Besonders an heißen Tagen ist der Park die reinste Erholung mit Brunnen, Bewässerungskanälen, Wasserspielen und kühlen Steinbänken. Rechts vom Eingang liegt das bescheidene Herrenhaus der Familie Gourié, die die Rumfabrik des Orts gründete und Besitzer des Parks war. Hier informiert ein kleines **Stadtmuse-**

Rund um den Rum

Der ›Ron Blanco‹ präsentiert sich hell und klar und ist bestens geeignet für Cocktails. Drei Jahre muss der ›Ron Oro‹, der Goldene Rum, lagern, um seine gelbe Farbe aus den Eichenfässern zu ziehen. Wegen seines volleren Geschmacks wird er im Gegensatz zum ›Ron Blanco‹ eher pur getrunken. Die Luxus-Variante, der ›Ron Anejo‹ rechtfertigt seinen höheren Preis durch bis zu 12 Jahre lange Lagerung und 40% Vol. Es folgen die ›Exoten‹, die geschmacklich angepassten Mischlinge: ›Ron Miel‹, der Honigrum, ›Bienmesabe‹, fast schon ein Eierlikör mit Mandeln und Honig und der ›Leche Rizada‹, niedrigprozentig, magenfreundlich und mild durch Milch und Zimt.

um über die Geschichte Arucas und bietet Sonderausstellungen lokaler Künstler (Mo–Fr 9–13 und 16–21, Sa 10–13 Uhr, Öffnungszeiten nicht sehr verlässlich).

Um die **Plaza de la Constitución** sieht man die schönen Fassaden der Bürgerhäuser, die im Zuge des Bananenbooms Ende des 19. Jh. entstanden, z. B. die Casa Consistoriales, heute Rathaus. Die alte Markthalle *(mercado municipal)* gegenüber dem Rathaus beherbergt heutzutage Büros der Stadtverwaltung. Die schöne Fassade im Mischstil des ausgehenden 19. Jh. mit Gestaltungselementen unterschiedlicher Epochen ist allerdings bewahrt worden.

Auf dem Weg durch die unter Denkmalschutz stehende Altstadt folgt man der Calle Leon Castillo, dann geht man hoch zur Kirche entlang der Calle Gourié, in der im Patio der Casa de la Cultura während der Bürostunden ein großer Drachenbaum zu besichtigen ist.

Besonderes Kennzeichen von Arucas ist die mächtige, in der weißen Häusermasse des Orts düster wirkende **Kirche San Juan Bautista** (Johannes der Täufer) im Nordteil der Stadt (offiziell geöffnet 9–13 Uhr, 16–19 Uhr, nicht verlässlich). Sie wurde in den Jahrzehnten nach 1909 im neugotischen Stil aus dunklem Lavagestein erbaut und wird wegen ihrer Größe auch gern als Kathedrale bezeichnet, obwohl sie lediglich eine Pfarrkirche und keine Bischofskirche ist. Der Baustil der Kirche zeugt von den Fertigkeiten und der langen Tradition der hiesigen Steinmetze, deren Kunst im gesamten kanarischen Archipel bekannt wurde. Noch heute gibt es einige Steinmetze und etliche Steinbrüche *(canterías)* auch innerhalb der Stadt, die hauptsächlich von öffentlichen Aufträgen leben. Der besondere Arucas-Basalt, entstanden aus sehr langsam erkalteter Lava, ist schwer zu bearbeiten, aber auch sehr resistent gegen klimatische Einflüsse und Abgase: Steine für die Ewigkeit.

Auf einer landschaftlich schönen Strecke erreicht man von Arucas aus über die kleinen Ortschaften Visvique, Los Portales und El Palmar das religiöse Zentrum von Gran Canaria. Etwa einen Kilometer vor Teror kommt man an der **Finca de Osorio** vorbei. Auf dem etwa 500 Jahre alten Adelsgut kann man das gut restaurierte Herrenhaus mit schönen Holzbalkonen und die Parkanlage besichtigen, falls das Zugangstor offen ist. Sonst nur nach Anmeldung: Tel. 928 63 00 90.

Oficina de Turismo: Casa Consistoriales an der Plaza de la Constitución 2, Tel. 928 62 31 36, Mo–Fr 8–16 Uhr (nicht immer verlässlich).
Oficina de Sol Arucas: León y Castillo 22, Tel. 928 63 35 47, Mo–Fr 9–17 Uhr, info@sol-marketing.com. Allgemeine Informationen, besonders aber Organisation der Sightseeing-Bahn ›Plátano Express‹, des ›Bananenzugs‹, der nach Anmeldung Touristengruppen zu den Sehenswürdigkeiten von Arucas fährt.

Mesón de la Montaña: auf der Montaña de Arucas, dem Hausberg der Stadt, Tel. 928 60 14 75, tgl. 12–24 Uhr. Rund um das Restaurant führt ein Panoramaweg mit fantastischen Ausblicken. An Wochenenden stark frequentiert von Ausflüglern aus Las Palmas. Kanarisch-spanische Küche, empfehlenswert: *puchero canario* (Kanarischer Eintopf), *calabacines con gambas* (Kürbis gefüllt mit Garnelen). Menüs zwischen 12 und 25 €.
Bar-Café El Gótico: an der Plaza de San Juan vor der Kirche, Do–Di 12–23 Uhr. Kaffee und Kuchen, Getränke und kleine Tapas, man kann auch draußen sitzen.

Wochenmarkt *(mercadillo):* samstags 8–14 Uhr.

Fronleichnam *(Corpus Cristi):* erster Donnerstag nach Pfingsten, (beweglicher Feiertag) mit Prozession und ›Blumenteppichen‹, die allerdings heutzutage zumeist aus farbigem Sand bestehen. Auch *día de las alfombras,* Tag der

Teppiche genannt, die von Spezialtrupps, den *alfombristas,* kunstgerecht gelegt werden. Begehrt sind die ›Teppichleger‹ aus Orotava, Teneriffa.
Fiesta de San Juan Bautista: um den 24. Juni (Haupttag) mit Prozession, Erntedankumzug, Folklore, Kunsthandwerk, traditionellen Sportarten.

Bus: Busbahnhof in der Calle Bruno Pérez Medina. GLOBAL-Linienbusse 206, 209 und 210 verbinden Arucas mit Las Palmas, Nr. 215 mit Teror.

Teror

Gran Canaria-Atlas: S. 234, B 2
Die attraktive Wallfahrtskirche, die größte inselweite religiöse *fiesta* für die Schutzpatronin der Insel und ein farbiger Wochenmarkt sind die Anziehungspunkte des Orts.

Inmitten der Stadt, an einer der schönsten und besterhaltenen Plazas der Insel, steht die **Kirche Nuestra Señora del Pino,** wichtigster Wallfahrtsort und religiöses Zentrum von Gran Canaria. Alle Inseln des kanarischen Archipels haben ihre Schutzheiligen, meist ›Sonderausführungen‹ der Jungfrau (Virgen) Maria. Lanzarote verehrt seine Jungfrau der Vulkane, Fuerteventura seine Jungfrau des Felsens – Gran Canaria seine Jungfrau von der Kiefer. Erst 1914 wurde die Heilige vom damaligen Papst zur Schutzpatronin von Gran Canaria ernannt und die Insel damit aus der ›Zuständigkeit‹ der Schutzpatronin Teneriffas, der Jungfrau von Candelaria, entlassen.

Die Anbetung der Jungfrau von der Kiefer geht auf eine Marienerscheinung

in einer über 40 m hohen Kiefer am 8. September 1481 zurück. Rund 200 Jahre später, zur Osterzeit, soll diese Kiefer aus Altersschwäche zusammengebrochen sein. Anerkennung des Wunders und Weihe der Stelle durch den damaligen Bischof der Insel, Juan Frías, führten zur Errichtung einer Kapelle, die Ende des 17. Jh. durch einen größeren Kirchenbau ersetzt wurde. Von diesem Bau ist nach einem Brand nur der achteckige Turm in portugiesischem Stil der Manuelin-Gotik aus dem frühen 18. Jh. und der benachbarte Taufraum erhalten. Das heutige neoklassizistische Gotteshaus stammt aus den Jahren 1760–67. 1811 wurde die Fassade von José Luján Pérez umgestaltet.

Im Innenraum der Kirche interessiert besonders die überreich geschmückte **Statue der Jungfrau** (15. Jh.) in einem Glasschrein über dem Hauptaltar. Thron und Baldachin sind aus reinem Silber, Mond, Krone, Nimbus und Engel aus Gold. Die Marienfigur mit dem von vielen als halb traurig und halb lächelnd empfundenen Gesicht ist nicht nur Patronin der Insel, sondern auch des Militärs. Der Platz hinter der Kirche ist nach einem prominenten Gast, Papst Pius XII., benannt. Nach einem weiteren berühmten Besucher, dem General Franco, diktatorischer Staatschef von Spanien bis 1975, war lange Zeit die vom Kirchplatz ausgehende Straße benannt, heute Calle Real.

Vom **Museo de la Basílica,** das in einem Anbau an der Rückseite der Kirche untergebracht ist, kann man über eine Treppe hinter dem Altar zur Ma-

DIE INSELPATRONIN –
NUESTRA SEÑORA DEL PINO

Und es begab sich im Jahre des Herrn 1481 – Gran Canaria war schon fast den Heiden entrissen –, dass den noch ungläubigen Hirten im einsamen Tal von Teror-i, während sie nächtens bei ihrer Herde weilten, die Jungfrau erschien – in strahlendem Glanz, ihnen zum Zeichen hoch oben in der mächtigen Krone einer Kiefer, das schlafende Jesuskind im Arm.

Angerührt von so viel Gnade und überwältigt von der Macht des neuen Glaubens machten sich die Hirten freudig auf nach Las Palmas, auf dass sie sich taufen ließen. Und die Kunde der Erscheinung drang zu Don Juan Frías, seines Zeichens Bischof der Insel. Der pries Gott, die Jungfrau Maria und die Hirten, eilte zum Ort der Erscheinung. Dort entdeckter er als Beweis einen großen Stein aus Jaspis mit den Fußabdrücken der Jungfrau und erklärte, ein Wunder sei geschehen.

Nur in tiefem Unglauben Verharrende werden sagen: zur rechten Zeit, um im Zuge der letzten Kämpfe den spanischen Angriffsgeist zu stärken und dann gleich nach der Eroberung die Missionierung in Gang zu bringen, den Eroberern eine konkrete Bestätigung und der Insel mit einem religiösen Zentrum die christliche Weihe zu geben. Denn der Bischof ließ umgehend eine Kapelle am Ort der göttlichen Erscheinung errichten, die Wallfahrer kamen und schworen auf die heilende Wirkung der Kiefernzapfen und des Wassers, das sich im Stamm des betagten und mächtigen Baums sammelte.

Die Wunder, von denen Wallfahrer von Zeit zu Zeit berichteten, machte Teror zum Lourdes von Gran Canaria. Der legendäre Baum fiel zwar schon im 17. Jh. einem Sturm zum Opfer, aber die Attraktion der wundertätigen Jungfrau blieb für viele Gläubige ungebrochen. Jedes Jahr am 8. September, dem Jahrestag der Erscheinung, pilgern Hunderte, auch von anderen Inseln, nach Teror. Etliche der Wallfahrer, zumeist in Bussen oder Autos angereist, rutschen die letzten Meter auf Knien zum Altar oder küssen sogar den Boden der Kirche. Alle acht Jahre zuletzt im Jahr 2000, findet die große *Bajada de la Virgen* statt, der ›Abstieg‹ der Jungfrau in einer langen Prozession hinunter nach Las Palmas. Heute wird die nur einen Meter große Marienstatue gefahren, früher auf dem Rücken von Gläubigen getragen. Entlang dieses Pilgerwegs entstanden viele kleine Kapellen, damit sich die Madonna ›ausruhen‹ konnte.

Die Fiesta de Nuestra Señora del Pino ist das wichtigste religiöse Fest der Insel. Wichtig nicht nur für die Frommen des Inselvolks. Auch für das Militär. Denn die Jungfrau ist nicht nur eine schlichte Heilige für Zivilisten. Sie steht im Rang eines Capitán General, befördert 1929 vom König Alfonso XIII. Dieser Karrieresprung macht es auch für die Mitglieder des Heers möglich, ihr standesgemäß zu salutieren. Zum Fest grüßt sie das Regiment mit Marschmusik.

rienfigur hinaufsteigen. In den Räumen des kleinen Museums sind die Votivgaben an die Jungfrau ausgestellt, von allerlei kostbaren Sachspenden bis zu einfachen Miniaturnachbildungen geheilter Gliedmaßen, daneben wertvoller Schmuck und Gewänder der Madonnenfigur. (So 11–14 Uhr und 16–18 Uhr, es ist geplant, das Museum auch Mo–Sa wieder zugänglich zu machen). Auch heute kann man hier noch Devotionalien mit Abbildungen der Jungfrau in vielen Variationen kaufen. Die Wohlhabenderen haben einst allerlei Kostbarkeiten gespendet, die Ärmeren einfache Nachbildungen geheilter Körperteile.

In der Nacht zum 16. Januar 1975 ereignete sich hier einer der spektakulärsten Kunstraube Spaniens. Die Räuber drangen dem Anschein nach durch das Dach ein und stahlen die Juwelen der reich geschmückten Jungfrau. Damals kam das Gute wahrlich nicht von oben.

Beim Verlassen der Kirche sieht man in einem Winkel rechts von der gegenüberliegenden Häuserfront die kleine malerische **Plaza Teresa de Bolívar,** die Teror mit einem Stück Weltgeschichte verknüpft. Teresa ehelichte den Venezolaner Simón Bolívar, den berühmtesten General und Helden des Befreiungskampfs Südamerikas gegen die spanische Kolonialherrschaft zu Beginn des 19. Jh. Einer ihrer Urgroßväter entstammte der hiesigen Adelsfamilie Del Toro. Eindrucksvoll sind die Steinfriese an Brunnen und Bänken. Am Brunnen an der Wand ist das in Stein gehauene Wappen der Familie Del Toro zu erkennen, mit einer Kiefer als Wahrzeichen von Teror. Im hinteren Teil des Platzes erinnert eine Büste an Simón Bolívar, die allerdings mit dem Befreier Südamerikas wenig Ähnlichkeit hat.

Das **Museo Patronos de la Virgen** am Kirchplatz zeigt kanarische Wohnkultur und Möbel, Kutschen, Waffen und Volkskunst aus vergangenen Jahrhunderten. Das im altkanarischen Baustil errichtete Gebäude war einst Sommerresidenz der reichen und vornehmen Familie De Lara y Bravo de Laguna, Patronatsherren der Virgen del Pino. Hier soll auch einst die Wiege des Urgroßvaters von Teresa de Bolívar gestanden haben. Man sollte auch die hinteren Räumlichkeiten des Museums und den schönen Patio nicht übersehen (tgl. 11–18.30 Uhr).

Der deutsche Künstler Georg Hedrich hat sein Atelier Nähe Kirchplatz, Ecke Calle Herrería (Mo–Sa 11–17 Uhr). Einige seiner Bilder finden sich im Museum. Der ›Maler von Teror‹, seit über 40 Jahren auf Gran Canaria, ist fast schon zur Legende geworden. Nach dem Museumsbesuch lohnt sich ein Gang vom Kirchplatz hinauf in die Stadt entlang der ehemaligen Calle General Franco, jetzt Calle Real mit ihren typischen kanarischen Balkonen.

🍴 Um die Plaza del Pino vor der Kirche bieten einige Bars Getränke und auch Tapas an, wie z. B. die **Bar Miguel,** die auch Sandwiches und Eintopf anbietet. Auch das hier abgefüllte Mineralwasser ›Fonte Agria‹, nach der Marke ›Firgas‹ das meist getrunkene Wasser der Insel, kann man probieren.

Mesón Los Parranderos: La Diputación 6, Tel. 928 63 02 94, tgl. 10–24 Uhr. Ty-

Klostergebäck und Bauernwürste

Auf dem Wochenmarkt von Teror werden nicht nur Bekleidung, Schmuck und Handwerksprodukte angeboten. Kerzen und Rosenkränze in bunten Farben für die Jungfrau von der Pinie sind erhältlich für alle Gläubigen. Aber auch die Auswahl an weltlichen Genüssen ist verlockend. Dafür sorgen sogar die Nonnen des hiesigen Zisterzienserklosters. Sie offerieren Anisbrötchen, Knoblauchbrot und Marzipangebäck, hergestellt in klösterlicher Ruhe. Deftig und pikant sind die *chorizos,* die Knoblauch- und Paprikawürste, die in langen Ketten vor den Ständen hängen, daneben die *morcillas,* die schmackhaften Blutwürste, eine Spezialität der Region um Teror.

pisch kanarische Küche, Menüs bereits unter 12 bis ca. 25 €.
San Matías: an der Straße nach Arucas, Tel. 928 63 07 65, tgl. 12–23 Uhr. Aussichtslokal mit Blick auf Teror von der Restaurantterrasse, kanarische und internationale Küche. Menüs 12–25 €.
Mirador (Balcón) de Zamora: an der serpentinenreichen Straße nach Valleseco, Tel. 928 61 80 42, Sa–Do 10–23 Uhr. Das traditionelle Ausflugslokal wird an Wochenenden von Einheimischen und an den übrigen Tagen von Bustouristen belagert, die kanarischen und internationalen Gerichte sind durchschnittlich, dafür entschädigen herrliche Ausblicke bis nach Las Palmas. Menüs 12–25 €.

Wochen- und Handwerksmarkt *(mercadillo municipal):* auf dem Kirchplatz und in den Seitenstraßen, an Sonn- und Feiertagen ca. 9–14 Uhr. Souvenirs werden auch täglich in den Läden am Kirchplatz verkauft.

Fiesta de la Virgen del Pino (s. auch S. 180): das größte religiöse Fest der Insel wird in vielen Gemeinden gefeiert, am prächtigsten aber in Teror. Am 8. September ist Hauptwallfahrtstag mit Prozession und nächtlichem Feuerwerk, der Tag davor ist für Touristen weit interessanter: großer Erntedankfest-Umzug nachmittags, Folkloreaufführungen, abends Tanz und Unterhaltung. Jährlich reisen ca. 100 000 Besucher an, eine frühe Anfahrt ist empfehlenswert. Die Veranstaltungen beginnen etwa eine Woche vorher und gehen noch bis weit in den September.

Bus: GLOBAL-Bus 216 verbindet mit Las Palmas, Bus 215 mit Arucas und 214 mit (Vega de) San Mateo.

San Mateo

Gran Canaria-Atlas: S. 234, B 3
Der volle Name des Orts Vega de San Mateo, zu Deutsch ›fruchtbare Ebene des Hl. Matthäus‹, ist auf der Insel ungebräuchlich. Einst gehörte San Mateo zu Santa Brígida, wurde aber 1824 durch königliches Dekret selbstständig. Die Glocke der Pfarrkirche war eine Spende von Auswanderern nach Kuba und wiegt 992 Pfund. Wasserreichtum, fruchtbare Böden und Bauernfleiß machten den Ort zu einem Zentrum von Obst-, Gemüseanbau und Viehzucht.

Das in einem rustikalen Haus mit schönen Patios untergebrachte **Museo Histórico La Cantonera** hat eine der umfangreichsten Sammlungen an bäuerlicher Volkskunst und alten landwirtschaftlichen Geräten auf den Kanarischen Inseln. Das ehemalige Museum mit Namen Cho Zacarias ist erheblich erweitert worden. Eine Bauernküche mit offener Feuerstelle wurde nachgebildet, ein schattiger Patio mit Brunnen und kleiner Bar ist entstanden, in der sonntags oft eine Folkloregruppe spielt. Am ersten Sonntag eines Monats kann man Kunsthandwerkern bei der Arbeit zuschauen (Avenida Tinamar 17, Mo–Sa 10–16, So 10–14 Uhr).

Die beiden **Markthallen** *(mercado,* ausgeschildert), eine für Textilien und Handwerk, die andere für Esswaren, in denen die Produkte preiswert vom Erzeuger angeboten werden, sind das Ziel vieler Besucher aus Las Palmas, Sa 8–20 Uhr und So 8–14 Uhr. Genau wie die Einheimischen sollte man sich von Käse, Wurst, Oliven etc. eine Kostprobe geben lassen, bevor man kauft.

 Landhotel La Cantonera: Avda. de Tinamar 17, Tel. 928 66 17 96, Fax 928 66 17 77. Einige Bauernhäuser sind für moderne Ansprüche restauriert worden, die rustikale Atmosphäre und die kanarische Architektur des 16. Jh. blieben erhalten. DZ 60–90 €.
Restaurant El Fogón, Museo und Landhotel La Casonera bilden eine Einheit.

 El Fogón de La Magua: Avda. de Tinamar 17, Tel. 928 66 17 95, tgl. 13–23 Uhr. In dem mit authentischen bäuerlichen Antiquitäten eingerichteten Restaurant wird sehr gute kanarische Küche serviert, als ehemaliges Restaurant Cho Zacarias inselweit bekannt, Reservierung an Wochenenden angeraten. Menüs über 25 €.

 Bus: GLOBAL-Bus 303 verbindet mit Santa Brígida und Las Palmas, Bus 305 mit Cruz de Tejeda, Bus 13 mit Valsequillo und Telde.

Valsequillo

Gran Canaria-Atlas: S. 234, C 4
Auf der Fahrt nach Valsequillo kommt man durch den Ort Tenteniguada, der altkanarische Name für ›Wasserreichtum‹. Genügend Wasser ist die Voraussetzung für das einst und jetzt im Frühjahr blühende Tal des Barranco de San Miguel mit reicher Vegetation.

Valsequillo selbst bietet keine Sehenswürdigkeiten, aber am ersten oder zweiten Februarwochenende – je nach Mandelblüte – wird es hier lebhaft, wenn das Mandelblütenfest, die Fiesta del Almendro en Flor, gefeiert wird. Dieses Fest zieht oft mehr Besucher an als das gleichnamige in Tejeda, da Valsequillo leichter von Süden, von Telde und Las Palmas zu erreichen ist. Meist findet es an dem Wochenende vor der *fiesta* in Tejeda statt. Palmwedel schmücken die Straßen, Blumenkäse und Kunsthandwerk werden angeboten, nach der Sonntagsmesse wird Paella aus übergroßen Pfannen angeboten und Folkloregruppen treten auf. Die Zufahrtsstraßen sind vollgeparkt und viele Familien picknicken am Straßenrand.

 Bus: GLOBAL-Linienbus 13 verbindet den Ort mit Telde und San Mateo.

Der Osten

Jardín Canario

Gran Canaria-Atlas S. 234/235, 238/239

ENTLANG DER HÖHENSTRAßE – VON JUAN GRANDE ZUM JARDÍN BOTÁNICO

Durch die Orte am Ostrand der Berge, teilweise der alten aber gut ausgebauten Höhenstraße folgend, führt die Route in die tiefe Schlucht von Guayadeque mit Höhlenwohnungen und -restaurants, zum Höhlenkomplex der Ureinwohner von Cuatro Puertas und zum Krater von Bandama, dem größten der Insel.

Juan Grande

Gran Canaria-Atlas: S. 239, D 3
Kommt man aus Richtung Playa del Inglés entlang der ortsverbindenden Schnellstraße, wählt man auf der Höhe des letzten Urlaubskomplexes der Costa Canaria, Bahía Felíz, die linke Spur, die unter der Autobahnzufahrt hindurchführt. Als erstes erreicht man das Dorf Juan Grande. Rechts an der Straße, leicht erkennbar an einer über 250 Jahre alten Kapelle, liegt das **Stammgut** jener Grafenfamilie **Del Castillo De la Vega Grande de Guadalupe,** die dem Ort den Namen gab und auf deren riesigen und noch vor ca. 30 Jahren spärlich mit Tomatenpflanzungen kultivierten Ländereien bis weit über Maspalomas hinaus die heutige Costa Canaria entstand (s. S. 26f.).

An der kleinen Kapelle und dem Platz mit den angrenzenden roten Ziegeldächern um einen kleinen Vorhof, überragt von mächtigen Palmen, fühlt man sich in vergangene Jahrhunderte zurückversetzt. Die Kapelle öffnet leider nur noch zu besonderen religiösen Anlässen des Orts.

 La Parranda: an der Durchgangsstraße ausgeschildert, Di–So 12–16 und 19.30–24 Uhr. Das große Restaurant in einem historischen Gebäude aus dem Jahre 1742 bietet gute kanarische Küche. Besonders gut sind die *papas con mojo.* Menüs um 15 €.

Bus: GLOBAL-Linienbusse 5 und 41 verbinden mit Faro Maspalomas.

Castillo del Romeral

Gran Canaria-Atlas: S. 239, D 3
Der Name der küstenwärts gelegenen Ortschaft Castillo (Festung) del Romeral soll auf den Bau eines festungsartigen Hauses zurückgehen, das Ende des 17. Jh. zum Schutz der damaligen Salzgewinnung errichtet wurde. Wohl vom Ortsnamen verleitet drucken viele Karten der Insel immer noch das Symbol einer Festung, die hier nie existierte.

Im südlichen Strandbereich liegen die meisten Boote der immer noch aktiven Fischergemeinde. Hier hat man häufig die Gelegenheit bei der Netzreparatur zuschauen zu können.

 Cofradía de Pescadores: Avda. de la Playa, Tel. 928 72 82 62, Fr–Mi 10–18, Sa 12–17 und 19–24 Uhr. Das Restaurant der Fischerbruderschaft serviert ganz frischen Fisch, erkennbar an der Bezeichnung *pescado fresco del día,* weiterhin *chocos,* besonders schmackhafte Tintenfische, und *pulpos,* kleine Kraken. Menüs bereits um 12 €.

Bus: GLOBAL-Linienbus 52 nach Playa del Inglés, Faro Maspalomas.

El Doctoral und Vecindario

Gran Canaria-Atlas: S. 239, D 2/3
Die Landstraße führt jenseits der Autobahn durch die lang gestreckten und zusammenhängenden Ortschaften El Doctoral und Vecindario, in denen rund 70 % der in den Tourismusbetrieben der Costa Canaria beschäftigten Arbeitnehmer wohnen. Die Zwillingsorte gehören zur Gemeinde Santa Lucía hoch oben in den Bergen und sind zu ihrem wirtschaftlichen Zentrum geworden, wobei sich besonders Vecindario zu einem Einkaufsparadies entwickelt hat. Wichtige Teile der Gemeindeverwaltung sind hierher ausgelagert.

Oficina de Información Turística: Avda. de Canarias (Durchgangsstraße), Plaza de la Era, Tel. 928 12 52 60.

Gran Hotel Vecindario Aeropuerto: nahe Einkaufszentrum Atlántico, Avda. del Atlántico, Tel. 902 17 21 82, Fax 928 79 15 49, hvaeropuerto@anjoca.com. Das neue und modern eingerichtete große Hotel mit 160 Zimmern ist vorallem auf Geschäftsreisende eingestellt. DZ über 90 €.
Hostal Residencia Casa Paco: Avda. de Canarias 278, Tel. 928 75 34 52, Fax 928 75 71 82. Die einfachere Unterkunft ist oft ausgebucht. Nicht alle Zimmer haben ein Bad. DZ unter 30 €.

Vecindario gilt als das ›Einkaufszentrum des Südostens‹ und ist stolz auf seine rund 2000 Läden. Die Durchgangsstraße Avda. de Canarias ist eine einzige lange Geschäftsstraße, die längste der Insel – bis über Cruce de Sardina hinaus, zu Fuß ca. eine Stunde ohne einzukaufen.

Altes Tor zum Grafengut in Juan Grande

Hinzu kommen die großen und inselweit bekannten preiswerten Einkaufszentren *(centros comerciales)*. Neben dem **Mercacentro** gilt das riesige Einkaufszentrum **Atlántico** als das größte der Kanaren mit allgemein günstigeren Preisen als in Playa del Inglés und Las Palmas (Mo–Fr 9–20 bzw. 22, Sa bis 14 Uhr).

Wochenmarkt: mittwochs am Mercacentro, ca. 8–14 Uhr.

Hipódromo de Gran Canaria: Pferderennen an jedem zweiten Sonntag in der Saison (Nov.–März) ab 12 Uhr. Zwischen El Doctoral und Sardina, Restaurant angeschlossen.

Bus: GLOBAL-Linienbusse 5 und 25 verbinden Vecindario (Cruce de Sardina) mit Faro Maspalomas.

Lomo de los Letreros

Gran Canaria-Atlas: S. 238, C 1/2
Der wegen Einritzungen der Ureinwohner Gran Canarias immer wieder genannte Felsen wird für die meisten Besucher sicherlich eine herbe Enttäuschung sein, da Generationen von Touristen sich an den Felswänden verewigt haben und die ursprünglichen Zeichen nur mit großer Mühe erraten werden können. Der zeitraubende Abstecher führt zumeist über eine Schotterpiste den Barranco de Balos hinauf, am besten fährt man die Strecke per Jeep, mit normalem PKW ist sie in vorsichtiger Fahrt aber auch zu bewältigen. Die meisten Karten lokalisieren den Felsen gar nicht oder zu weit nördlich. Von der Straßenkreuzung ›Cruce de Arinaga‹ 2 km hinter Vecindario fährt

man scharf links auf guter Strecke erst Richtung Corralillos, passiert die Parabolschüssel der Satelliten-Empfangsstation und biegt nach etwa 1 km links in einen Feldweg ein, der schließlich an einer Hausruine rechts hoch in den Barranco de Balos führt. Der längliche Basaltfelsen mit den Inschriften ist durch einen starken Eisenzaun geschützt. Man kann links an dem Felsen entlang bis zu einigen Hausruinen fahren. Dann klettert man am oberen Ende des Felsens hinab, um die Einritzungen zu erreichen.

Agüimes

Gran Canaria-Atlas: S. 239, D 1
Von der Straßenkreuzung ›Cruce de Arinaga‹ fährt man links hoch nach Agüimes, um die Höhenstraße zu erreichen, die von Santa Lucía kommend nach Telde führt. Agüimes war jahrhundertelang Bischofssitz mit einem riesigen Grundbesitz vom heutigen Flughafen bis nach Maspalomas, den der erste Bischof Juan de Frias von den spanischen Königen für seine finanzielle Unterstützung der Eroberung erhalten hatte. Die Unabhängigkeit des Bistums war so groß, dass viele Schuldner hierher flüchteten, um der Gerichtsbarkeit von Las Palmas zu entgehen. Der Ort besitzt einen anmutigen Altstadtkern, der selten von Touristen besucht wird – mit engen Gassen, schattiger Plaza mit alten Bäumen und Steinbänken und vor allem der mächtigen Pfarrkirche **San Sebastián,** die 1796 begonnen und erst 150 Jahre später vollendet wurde. Sie gilt als eines der besten Beispiele des neo-

klassizistischen Stils auf den Kanarischen Inseln und wurde zu einem Bauwerk von besonderer kunsthistorischer Bedeutung erklärt. Sie beherbergt ein Tabernakel von 1673 und einige Heiligenfiguren (unter anderem Santo Domingo und die Virgen de la Esperanza) von José Luján Pérez, dem bekanntesten Bildhauer der Insel. Das Verkehrsschild ›Casco (histórico)‹ führt zur Altstadt.

Hotel Rural Villa de Agüimes: Sol 3, Tel. 928 12 45 84. Dieses ›Landhotel‹ liegt mitten in der Altstadt unweit der Kirche in einem alten Herrenhaus aus dem 19. Jh. Das Gebäude wurde stilrecht restauriert, die Zimmer sind mit alten Möbeln ausgestattet und haben Holzdecken. Sportliche Aktivitäten wie Wandern, Reiten, Tauchen und Spanischlernen in einer Sprachschule (2 Wochen 230 €) werden angeboten. DZ 30–60 €.
Infos und Buchungen über Turismo Rural de Agüimes, Dr. Joaquín Artiles 1, Tel. 928 12 41 83, Fax 928 78 59 88, AguimesTR@club.idecnet.com
Im Rahmen des Ländlichen Tourismus der Stadt werden viele weitere Unterkünfte angeboten, meist in Altstadthäusern.

El Oroval: Progreso 12, Tel. 928 78 50 03, Di–Sa 13–16, 20–22 Uhr, So abends geschl. Kanarische Küche, besonders gute Käseplatte, empfehlenswert ist auch cherne a la plancha (Zackenbarsch) und der hauseigene flan (Karamelpudding). Menüs 12–25 €.
Mehrere Tapa-Bars liegen an der Plaza del Rosario vor der Kirche.

Wochenmärkte: Do in Agüimes und Fr in Cruce de Arinaga von 9–14 Uhr.

Carnaval: Februar. Ein Tag der Karnevalszeit ist dem Carnaval Antiguo gewidmet, dem Historischen Karneval mit typischen kanarischen Speisen.
Fiesta del Rosario: Anfang Oktober, die traditionellste Darbietung ist die Traída del Gofio y Agua, bei der aus nahe gelegenen Mühlen Speisen aus Gofio und Wasser in einem Musik- und Trachtenzug ins Stadtzentrum gebracht werden. Außerdem gibt es eine Blumenschlacht, einen Erntedankzug und eine Kunsthandwerksschau. Verkauf von Riesenkäse.

Parque de Cocodrilos: beim Weiler Los Corralillos, Tel. 928 78 47 25, So–Fr 10–17 Uhr, www.cocodrilopark.vrcanaries.com. Großes Gehege mit Krokodilen und anderen Reptilien, außerdem Lamas, Zebras, Leoparden, Affen und andere Zootiere. Krokodilfütterungen und Papageienshows. Privater Gratis-Pendelbus ab Faro Maspalomas über Playa del Inglés, stdl. 9–14 Uhr.

Bus: GLOBAL-Linienbus 41 von und nach mit Playa del Inglés/Maspalomas, Bus 35 fährt nach Telde, Ingenio und zu den Cuatro Puentas.

Temisas und Arinaga

Gran Canaria-Atlas: S. 238, C 1; S. 239, E 2
Zum Gemeindebezirk von Agüimes gehören auch das Bergdorf Temisas und der Küstenort Arinaga. Wegen seiner vielen typisch kanarischen Häuser ist Temisas mit einem Preis ausgezeichnet worden. In dem vom Touristen kaum besuchten Ort trifft man noch auf steinerne Wasserleitungen und typische alte Holzbalkone. Die kleine Kapelle San Miguel stammt aus dem 18. Jh. Rund um das Dorf wachsen Oli-

venhaine, die als die größten auf den Kanarischen Inseln gelten.

Der Küstenort Arinaga liegt ebenfalls abseits der Besucherströme. Von der Mole im letzten Abschnitt der attraktiven Promenade kann man oft den Fischern bei der Arbeit zusehen. Man plant, den Leuchtturm von Arinaga in ein Fischereimuseum zu verwandeln und die noch erhaltenen, jedoch völlig verwahrlosten Salinen von Arinaga sollen zum Naturpark werden. Augenblicklich ist beides noch nicht sehenswert.

Camping Temisas: Lomo de la Cruz, Tel. 928 79 81 49, ca. 5 km von Agüimes Richtung Santa Lucía, dann rechts ausgeschildert. Einfacher Platz mit Strom und Wasser. Die Besitzerin vermietet auch Zimmer.

La Farola: an der Hafenmole von Arinaga, Tel. 928 18 04 10, Di–Sa 13–23 Uhr, So nur mittags. Das bekannte Fischrestaurant wird gerühmt wegen seiner Langusten, Meerestiere können aus Bassins ausgewählt werden. Menüs ab 12 bis über 25 €.

Windsurfer schätzen die Arinagabucht als sehr gutes Flachwasserrevier in geschützter Lage mit geringer Gefahr abzutreiben.
D.J.L. Marine: C/Luis Velasco 39, Tel. 928 18 08 40. Scuba Diving und Schnorcheln.

Barranco de Guayadeque

Gran Canaria-Atlas: S. 238/239, C/D 1
Für den sehr lohnenden Abstecher in den Barranco de Guayadeque biegt man kurz vor der Ortsausfahrt Agüimes Richtung Ingenio links ab.

Dann erscheinen die ersten malerischen **Höhlenwohnungen von Cueva Bermeja** links in einer Steilwand der Schlucht, teilweise zugänglich durch Treppen. Die Bewohner sind an Touristen gewöhnt, da hier täglich mehrere Busse mit Besuchern Halt machen, um die Höhlen und die unten an der Straße gelegene Höhlenkapelle San Bartolomé Apóstol zu besichtigen. Das Tal ist besonders schön zur Zeit der Mandelblüte im Januar/Februar.

Wenige Meter weiter trifft man linker Hand auf das erste Höhlenrestaurant El Centro, an dessen spärlich beleuchteter Bar man einen Aperitif nehmen kann. Sehenswerter ist das Höhlenrestaurant Tagoror weiter oben im Tal am Ende der Teerstraße. Auch wenn man hier nicht essen will, sollte man hineinschauen. Hinter dem Lokal führt ein Weg weiter zu den Höhlenwohnungen im Bergfelsen und ganz hoch zu einer Kapelle auf der Spitze der Bergkuppe mit Blick ins Tal von Guayadeque.

Der gesamte Barranco de Guayadeque wurde zur ›Archäologischen Zone von kulturellem Interesse‹ deklariert, der oberste, gut zu erwandernde Teil jenseits des Tagoror ist wegen seiner vielen endemischen Pflanzenarten unter Naturschutz gestellt. Viele der über das ganze Tal verteilten und oft unzugänglich erscheinenden Höhlen sind schon von den Ureinwohnern genutzt worden, in den höher gelegenen wurden wahrscheinlich besonders Privilegierte beigesetzt. Einige der hier gefundenen Mumien werden im Museo Canario in Las Palmas ausgestellt.

STOCKKAMPF

Manch betagter Dorfbewohner auf Gran Canaria hütet ihn wie ein Heiligtum: den *garrote.* Gut gearbeitete Exemplare dieser mannshohen Stöcke wurden oft von den Vätern auf die Söhne vererbt. Auf Teneriffa nennt man den Stock *banot,* auf Fuerteventura *lata.* Mit ihnen waren die Hirten schneller als die Ziegen. Im wildzerklüfteten Terrain der Barrancos sparte ein Sprung mit der Stange Zeit und Kraft längerer Kletterpartien, um die Herde zusammenzuhalten und entsprungene Zicklein zurückzuholen. Konnte ein Streit in der Kneipe nicht mit Worten geschlichtet werden, griffen die sonst so friedfertigen Hirten schon mal zum *garrote,* um ihr Recht mit Muskelkraft und Geschicklichkeit zu erfechten – Mann gegen Mann.

Bei keinem Fest durfte der *juego de palo,* das ›Stockspiel‹, fehlen. Dieser sportliche Kampf bewies Kraft, Schnelligkeit, Wendigkeit und Reaktionsvermögen. Hatte der überlegene Kämpfer seinem Gegner genügend *chochufos* (Beulen) beigebracht und ihn mit einer *viaje* ›auf die Reise‹ geschickt und damit zu Boden gestreckt, rief man »*Gamá!*« (›es ist genug‹), der Kampf war entschieden. Neben dem Stockkampf wurde auch der Sprung mit dem Hirtenstab zum Wettkampf.

Das sportliche Fechten Mann gegen Mann hat offensichtlich seinen Ursprung in dem nicht ganz unblutigen Stockkampf der Urbewohner Gran Canarias. Der Italiener Leonardo Torriani, der im 16. Jh. die Insel besuchte, schildert den Kampf detailliert. Danach stellten sich die Kontrahenten auf Steinplatten am Rande eines erhöhten Kampfplatzes. Zuerst galt es, den Gegner durch drei gezielte Steinwürfe zu treffen, denen er nur durch Körperbewegungen ausweichen konnte, ohne die Füße von der Stelle zu rühren. Dann stiegen die Streithähne in die Arena und kämpften mit Stöcken und Steinen als ›Schlagringe‹ zwischen den Fingern weiter – mit dem Ziel, dem Herausforderer möglichst viele Wunden beizubringen. Ein Schrei des Unterlegenen beendete den Kampf und beide Streithähne erklärten sich zu Freunden. Heute wird nur noch das sportliche Kampfspiel mit dem Stock praktiziert.

Nicht jeder Baum oder Strauch eignet sich für den *juego de palo.* Aberglauben spielt offensichtlich eine entscheidende Rolle. Viele schwören auf gerade gewachsene Äste des Membrillo, des Quittenstrauches. Benutzt man die Äste der Kiefer, so wird das Kernholz der Wetterseite vorgezogen. Manch einer besteht darauf, dass der noch grüne Ast bei abnehmendem Mond einer Herbstnacht gefällt werden muss. Dann wird die Rinde entfernt und es erfolgt nach längerer Lagerung eine wiederholte Behandlung und Polierung mit dem Fett von Schwein oder Ziege oder auch mit Leinsamenöl, um eine maximale Flexibilität zu erreichen.

Heute besinnt man sich inselweit zunehmend auf den Stockkampf, den schon die Ureinwohner kannten, und zeigt ihn am Rande dörflicher Feste – als Bestandteil der immer stärker empfundenen kanarischen Identität. Schulen und Universitäten der Inseln haben ihn wiederbelebt und in ihre Sportangebote aufgenommen.

Nichts für Ungeduldige: Hohlsaum-Stickerei

Das kleine **Museo de Guayadeque** (Centro de Interpretación, Tel. 928 17 20 26, Di–So 10–18 Uhr, ausgeschildert an der Straße in die Guayadeque-Schlucht) zeigt die Entwicklung des *barranco* von der Zeit der Ureinwohner über die Kolonisation durch die Spanier bis heute. U. a. werden Werkzeuge und Mumienbündel in Höhlenbestattung ausgestellt. Die Laute der hier lebenden Tiere können per Knopfdruck abgerufen werden. Man erfährt die Bedeutung des Wortes Guayadeque: Ort des fließenden Wassers.

El Centro: Mitte des Tals auf der linken Seite, Tel. 928 17 21 45, tgl. 12–20 Uhr. In dem verwinkelten Höhlenrestaurant sitzt man an der Bar, in kleinen separaten Essnischen in Nebenhöhlen oder auf der kleinen Terrasse mit offenem Grill an der Straße. Spezialität sind Grillgerichte, an Wochenenden gut besucht. Menüs 12–25 €.

Tagoror: ganz oben im *barranco* am Ende der Stichstraße, Tel. 928 17 20 13, tgl. 10–24 Uhr. *Tagoror* nannten die Ureinwohner ihre Versammlungsplätze. Das eindrucksvolle Höhlenrestaurant ist nach Lage und Eigenart eins der interessantesten Lokale der Insel. Man sitzt in wabenartig aus dem Fels gehauenen großen Nischen und muss den Tisch meist mit anderen teilen. Durch Bustourismus ist es immer gut besucht. Abends gibt es ein Höhlenfest mit kanarischer Folklore. Die Speisekarte ist umfangreich und die kanarische Küche gut, Spanferkel ist eine Spezialität. Menüs 12–25 €.

Ingenio

Gran Canaria-Atlas: S. 239, D 1
Um Ingenio zu erreichen, fährt man entweder zurück nach Agüimes oder biegt vorher im unteren Ende des Barranco de Guayadeque links in eine schmale

Nebenstraße ab, die über die Flanke der unteren Schlucht führt und einen herrlichen Blick auf Agüimes und die Küstenzone bietet. Bei der Anfahrt über Agüimes trifft man, schon in der Ortschaft Ingenio, an einer Kreuzung auf die Nachbildung einer großen Zuckerrohrpresse, die an die Vergangenheit des Orts erinnern soll. Im 16. Jh. stand hier die größte Zuckerfabrik (span. *ingenio*) der Insel, gegründet von einem Portugiesen. Das Zuckerrohr wurde mechanisch ausgepresst und der Saft mit den Wassern des damals noch ganzjährig fließenden Bachs gesiedet. Die Arbeit leisteten vielfach schwarze Sklaven. Massenhaft produzierter und daher billigerer Zuckerimport aus den spanischen Kolonien in Amerika brachte die Produktion später zum Erliegen. Heute sind die Bewohner der Gemeinde zu einem großen Teil in den Tourismusbetrieben der Costa Canaria beschäftigt. Landwirtschaftlicher Schwerpunkt ist der Tomatenanbau. Trotzdem ist die Arbeitslosigkeit, wie in den meisten Orten der Insel, mit annähernd 30 % sehr hoch.

Bekannt ist der Ort heute durch seine Hohlsaum-Stickerei *(calados)*, für Touristen praktiziert, ausgestellt und zum Verkauf angeboten im **Museo de Piedras y Artesanía** im Ortsteil Las Mejías an der Ausfahrt nach Telde. An einer 3 x 2 m großen Tischdecke arbeiten drei Frauen oft bis zu drei Monaten. Die Sammlung von Steinen, span. *piedras,* fristet ein ungeordnetes Dasein in engen Glasschränken. Interessanter ist die mit religiösen Utensilien und Statuen vollgestopfte Kapelle, durch eine Tür bei der Bar und gleich links am Innen-

hof zu erreichen. In dem durch üppige Pflanzenpracht kühlen Patio wird man von Papageien mit einem kreischenden *hola* begrüßt. Hier und an der Außenseite des Gebäudes sind landwirtschaftliche Geräte ausgestellt (Mo–Sa 8–18.30 Uhr, So 8–14 Uhr Eintritt frei).

Am Gründonnerstag ist die Kirche des Museums Ausgangspunkt einer interessanten abendlichen Prozession. 13 Jungen, Christus mit seinen Jüngern darstellend, segnen und verteilen Brote in der Kapelle. Begleitet von den drei religiösen Bruderschaften des Blutes, des Schmerzes und des Heiligen Grabes, schwarz gekleideten Frauen mit *mantillas* und Jugendlichen mit Spitzkapuzen zieht später eine Prozession mit mehreren prächtigen Heiligenstatuen, den *pasos,* die Straße hinauf in den Ort. Keiner schultert allerdings mehr die schweren Statuen in christlicher Demut und im Schweiße seines Angesichts. Diese Arbeit leisten unter den Aufbauten verborgene PKW, dirigiert durch Handzeichen – allenfalls wird ein leichter *paso* auf Rädern geschoben. An der ersten Kreuzung im Ort hält der Zug an und die Blaskapelle verstummt für die allzu lange, durch Lautsprecher verstärkte Rede des Bürgermeisters. Viele der Schaulustigen an der Zufahrtsstraße bleiben wegen der oft kalten Passatböen in ihren Wagen sitzen; im Ort herrscht starkes Gedränge. Der Zug startet ca. 20.30 Uhr vom Museum.

Wer ein weiteres kunsthandwerkliches Heimatmuseum besuchen möchte, fährt Richtung Küste nach **Carrizal**. Etwas außerhalb des Orts, an der Landstraße nach Cruce de Arinaga noch im Ortsteil Las Rosas liegt das mit Fahnen geschmückte **Museum El Molino.** Zu sehen sind u. a. eine große Gofiomühle und religiöse Kunst in einer Wallfahrtkapelle (Mo–Sa 8–19 Uhr).

Das Angebot im **Museo de Piedras** an Decken aller Art ist groß, daneben auch Lederarbeiten und Töpferwaren. Auch das **Museo El Molino** hat Verkaufsräume für Handwerkskunst. Stickereihandarbeiten auch bei:
Artesanía Ingenio: León y Castillo 24, 1. Stock, **Juana Espino Romero:** Juliano Bonny Gómez 23, Tel. 928 78 11 40, **Casilda Romero Rodríguez:** Sebastiana Espino Sánchez 7, Tel. 928 78 12 31.

Fiesta de la Candelaria: Haupttag 2. Feb. u. a. mit Viehausstellung, Prozession, Käsewettbewerb und Folklore. Gleich anschließend wird die **Fiesta de San Blas** gefeiert und parallel dazu der örtliche Karneval. Der Februar ist der Festmonat von Ingenio.
Internationales Folklore-Festival: Ende Juli/Anfang August. Sehr sehenswertes Volksmusikfestival mit kanarischen, aber besonders ausländischen Ensembles aus aller Welt. Immer ist auch ein spanisches Fernsehteam anwesend. Kartenvorverkauf im Centro Cultural von Ingenio.

Bus: GLOBAL-Linienbus 41 fährt nach Playa del Inglés und Faro Maspalomas.

Cuatro Puertas

Gran Canaria-Atlas: S. 235, D 4
Auf halbem Wege von Ingenio nach Telde führt rechts eine Stichstraße durch eine Häuserzeile bis auf mittlere Höhe eines Bergs, unter dessen Spitze eine sehenswerte große Höhle der Ureinwohner mit vier sauber gearbeiteten Eingängen liegt, den Cuatro Puertas. Ihre Deutung als Versammlungs- und Kultort leuchtet ein, besonders im Zusammenhang mit den weiteren altkanarischen Überresten auf dem Berg, die man sich nicht entgehen lassen sollte.

Auf der Bergspitze über der Höhle ist in eine herausgearbeitete Plattform ein Halbkreis eingemeißelt, mit runder Vertiefung und schlangenartiger Rille. Möglicherweise wurden hier von den Ureinwohnern Flüssigkeitsopfer zelebriert. Nach einer weniger schlüssigen Deutung, handelt es sich um eine Art Sonnenuhr zur Bestimmung der günstigsten Jahreszeit zur Aussaat. Die gesamte Anlage wird als so genannter *almogaren,* als heiliger Berg, interpretiert.

Für manch einen noch interessanter als die große Höhle ist das umfangreiche Höhlensystem auf der anderen Seite des Bergs, zu erreichen entlang der Innenseite des Zauns bergwärts. Man erkennt anfangs nur wenige Höhlen, erst wenn man bis zu ihrem Ende in die Steilwand hineinklettert, erschließt sich ein äußerst eindrucksvolles, geräumiges und gut herausgearbeitetes Höhlenrund. Falls Altkanarier hier wohnten oder sich bei Gefahr hierher zurückzogen, waren sie gut geschützt vor dem oft kalten und stürmischen Nordostpassat und konnten Küstenbereich und Meer gut überwachen.

Bus: GLOBAL-Linienbus 36 nach Telde, Playa del Inglés (Parque Tropical) und Faro Maspalomas. Linie 35 verbindet die Cuatro Puertas mit Telde, Agüimes und Ingenio.

Telde

Gran Canaria-Atlas: S. 235, D 3/4
Die zweitgrößte Stadt der Insel mit
einem kolonialen Kirchplatz und der
idyllischen Altstadt erreicht man auf der
Höhenstraße von Süden. Man muss
erst durch den Stadtteil San Gregorio
fahren, um zum historischen Altstadt-
bereich *(Centro histórico-artístico)* in
den nördlichen Stadtteilen San Juan
und San Francisco zu gelangen. Die
Plaza de San Juan Bautista mit der
namengebenden Pfarrkirche und den
stilgerecht restaurierten Häusern gehört
zu den schönsten der Insel.

Aus der frühesten Bauphase der Kirche San Juan Bautista ist noch das
Hauptportal aus dem 16. Jh. erhalten.
Darüber thront der Schutzheilige, Johannes der Täufer. Die beiden Türme
sind jüngeren Datums (tgl. 9–12 u. 17–
20, So 7–11 Uhr).

Im Kircheninnern sind zwei interessante religiöse Kunstwerke zu besichtigen. Vom barock geschnitzten Altaraufsatz des lokalen Künstlers Antonio Al-
meida fast erdrückt, zeigt ein fein
ziseliertes Retabel sechs Szenen aus
dem Leben Marias. Von links nach
rechts: Heimsuchung Marias, Geburt
des Christuskindes, seine Beschnei-
dung, Hochzeit mit Joseph, Verkündi-
gung durch den Erzengel Gabriel im
Antlitz Gottes, Anbetung der Heiligen
Drei Könige. Aufgrund der realistischen
Details aus mittelalterlich-flämischen
Leben, übertragen auf die Zeit um
Christi Geburt, wurde das Retabel der
Brüsseler Schule zugeordnet. Einer der
ersten spanischen Eroberer, auch Stifts-
herr des ersten Kirchenbaus, soll es aus
dem Erlös des nach Flandern gehenden
Zuckerexports gestiftet haben.

Ebenso einmalig auf Gran Canaria
wie dieses Retabel ist die Christusfigur
des Hochaltars, der Cristo de Telde.
Die lebensgroße Figur soll nur 7 kg wie-
gen und aus Mexiko stammen. Das für
Prozessionen vorteilhafte Leichtge-
wicht konnte durch eine besondere
Technik der dortigen Tarasco-Indianer
erzielt werden. Nur Kopf, Hände und
Füße wurden aus Holz geschnitzt, Körper und Gliedmaßen formten sie aus
einer Mischung von Maiskolbenmark
und Kautschuk, genannt *titsingueri*.
Dieser so leichte Heiland soll einst bei
einer Prozession an einer Straßenecke
so bleischwer geworden sein, dass
man später diese Stelle mied. Angeblich hält sich auch der Glaube, die Farbe der Haut könne sich aufgrund des
besonderen Materials ändern.

Von der Straße am Kirchplatz gelangt man durch eine Gasse in ein kleines Tal und dann rechts hinauf zur **Plaza de San Francisco,** einem noch sehr
ursprünglichen, ruhigen Altstadtwinkel
im über 400 Jahre alten Stadtteil Barrio
de San Francisco. Die kleinen Handwerker, die hier wohnten, teilten sich
anfangs das Viertel mit jüdischen Krä-
mern und moslemischen Mauren, die
im 16. Jh. von der Inquisition vertrieben
wurden. Franziskanermönche bauten
im 17. Jh. Kloster und Kapelle San
Francisco, seelsorgerisches und kultu-
relles Zentrum des Bettelordens, da in
diesem Viertel die ärmere Bevölkerung
lebte, während das reichere Bürgertum
die Plaza Bautista bevorzugte.

Das **Museum León y Castillo** an der
Straße gleichen Namens Nr. 43, rund

WASSER – KOSTBARES ›BLUT DER ERDE‹

Das imposante Gebäude der Wasserbörse von Arucas symbolisiert die Bedeutung der kostbaren nassen Ware für Gran Canaria. Hier richteten sich die Preise unter dem ehernen Gesetz von Angebot und Nachfrage ausnahmsweise mal auch nach dem Wetter. Lange Trockenperioden, von den sonnenhungrigen Touristen begrüßt, bedeuten für die Bauern Dürre und oft kostspieligen Zukauf für ihre durstenden Felder.

Vom verknappten Angebot oder steigender Nachfrage profitieren die Herren des Wassers, in deren Besitz Talsperren und Quellen sind: Sie fordern höhere Preise für die ›Wasserstunde‹. Der kluge Bauer baut da vor und kauft das kostbare Nass im Voraus. Das kommt ihn billiger. Wenn es dann ausreichend regnet, hat er Pech gehabt. Oder er verkauft es an einen Meistbietenden weiter. Die kleineren Bauern gehen nicht ›an die Börse‹, sie handeln ihre Wasseranteile in den Dorfkneipen aus.

Wie alle Kanarischen Inseln leidet Gran Canaria an chronischer Wasserknappheit. Mit rund 370 l/m² fällt nur etwas mehr Regen im Jahresdurchschnitt als in den Wüstenrandgebieten der Erde. Wasserspeichernde Kiefernwälder, deren dichte Nadeln die Nässe aus den Wolken kämmen, sind auf Restbestände geschrumpft.

Um *la sangre de la tierra,* das ›Blut der Erde‹, zu sammeln und zu verteilen, haben viele Generationen von Insulanern im Laufe der Jahrhunderte unzählige Auffangbecken gemauert. Diese *estanques* werden von den Landleuten auch ›Mütter des Wassers‹ genannt. Zu den wasserführenden Schichten oft tief im Berginnern wurden Tunnel getrieben, von denen der längste auf Gran Canaria 4 km misst. Um eine gleichmäßige Versorgung während des Jahrs zu gewährleisten, hat man eine Fülle von Stauseen, *presas* oder *embalses,* angelegt, die größten im durstigen Süden: die Presas de las Niñas, Soria und Chira.

Kanäle, gegen die Verdunstung meist übermauert, führen oft in schwindelerregender Höhe entlang der steilen Flanken der *barrancos* das Bergwasser talwärts zu Sammelbehältern. Über kleinere Zuleitungen dürfen die Bauern nach einem vorher fixierten Zeitschema stundenweise und nur an bestimmten Tagen Wasser entnehmen. Dieses *dula* genannte System wird mitunter noch in den *tiendas* der Dörfer bei Bier und Wein ausgehandelt. Ein altes Maß ist die *azada de agua,* wörtlich ›eine Hacke Wasser‹.

Um dem Wasserbedarf in der Landwirtschaft Genüge zu tun, wurden auch über 200 Brunnen gegraben, von denen einige in höheren Lagen inzwischen 200 m tief sind. Da der Grundwasserspiegel in erschreckendem Maße fällt, wird immer tiefer gebohrt, inzwischen bis unter den Meeresspiegel. Besonders in Küstennähe wird nur noch salziges Wasser gefördert, das zusätzlich gereinigt werden muss.

Zur Behebung des Wassermangels gab es sogar schon den Vorschlag, das kostbare Nass auf Tankschiffen heranzuschaffen (wie etwa auf der Balearen-Insel Mallorca bereits geschehen). Inzwischen setzt man zur Versorgung der Haushalte zunehmend auf Meerwasserentsalzungsanlagen. Für diese ›Rettung aus dem Meer‹ muss jedoch teures, raffiniertes Erdöl eingekauft werden. Auch der Urlauber, der eine erfrischende Dusche nimmt oder in den randvoll gefüllten Hotelpool springt, wird mit entsalztem Meerwasser versorgt. Wer hier im Urlaub seinen Kaffee selbst aufgießt, sollte allerdings wie die Einheimischen das Wasser nicht aus der Leitung nehmen, sondern Mineralwässer aus einer der vielen guten Quellen Gran Canarias verwenden.

Der größte Stausee der Insel: Embalse de Soria

fünf Gehminuten von der Plaza San Juan Bautista, ist den Brüdern Fernando und Juan León y Castillo gewidmet. Als Minister in Madrid ermöglichte und projektierte Fernando den Hafen von Las Palmas Ende des 19. Jh. Sein Bruder Juan führte als Ingenieur die Pläne aus. Neben Andenken an die Brüder und Möbeln aus jener Zeit werden Bilder und Pläne von Las Palmas und dem Hafen gezeigt (Mo–Fr 9–14 Uhr und Sa 10–13 Uhr, Eintritt frei).

Centro Municipal de Turismo: León y Castillo 2, Mo–Fr 8–15 Uhr, Tel./Fax 928 68 13 36. Infos auch in Deutsch. Kunsthandwerk ist ausgestellt und kann erworben werden.

Hotel Bahía Mar: Playa de La Garita, einige Kilometer von Telde Richtung Küste, Tel. 928 13 08 08, Fax 928 13 19 60. Das einzige größere Hotel im Umkreis bietet komfortable Zimmer, meist mit Balkon oder Terrasse. Swimmingpool, Sonnenterrasse, Squash, Restaurant. DZ 60–90 €.

In Telde gibt es an der zentralen Plaza San Juan einige Esslokale, die Tapas und kleine Gerichte servieren. Die Einwohner von Telde fahren an die nahe Küste, um zünftig zu speisen. Wer einmal beim Essen ganz unter Einheimischen sein will, fährt hinunter an die Playa La Garita, Playa de Melenara oder Playa del Hombre. Hier gibt es viele Fischrestaurants, eingestellt auf Wochenendausflügler aus Las Palmas.
La Pardilla: Raimundo Lulio 54, Stadtteil La Pardilla, Tel. 928 69 51 02, tgl. 9–1 Uhr. Der Koch bereitet kanarische und internationale Gerichte, Spezialitäten sind Fleisch vom Grill und frischer Fisch. Menüs 12–25 €.

Casa Perico: Luis Morote 9, Playa de Melenara, Tel. 928 13 30 13, Do–Di 13–24 Uhr. Bei Einheimischen geschätztes Restaurant, auf frische Fischgerichte und Meeresfrüchte spezialisiert, besonders gut tagfrischer Fisch, *pescado del día,* außerdem Fisch vom Grill und typisch kanarische Speisen wie *gofio escalado* und *papas arrugadas* mit würziger Mojo-Sauce. Menüs 12–25 €.

Carnaval: Februar, nach Las Palmas gilt der Karneval von Telde als sehenswert, der Termin im Februar mit einem bestimmten Motto wird jedes Jahr neu festgelegt. Hauptveranstaltungen finden auf der Plaza San Juan Bautista statt.
Fiesta San Juan Bautista: um den 24. Juni, u. a. Erntedankzug, *romería,* mit geschmückten Festwagen, Folklore, Theater, Kunsthandwerk, Viehausstellung, Veranstaltungen meist auf der Plaza San Juan Bautista.
Fiesta del Carmen: meist zweite Augustwoche, Ortsteil Lomo Magullo, traditioneller Höhepunkt ist die *traída del agua* (Überbringung des Wassers), Wasser aus Bächen wird in den Ort gebracht und *Fiesta*-Besucher damit besprizt. Vielleicht ist ein Ritual der Ureinwohner, um Regen zu beschwören, der Ursprung.
Fiesta San Gregorio Taumaturgo: zweite Novemberhälfte, Stadtteil San Gregorio, Fest des heiligen Wundertäters *(taumaturgo),* Volksmusik, Ausstellungen von Kunsthandwerk und Viehumzug mit Preisverleih.

El Cortijo Golf Center: an der Autopista Sur (GC-1), km 6,4, Tel. 928 68 48 90, Fax 928 69 71 50, tgl. 8–24 Uhr. Erster 18-Loch Golfplatz der Insel mit Beleuchtung, außerdem Minigolf, überwachter Kinderspielplatz, Golfshop, Schlägerausleihe, Restaurant.
El Cortijo Club de Campo: Abfahrt Autopista del sur Km 6.4, Tel. 928 71 11 11,

Fax 928 71 49 05. Der palmenbestandene 18-Loch-Golfplatz verfügt über sechs Seen und gilt als abwechslungreiches und oft schwieriges Areal, auf dem schon internationale Wettkämpfe ausgetragen wurden. Service: Driving Range, Golfcars, Schlägerausleihe, Proshop, Restaurant und Cafetería.

Bus: Expressbus 90 verbindet mit Playa del Inglés/Maspalomas, sonst Bus 36, der auch Cuatro Puertas bedient, Bus 35 verbindet mit Agüimes, Ingenio und Cuatro Puertas, Expressbus 80 nach Las Palmas. Alle Busse halten am Busbahnhof von Telde *(estación de guaguas)*, von dem aus man nach rund 15 Min. Fußmarsch die Plaza Bautista erreicht.

Zum Krater von Bandama

Um von Telde aus den Krater von Bandama zu erreichen, folgt man zuerst der Straße Richtung Jinámar und Marzagán und achtet dann, noch im Ortsbereich Telde, auf die Hinweisschilder ›Los Caserones‹ und ›Santa Brígida‹. Die Nebenstrecke folgt anfangs dem Tal von San Roque, bekannt für seine Quellen und ein Mineralwasser gleichen Namens, führt dann durch den Barranco de las Goteras und erreicht schließlich Atalaya, einen Ortsteil von Santa Brígida.

Atalaya

Gran Canaria-Atlas: S. 234, C 3
Der Ort ist bekannt für seine Höhlenwohnungen – durch Vorbauten als solche aber nicht mehr erkennbar. Er gilt

auch – neben Hoya de Pineda nahe Gáldar und Los Lugarejos bei Artenara– als Zentrum des Töpfereihandwerks. Allerdings sind nur noch wenige Werkstätten in Betrieb, die zudem kaum mehr nach alter kanarischer Tradition produzieren: von Hand, ohne Töpferscheibe und Brennen über offenem Feuer. Nachdem die letzten Meister des Handwerks, Panchito und Antonita la Rubia, gestorben waren, drohte das Ende der Töpferei. Mit Unterstützung der Gemeinde entstand ein Töpfereizentrum: **Centro Locero La Atalaya,** Camino La Picota 11. Besucher können den Handwerkern bei der Arbeit zusehen, Produkte kaufen und sich in einem kleinen Töpferei-Museum informieren. In unmittelbarer Nähe, La Picota 13, wurde das **Ecomuseo Panchito** eingerichtet. In seiner Höhlenwerkstatt wirkte der Töpfer Panchito mehrerer Jahrzehnte und schuf eine eigene Töpferschule. Seine Gerätschaften und Werke sind hier zu sehen.

Traditionelle Keramik kann man im **Centro Locero La Atalaya** erstehen. Auch der noch junge Töpfer **Gustavo A. Rivero Vega:** El Lomito 5, Tel. 928 64 22 71, Preise von ca. 3 bis 300 €, verkauft seine Werke.

Bus: GLOBAL-Linienbus 311 verbindet den Ort mit Las Palmas und Santa Brígida.

Caldera de Bandama

Gran Canaria-Atlas: S. 234/235, C/D 3
Von La Atalaya aus erreicht man die Caldera de Bandama in wenigen Mi-

nuten, vorbei an dem ältesten Golfplatz Spaniens mit Hotel und Restaurant (Stichstraße dorthin). Er wurde 1891 von einem Engländer gegründet. Der Krater von Bandama ist rund 200 m tief und wird auf seiner Kratersohle noch teilweise bewirtschaftet, doch der einst mit seiner Familie ansässige Bauer lebt nicht mehr hier – die Wohngebäude sind verlassen.

Von dem 570 m hohen Vulkankegel des Pico de Bandama (mit kleinem Café) bietet sich ein grandioser Rundblick auf die Umgebung bis hinunter nach Las Palmas. Die Bezeichnung Bandama geht auf den Namen Van Damme zurück, einst Besitzer der umliegenden Ländereien, auf denen er den Malvasía-Wein anbaute.

Hotel Golf Bandama: unweit der Caldera de Bandama, Tel. 928 35 33 54, Fax 928 35 12 90, bandama@golfhotel.com. 26 DZ meist mit Balkonen sind rund um den Pool angeordnet, außer Golf werden Tennis und Reiten angeboten, Sauna, Solarium. Im angeschlossenen Restaurant serviert man kanarische und internationale Küche. Der Weinkeller ist berühmt – hier lagern 30 000 Flaschen Rioja-Wein. DZ um 150 € in der Hochsaison Okt.–April, Golfgebühren inbegriffen.

Real Club de Golf de Las Palmas: Tel. 928 35 01 04, Fax 928 35 01 10. Der ›Königliche Golfclub‹ wurde 1891 eingeweiht und ist damit der älteste Spaniens. Der abwechselungsreich begrünte und gestaltete 18-Loch-Platz am Bandama-Krater verfügt über zwei Putting Green (eins mit Beleuchtung), einen Tee zum Üben, Pitching Green und Golfshop mit Schlägerausleihe. Gutes Restaurant im angegliederten Golfhotel.

Santa Brígida

Gran Canaria-Atlas: S. 234, C 3
Santa Brígida war schon Ende des 19. Jh. bei englischen Urlaubern wegen seines Heilklimas auf 500 m Höhe beliebt und wurde sozusagen zum ersten Touristenzentrum der Insel. Viele wohlhabende Briten ließen sich hier nieder und errichteten schöne Villen. Heute ist insbesondere die Gegend zwischen diesem Ort, den man auch die ›Blumenstadt‹ nennt, und Tafira Alta bevorzugtes Wohngebiet der Reichen und Wohlhabenden. Im Bereich des Ortsteils Monte Lentiscal bei Tafira Alta war einst das Zentrum des Weinanbaus, daher auch der Name des hiesigen Weins ›Vino del Monte‹, der allerdings heute nur noch in einer Handvoll Bodegas gekeltert wird.

Satautey im Hotel Santa Brígida: Tel. 928 35 53 14, tgl. 14–16, 19–24 Uhr. Küche und Bedienung sind exzellent, da die Hotelfachschule (Hotel Escuela) von Gran Canaria angeschlossen ist, kanarische Küche, teilweise kreativ verfeinert. Es gibt ab und zu *semanas gastronómicas,* kulinarische Wochen meist mit Schwerpunkt auf einer bestimmten regional-spanischen Küche. Menüs über 25 €.

Grutas de Artiles: Carretera a Las Meleguinas, Tel. 928 64 05 75, tgl. 11–24 Uhr. Man speist teilweise in Lavagrotten, Spezialitäten sind u. a. *puchero canario a las siete carnes,* kanarischer Eintopf mit sieben Fleischsorten, und *salmón con aguacate,* Lachs mit Avocadosauce. Menüs 12–25 €.

Wochenmarkt: So 8–14 Uhr.

Viel Grün und ein angenehmes Klima: in Santa Brígida lässt's sich gut leben.

Fiesta de San Antonio de Padua: Mitte Juni u. a. mit Garten- und Tierschau, Blumenschlacht, Prozession, Pferderennen, Kunsthandwerksmesse, Musikdarbietungen.

Bus: GLOBAL-Linienbus 301, 303, 305 und 311 verbinden Santa Brígida mit Las Palmas, Bus 311 fährt auch über La Atalaya.

Jardín Canario

Gran Canaria-Atlas: S. 234, C 2
Falls im Rahmen dieses Ausflugs noch Zeit bleibt, sollten Pflanzenfreunde den Jardín Canario, den wichtigsten botanischen Garten der Insel, bei Tafira Alta besuchen (Jardín Botánico Viera y Clavijo, tgl. 10–18 Uhr, Eintritt frei). Der 1952 gegründete weitläufige Garten hat eine grandiose Kakteen- und Sukku-

lentensammlung im unteren Teil des Barranco de Guiniguada, in dem sich auch die meisten Baumarten befinden. Der Garten zieht sich den Steilhang des *barranco* hinauf. Hier gedeihen viele Pflanzenarten, die sonst nur im felsigen Inseolinnern anzutreffen sind. Zick-Zack-Wege und Treppen führen hinauf. Mehrere hundert Pflanzenarten dieses wohl größten botanischen Gartens Spaniens wachsen nur auf den Kanaren.

Den unteren Eingang erreicht man über eine Nebenstraße Richtung Dragonal, den oberen Eingang von der Durchgangsstraße Tafira Alta.

Restaurant Jardín Botánico: im oberen Teil des Gartens, tgl. 11–16 und 20–23 Uhr. Das Restaurant bietet kanarische und internationale Küche, hier kann man auch den ›Vino del Monte‹ probieren, der nur noch in wenigen Lagen der Umgebung angebaut wird. Menüs 12–25 €.

REISEINFOS VON A BIS Z

Alle wichtigen Infor-
mationen rund ums
Reisen auf einen Blick
– von A wie Anreise bis
Z wie Zeitungen

Extra: Ein Sprachführer
mit Hinweisen zur
Aussprache, wichtigen
Redewendungen, einem
Überblick über die
kanarische Speisekarte
und Zahlen

REISEINFOS VON A BIS Z

Anreise

... mit dem Flugzeug

Die weitaus meisten Gran Canaria-Urlauber buchen eine Pauschalreise, also **Charterflug,** Transfer, Unterkunft, (Teil-)Verpflegung und Reisebetreuung im Paket. Diese preislich günstige Variante ist bei sehr sorgfältiger Auswahl der Unterkunft die beste Alternative. Wer Unterkünfte vor Ort selbst suchen möchte, sollte sicherheitshalber ein oder zwei Anfangsnächte im Voraus buchen. Zusammen mit einem Charterflug firmiert dies meist unter dem Begriff **Campingflug.**

Die Hochsaison-Zeiten sind Weihnachts- und Osterferien in den deutschsprachigen Ländern und die Sommerferien von ca. Mitte Juni bis Mitte September, wenn auch die meisten Festlandspanier reisen. Außerhalb dieser Zeiten ist es meist preiswerter, besonders im Februar und Mai. **Last-Minute**-Reisende finden die meisten Angebote per Internet unter www.ltur.de. L'TUR vermittelt die Angebote von über 100 Veranstaltern. In der Nebensaison kann man Schnäppchen machen.

Unter den **Linienflügen** sind die ›Super (Mega) flieg & spar‹-Tarife, aber auch die Jugendtarife- und Partnertarife interessant, die insbesondere von der spanischen Fluggesellschaft Iberia angeboten werden. Bei Linienflügen der Iberia muss man allerdings in der Regel auf dem spanischen Festland umsteigen bzw. zwischenlanden. Die Flugzeit beträgt 4–5 Stunden.

Sondergepäck wie Fahrräder, Surfbretter oder Tauchausrüstung muss rechtzeitig angemeldet werden und unterliegt besonderen Transportvorschriften, über die das Reisebüro bzw. der Reiseveranstalter informieren. Alle diese Dinge können Sie auf Gran Canaria auch vor Ort mieten.

Pauschaltouristen werden bei Ankunft am Flughafen Gando von der Reisebetreuung abgeholt und brauchen sich um nichts zu kümmern. Individualurlauber haben es etwas schwerer, da die Insel nicht auf sie eingestellt ist. Direkte Linienbusverbindungen gibt es vom Flughafen nur mit Las Palmas und Playa del Inglés/Maspalomas. Alle halbe Stunde ab 6.30 Uhr fährt der GLOBAL-Linienbus 60 nach Las Palmas zum dortigen Busbahnhof (ca. 2 €). Mit dem Linienbus 66 kommt man ab 7.15 Uhr stündlich nach Playa del Inglés/Maspalomas (ca. 2,50 €). Am besten fährt man bis Parque Tropical oder Faro Maspalomas und weiter per Taxi zur Unterkunft. Ein Taxi nach Las Palmas bzw. Playa del Inglés kostet ca. 20 bzw. 25 €, nach Puerto Rico ca. 35 € und nach Puerto de Mogán um 50 €. Mehrere Verleihfirmen bieten Mietwagen ab Flughafen an. Wer einen Wagen bei einer internationalen Firma vor Reiseantritt gebucht hat, findet die Vertretung ebenfalls in der Halle.

Es gibt eine Información de Turismo an der Ankunftshalle, ihre Informationskapazität ist aber begrenzt und Unterkunftsvermittlung ist nicht möglich.

... mit dem Schiff

Wer einen längeren Urlaub auf Gran Canaria plant, wird möglicherweise mit eigenem Wagen und viel Gepäck anreisen wollen. Eine Verbindung zu den

Kanarischen Inseln unterhält ›Trasmediterránea‹ vom südspanischen Hafen Cádiz aus. Die Anfahrt bis Cádiz muss mit ca. zwei Tagen veranschlagt werden.

Die Überfahrt (über Teneriffa) dauert weitere zwei Tage.

Fähr-Zeiten: www.trasmediterranea.es
Nähere Informationen über
deutsche Reisebüros (DER) oder
Tel. 069/95 88 58 00,
Fax 069/95 88 58 22,
ocean24@dertour.de

Apotheken

Die Apotheken *(farmacias)* öffnen in der Regel Mo–Fr von 9–13 und 16–20 Uhr, Sa 9–13 Uhr. Medikamente sind oft weit billiger als daheim. Bei gängigen Arzneimitteln lohnt es sich daher, einen Vorrat mit nach Hause zu nehmen. Von Medikamente, die man regelmäßig einnimmt, sollte man im Verlustfall den Beipackzettel vorzeigen können, damit das entsprechende spanische Medikament aufgrund des Wirkstoffs bestimmt werden kann. Der Nacht- und Bereitschaftsdienst wird wie bei uns an den Eingängen der Apotheken angezeigt.

Ärztliche Versorgung

Gesetzlich Versicherte besorgen sich vor Abreise den internationalen Anspruchsausweis E 111, mit dem sie sich auf Gran Canaria an ein örtliches Centro de Salud wenden, ansässig in Las Palmas, Maspalomas und Arguineguín. Fachärzte werden dann zugewiesen, sprechen aber meist kein

Deutsch. Halten gesetzlich Versicherte diesen Weg nicht ein, müssen die Behandlungskosten bar bezahlt werden. Zu Hause werden sie möglicherweise von der Kasse ersetzt, aber nur zu den heimatlichen Tarifen. Voraussetzung ist eine genau spezifizierte Rechnung. Vor der Abreise erkundige man sich bei der zuständigen Kasse.

Falls man gleich einen deutschen Arzt seiner Wahl konsultieren und evtl. auch noch Risiken wie Krankenhausaufenthalt und Rücktransport abdecken möchte, ist eine Reisekrankenversicherung empfehlenswert. Genaue Leistungs- und Medikationsbelege sind auch hier für die Rückerstattung nötig.

Die Urlaubszentren des Südens verfügen über genügend deutsche Ärzte und Kliniken mit internationalem Standard und deutschsprachigem Personal. Gute Spezialkliniken befinden sich in Las Palmas.
S. auch unter Gesundheitsvorsorge.

Autofahren

Wenn nicht gesondert geregelt, gilt in Ortschaften 50 km/h, auf Landstraßen 90 km/h, auf der Autobahn 120 km/h Höchstgeschwindigkeit. Es besteht Anschnallpflicht und die Promillegrenze liegt bei 0,5.

Vor unübersichtlichen Kurven auf engen Bergstraßen hupen (bei Dunkelheit Lichthupe) und auf Hupzeichen aus der Gegenrichtung achten. Einheimische hupen oft vor dem Überholen auf Landstraßen und betätigen bei Dunkelheit die Lichthupe zusätzlich zum Blinker. Da sie meist schneller fahren als Touristen, sollte man ihnen das zügige Überholen erleichtern. Linksabbiegen ist oft durch eine Abbiegeschleife zwingend geregelt. Auch Handzeichen werden von Ortsansässigen oft eingesetzt. Telefonieren ohne Freisprechanlage ist untersagt. Privates Abschleppen ist verboten. Im Bergland besteht besonders nach Regenfällen erhöhte Steinschlaggefahr. Weiße Vorfahrt-Gewähren-Dreiecke sind auf die Straßendecke gemalt, diesbezügliche Schilder gibt es nicht. Ein gelb angestrichener Bordstein bedeutet Parkverbot (Abschleppgefahr), die Farbe Blau signalisiert Parken mit Parkschein. Falschparken bringt Ärger und wird teuer: Der Wagen wird abgeschleppt und das Bußgeld liegt bei ca. 40 €.

Behinderte auf Reisen

Immer mehr Hotels und Restaurants auf Gran Canaria stellen sich auf gehbehinderte Gäste ein. Auch die grancanarische Busgesellschaft GLOBAL verfügt über Kleinbusse mit Vorrichtungen für Rollstühle.

Allgemeine Basisinfos erhält man über die
BAG für Behinderte und ihre Freunde,
Eupener Str. 5,
55131 Mainz,
Tel. 061 31/22 55 14,
Fax 061 31/23 88 34,
Tipps zur Reisevorbereitung und z. B. die Broschüre ›Happy Holiday mit Handicap‹.

Grabo-Tours,
Tel. 063 86/77 44,
Fax 063 86/77 17,

www.grabo-tours.de,
wirbt mit Gran Canaria im Programm mit Schwerpunkt behindertengerechte Hotels, die auch vor Ort getestet wurden.

Über Reisebüros erhält man u. a. die TUI Broschüren ›Urlaubsinformationen für Behinderte‹ in Anbindung an die jeweiligen Kataloge.

Beschwerden

Pauschalreisende, die offensichtliche Mängel an der versprochenen Durchführung ihres Aufenthalts feststellen und das nicht hinnehmen möchten, müssen sich zuerst an die Reisebetreuung wenden, die nach ihren Möglichkeiten umgehend Abhilfe schaffen sollte. Andernfalls machen Sie genaue Notizen oder gar Fotos und suchen Sie sich Zeugen für einen späteren Regressanspruch.

Hotels, Restaurants, Taxifahrer und alle, die einen Service im Bereich Tourismus bieten, müssen über Beschwerdebücher bzw. -blätter verfügen *(libro bzw. hojas de reclamaciones),* der Eintrag kann auch in Deutsch erfolgen. Die Bücher werden periodisch von der zuständigen Behörde eingesehen. Mit einer Kopie der Beschwerdeblätter und der Rechnung wendet man sich am besten an ein OMIC-Verbraucherbüro (für Maspalomas s. S. 113).

Diplomatische Vertretungen auf Gran Canaria

(Kernöffnungszeiten der Konsulate Mo–Fr 9–12 Uhr)

Deutschland
35007 Las Palmas
Calle Albareda 3
zweiter Stock
Tel. 928 49 18 80
Fax 928 26 27 31
www.embajada-alemania.es

Schweiz
35004 Las Palmas
Calle Domingo Rivero 2
Tel. 928 29 34 50
Fax 928 29 00 70

Österreich
35100 Maspalomas
Avenida de Gran Canaria 26
Hotel Eugenia Victoria
Playa del Inglés
Tel. 928 76 25 00
Fax 928 76 22 60

Drogen

Las Palmas als Hafenstadt ist von Drogenhandel und Beschaffungskriminalität stark betroffen, so dass sich wegen angeblicher polizeilicher Inkompetenz schon etliche Bürgerinitiativen gebildet haben. Es konnte nicht ausbleiben, dass auch die touristischen Zentren des Inselsüdens in zunehmendem Maße einbezogen wurden.

Die unter Touristen oft verbreitete Meinung, ›weiche‹ Drogen (Marihuana und Haschisch) seien in Spanien straffrei, ist verführerisch. Tatsächlich toleriert die Polizei oft den Besitz kleinerer Mengen zum persönlichen Gebrauch, doch angesichts der Folgen des Drogenkonsums mit abnehmender Tendenz. Die *traficantes* (Dealer und Ku-

riere) werden hart bestraft (bis zu sechs Jahren bei ›weichen‹ Drogen); gerade Ausländer können schnell in entsprechenden Verdacht geraten. Wer die sehr hohe Kaution nicht zahlen kann, landet häufig in den nicht sehr angenehmen spanischen Gefängnissen.

Einkaufen

s. auch Souvenirs.
In den südlichen Urlaubszentren existiert ein reichhaltiges Angebot an Supermärkten, *supermercados,* von denen oft gleich mehrere in die Einkaufszentren, C.C., *centros comericales,* integriert sind. Auch viele deutsche Markenprodukte sind erhältlich.

Für Selbstversorger (mit Leihwagen) lohnt sich ein Preisvergleich zu Anfang des Urlaubs. In den Touristenzentren sind die Preise am höchsten. Schon im Maspalomas-Stadtteil San Fernando, in dem viele Einheimische wohnen, ist es günstiger. Die Einkaufszentren von Vecindario, ein paar Kilometer östlich von Playa del Inglés, gelten als die preiswertesten auf der Insel (s. S. 187).

Frische Ware bekommt man in den *mercados,* den Markhallen der Orte, ebenso auf den Bauern- oder Wochenmärkten, den *mercadillos,* an einem bestimmten Tag der Woche. Letztere sind in diesem Reiseführer bei jedem wichtigen Ort angegeben.

Einreise-, Ausreise- und Zollbestimmungen

Für Deutsche, Schweizer und Österreicher genügt der Personalausweis oder der Pass mit Gültigkeit über die

Aufenthaltsdauer hinaus. Für alle Fälle sollte man Kopien anfertigen und getrennt von den Originalen aufbewahren.

Katzen und Hunde benötigen ein amtstierärztliches Gesundheitszeugnis, Hunde zusätzlich den Nachweis einer Tollwutimpfung, nicht jünger als 30 Tage und nicht älter als ein Jahr.

Zollbestimmungen: Für den privaten Verbrauch gelten bei Einreise großzügige Richtmengen, die Touristen kaum überschreiten dürften. Bei EU-Ländern wird nicht mehr kontrolliert.

Auf der Rückreise ist die Einfuhr in die Heimatländer immer noch beschränkt, gerade wegen der kanarischen Zollbegünstigung. Die wichtigsten zollfreien Richtwerte sind: Personen ab 15 Jahren 500 g Kaffee (Österreicher und Schweizer: 250 g) und 100 g Tee; 50 ml Parfüm oder 250 ml Toilettenwasser, (außerdem ab 17 Jahren) 1 l Spirituosen über 22 % oder 2 l unter 22 %, 200 Zigaretten, 50 Zigarren oder 250 g Tabak.

Elektrizität

In der Regel 220 Volt Wechselstrom. Bei Flachsteckern sind keine Adapter notwendig.

Feiertage und Feste

Feiertage

1. Jan. *Año nuevo:* Neujahr. Silvester wird im Familienkreis oder in Hotels und Restaurants gefeiert. Zum Rutsch ins neue Jahr werden oft zu den Mitternachts-Glockenschlägen nacheinander zwölf Weintrauben verzehrt, die *uvas de la suerte,* die Glückstrauben.

6. Jan. *Los Reyes Magos:* Heilige Drei Könige, Geschenktag für Kinder, am Vortag Umzüge.

1. Mai, *Día del Trabajo:* Tag der Arbeit.

30. Mai, *Día de Canarias:* kanarischer Nationalfeiertag, Veranstaltungen (auch am **29. und 31.**) in Las Palmas im Parque Santa Catalina.

25. Juli, Santiago: Namenstag des Apostels Jakobus, span. Nationalheiliger.

15. Aug., *Asunción de la Virgen:* Himmelfahrt.

12. Okt., *Día de la Hispanidad:* Tag der Entdeckung Amerikas.

1. Nov., *Todos los Santos:* Allerheiligen, die Gräber der Verstorbenen werden mit Blumen geschmückt.

6. Dez., *Día de la Constitución:* Tag der Verfassung.

8. Dez., *La Inmaculada Concepción:* Mariä Empfängnis.

24./25. Dez., *Navidades:* Weihnachten. In dieser Zeit finden Ausstellung von Krippenszenen *(belenes)* statt, vielerorts werden auch Weihnachtsmärkte veranstaltet; Heiligabend: Messen, Feuerwerk, zunehmend auch Bescherung.

Bewegliche Feiertage

Gründonnerstag *(Jueves Santo)*
Karfreitag *(Viernes Santo)*
Pfingsten *(Pentecostés)*
Fronleichnam *(Corpus Cristi)*
Jede Gemeinde kann zusätzlich zwei lokale Feiertage festlegen.

Feste

Die *fiestas,* meist Patronatsfeste zu Ehren eines lokalen Heiligen, werden mehrwöchig gefeiert, mit Veranstaltungen hauptsächlich an Wochenenden. Touristisch interessante Darbietungen finden nicht nur am Haupttag statt und können den Festtagsprogrammen entnommen werden, die jährlich variieren. In diesem Reiseführer werden unter den jeweiligen Orten die wichtigsten *fiestas* angegeben und auf Veranstaltungen hingewiesen. Genauere Infos findet man in dem deutschsprachigen Wochenmagazin ›info Canarias‹, das donnerstags erscheint.

Februar

Fiestas del Almendro en Flor (Mandelblütenfeste) zwischen Ende Januar und März, je nach Blütezeit, in Tejeda und Valsequillo.

Carnaval: größtes und aufwändigstes Fest der Insel, nacheinander in mehreren Orten, zuerst und am schönsten in Las Palmas, anschließend (sehr touristisch) in Playa del Inglés, dann in weiteren Orten, abschließend in Mogán (oft Anfang März). Höhepunkte: Wahl der Königin *(reina),* großer Umzug mit Festwagen *(cabalgada)* und Tanzgruppen *(comparsas),* nächtliches Tanzvergnügen *(mogollón)* und als tragisch-komischer Abschluss der ›Umzug der sterbenden Sardine‹, ein riesiger Fisch aus Pappe wird ›zu Grabe‹ getragen; in Las Palmas wird er am Strand Las Canteras verbrannt.

März/April

Osterwoche *(Semana Santa)* mit Prozessionen an vielen Orten. Die Karwoche beginnt am Palmsonntag *(Domingo de Ramos)* mit der ersten Prozession; wichtigste Tage innerhalb der Woche sind Gründonnerstag *(Jueves Santo)* und Karfreitag *(Viernes Santo).* Größere Prozessionen in Las Palmas: Am Palmsonntag *La Burrita,* Jesus auf dem Esel mit Palmzweigen, vom Parque de San Telmo, Stadtteil Triana, Gründonnerstag *Vía Crucis* von der Kapelle Espíritu Santo, Stadtteil Vegueta; Karfreitag Prozession *De las Mantillas* von der Kathedrale, Frauen tragen die traditionellen Kopftücher *(mantillas),* dann *Procesión Magna,* die Große Prozession, von den Kirchen San Agustín, Santo Domingo (beide Vegueta) und San Francisco (Triana) zur Kathedrale.

Mai/Juni

Fronleichnam *(Corpus Christi),* beweglicher Feiertag. Besonders in Las Palmas (Plaza de Santa Ana) und Arucas. Farbige Straßenteppiche meist aus gefärbtem Sand, Prozessionen, Häuser werden mit Girlanden, Fahnen und Palmzweigen geschmückt.

Juni

24. Juni, Gründungstag von Las Palmas (Sport- und Kulturveranstaltungen). Als *Día de San Juan* wird dieser Tag an anderen Orten begangen, u. a. in Telde und Arucas. Höhepunkt ist der Abend des 23. Juni *(Noche de San Juan)* mit Tanzfesten und Feuerwerk, in Las Palmas am Canteras-Strand.

Juli

16. Juli, *Fiesta del Carmen.* In Las Palmas: Schiffsprozession im Hafen zu

Ehren der Schutzpatronin der Häfen und Fischer. Auch in anderen Hafenorten wird an zwei Wochenenden gefeiert. Im Süden: Von Arguineguín wird die Schutzpatronin per Boot nach Mogán gebracht, am folgenden Wochenende geht's auf dem gleichen Weg zurück.

25. Juli, *Fiesta de Santiago:* zu Ehren des nationalspanischen Schutzpatrons an mehreren Wochenenden, besonders in Gáldar (Santiago de los Caballeros) und sehr ursprünglich auch in San Bartolomé (Santiago Apóstol).

August

4. Aug., *Bajada de la Rama* in Agaete/Puerto de las Nieves: ist auch von offizieller Seite zum Fest von ›touristischer Bedeutung‹ erklärt worden.

September

7./8. September, *Fiesta de la Virgen del Pino,* wichtigstes religiöses Fest *(Fiesta Mayor)* auf Gran Canaria zu Ehren der Inselheiligen. Der 7. September ist der interessanteste Tag.

11. September, *Fiesta del Charco* in San Nicolás de Tolentino: Man wirft oder stößt sich in voller Kleidung ins Wasser. Wettbewerb im Fischfang.

Oktober

7. Oktober, *Fiesta de la Virgen del Rosario* in Agüimes: Die männliche Jugend übt sich in inseltypischen Sportarten.

Mitte Oktober, *Fiesta de la Naval* in Las Palmas: Hafenfest in Erinnerung an den Sieg über die Flotte von Sir Francis Drake 1595. Der Erntedankumzug ist nach dem von Teror der zweitgrößte der Insel.

Festivals

Neben dem Festival der klassischen Musik (Jan./Feb.) und dem Opernfestival (März–Mai) in Las Palmas gibt es noch Tanz-, Jazz-, Guitarren- und Theaterfestivals. Von besonderem touristischen Interesse sind die Folklorefestivals. Ankündigung und Programmablauf in der Wochenzeitschrift ›info Canarias‹. Karten und auch Transport zu den Veranstaltungen beim Kulturverein, in der Galerie des Hotels Rey Carlos in Playa del Inglés, Tel. 928 76 92 92, Mo–Fr 10.30–13 Uhr.

Fotografieren

Gängiges Filmmaterial ist in allen Urlaubszentren der Insel erhältlich. Das Verfallsdatum sollte man immer überprüfen. Bild-Entwicklungen dauern dort oft nur ein paar Stunden. Sehr empfindliche Materialien sollte man jedoch besser im Heimatland entwickeln lassen. Schwierigkeiten kann es beim Nachkauf von speziellen Filmen und Batterien geben.

Meist sind die Einheimischen ›fotofreundlich‹. Der Ansturm von fotografierenden Touristen kann aber auch lästig werden. Ältere Leute und Menschen in Arbeitskleidung, insbesondere in den Bergdörfern, scheuen die Kamera. Die Frage »*Me permite una foto?*« wirkt sympathisch, hat aber oft zur Folge, dass sich die Angesprochenen ›in Pose‹ setzen.

Geld

s. Umschlaginnenklappe vorne.

Gesundheitsvorsorge

In der Reiseapotheke sollten mitgenommen werden: Mittel gegen Durchfall, Übelkeit, Kopfschmerzen, Wunden und Verbrennungen, Insektenstiche, Sonnenschutzcreme. Bei chronischen Krankheiten lohnt es sich, für alle Eventualitäten den Beipackzettel mitzunehmen, um aufgrund des Hauptwirkstoffs bei Verlust Ersatz zu bekommen.

Der plötzliche Klimawechsel darf nicht unterschätzt werden. Durch die Lage der Insel (Höhe der Sahara) ist die Sonne ungewohnt stark. Der fast ständig wehende Passat täuscht darüber hinweg. Anfangs sollte man eine Creme mit hohem Lichtschutzfaktor verwenden. Jedes Jahr erleiden etliche Touristen, die sich zu stark erhitzt in die Wellen stürzen, Kreislaufattacken. Empfindliche sollten anfangs maßvoll essen und wenig Alkohol trinken, um Kreislauf und Verdauungssystem die Anpassung zu erleichtern.

Guter Sonnenschutz ist auch bei Ausflügen in die Bergwelt nötig, besonders bei Fahrten im offenen Jeep. Im Winter kann es abends und nachts schon in geringer Höhe empfindlich kühl werden, vor allem bei Wind.

Leitungswasser ist wegen des Chlorgehalts zum Trinken und zum Kochen ungeeignet. Die Insel-Mineralwässer sind gut. Große Vorratsbehälter gibt es sehr preiswert in jedem Supermarkt.

Informationsstellen

Spanische Fremdenverkehrsämter
www.tourspain.es

... in Deutschland
Grafenberger Allee 100,
40237 Düsseldorf
Tel. 0211/680 39 80
Fax 0211/680 39 85

Myliusstr. 14
60323 Frankfurt
Tel. 069/72 50 33
Fax 069/72 53 13

Schubertstr. 10
Postfach 15 19 40
80051 München
Tel. 089/53 01 58
Fax 089/532 86 80

Kurfürstendamm 180
Postfach 15 12 09
10674 Berlin
Tel. 030/882 65 43
Fax 030/882 66 61

... in Österreich
Walfischgasse 8
1010 Wien
Tel. 01/512 95 80
Fax 01/512 95 81

... in der Schweiz
Seefeldstr. 19
8008 Zürich
Tel. 01/252 79 30/1
Fax 01/252 62 04

... auf Gran Canaria
Patronato de Turismo

Calle León y Castillo 17
E-35003 Las Palmas de Gran Canaria
Tel. 928 21 96 00 (Zentrale)
Fax 928 21 96 01
dpromoc@idecnet.com

Infos im Internet

www.infocanarias.com
Website der gleichnamigen deutsch-sprachigen Wochenzeitschrift mit Ausflugsberichten, detaillierten Festprogrammen, Gezeitentabelle.

www.gran-canaria-info.com
Umfangreich, Suchmaschine, Newsgroups und zwei Webcams, in Englisch und mit nur schlechter Computer-Übersetzung ins Deutsche.

www.canary-guide.com und
www.canarias24.com
Mit deutschsprachigen Seiten.

www.maspalomas-web.org
Viele Infos speziell zum Süden der Insel; auch in Deutsch, Webcam an der Playa del Inglés (alle 30 Min.).

www.situr.org
Seite des Tourismusministeriums, die Infos in deutscher Sprache bietet.

Karten und Pläne

Falls Sie neben dem Gran Canaria–Atlas in diesem Reiseführer noch eine Faltkarte für Ihre Touren heranziehen möchten, besorgen Sie sich auf der Insel den Faltplan ›INSOR – Gran Canaria‹ im Maßstab 1:100 000. Diese Karte ist sehr übersichtlich und auch im Detail weitgehend verlässlich.

Wanderkarten sind in Touristenbüros kostenlos erhältlich. Gut ist die Wanderkarte ›Costa Mogán – Touristische Wanderwege‹ mit ausreichend detaillierter Beschreibung der Routen, erhältlich im Touristenbüro von Puerto Rico.

Literaturtipps

Zur Geschichte

Braem, Harald und Marianne: Kanarische Inseln, Auf den Spuren atlantischer Völker, Verlag Knaur 1988. Die Hypothesen zum Ursprung der Urbevölkerung der Inseln werden behandelt, aufgrund der archäologischen Funde wird Gesellschaft und Leben der Guanchen rekonstruiert.

Concepción, José Luis: Die Guanchen. Ihr Überleben und ihre Nachkommen, La Laguna, 1989 (auf Gran Canaria erhältlich). Leicht verständlich und volkstümlich werden in dem Büchlein Alltag und Gebräuche der Guanchen geschildert und die Eroberung durch die Spanier und die nachfolgenden Veränderungen beschrieben.

Castellano Gil, José M. und Macias Marin, Francisco J.: Die Geschichte der Kanarischen Inseln, La Laguna 1993 (auf Gran Canaria erhältlich). Die aufeinander folgenden Epochen und ihre politischen und wirtschaftlichen Verhältnisse werden dargelegt.

Reisebeschreibung

Nebel, Gerhard: Phäakische Inseln. Eine Reise zum Kanarischen Archipel. Verlag Klett-Cotta 1987. Der Schriftsteller Nebel schildert eine Kanarenreise zu Anfang der 1950er Jahre.

Seine mitunter humoristischen Impressionen sind heute noch lesenswert und geben einen interessanten Einblick in ein unverfälschtes Gran Canaria vor dem Tourismusboom.

Flora

Kunkel, Günther: Die Kanarischen Inseln und ihre Pflanzenwelt, Spektrum Verlag, 1993. Pflanzen-Begeisterte erhalten einen profunden Einblick in die Flora der Inseln. Botanische Grundkenntnisse sind vorausgesetzt.

Bramwell, David & Zoe: Kanarische Flora, Madrid 1983 (auf Gran Canaria erhältlich). Zeichnungen und Fotos, Einbettung in die regionalen Naturlandschaften. Allerdings fehlen die deutschen Pflanzennamen.

Wandern

Rochford, Noel: Landschaften auf Gran Canaria. Sunflower Books, 2000. Die Beschreibungen der Wanderrouten in fast allen Teilen der Insel sind von Karten und einer Ausklappkarte begleitet. Genaue Hinweise zum Busverkehr.

Schulze, Dieter: Wandern auf Gran Canaria, DuMont aktiv. Eine Fülle von Wandervorschlägen mit 35 Tourenskizzen, Angabe des Schwierigkeitsgrads von einfach bis anspruchsvoll.

Taschner, Wolfgang, und Reiner, Michael: Genussradeln auf den kanarischen Inseln, Steiger Verlag 1998. Mit den schönsten Radtouren auf Gran Canaria, leichte Küstentouren und schwerere Bergtouren, mit Sehenswürdigkeiten.

Die Touristenbüros von Maspalomas und Puerto de Mogán (in Puerto Rico) geben kostenlose und ausgearbeitete Wandertouren mit Karten heraus.

Notruf

s. Umschlaginnenklappe vorne.

Öffnungszeiten

s. Umschlaginnenklappe vorne.

Post

Falls die Hotelrezeptionen keinen Postservice anbieten, wirft man Briefe und Ansichtskarten in die gelben Postsäulen. Am besten geht man zum Postamt, in denen es häufig Postkästen fürs Ausland, *extranjero,* gibt. Die gut sichtbare Aufschrift für das Heimatland darf nicht fehlen: Alemania für Deutschland, Austria für Österreich, Suiza für Schweiz.

Briefmarken, *sellos,* erhält man im Postamt und meist in Geschäften, die Ansichtskarten verkaufen. Die Beförderung dauert ca. eine Woche. Die Ämter bieten auch Telegramm- und Fax-, aber keinen Telefonservice an. In Zukunft sollen in den Postämtern ›locutorios‹ eingerichtet werden, mit Telefon-, Fax-, Copy- und evtl. E-Mail-Service.

Radio und Fernsehen

›Deutsche Welle‹ über Kurzwelle 9545 kHz und 13780 KHz.

Deutsche Sendungen auch auf FM 93.0 Sun Radio (Radio Onda Alemana), auf FM 103.5 Radio Internacional de Maspalomas, auf FM 93.9 Radio Costa Mogán, auf FM 101 Radio MIX. Diese Sender bringen neben Unterhaltung und Nachrichten Hinweise zu aktuellen Veranstaltungen.

Per Satellitenfernsehen sind die gängigen deutschen Sender zu empfangen. In vielen von Deutschen oder Österreichern geführten Lokalen läuft ständig der Fernseher mit Heimatprogrammen. Bei wichtigen Sportübertragungen ist oft kein Platz zu finden.

Reisekasse und Preise

Wenn Sie in den Urlaubszentren des Südens nicht die günstigsten Lokale besuchen, müssen sie für ein Menü 10 bis 15 € einkalkulieren, für ein Hauptgericht um 8 €. Tapas-Portionen kann man für 2–4 € erstehen. Das kleine Bier oder das Glas Wein wird um 1,50 € kosten, ein Glas Mineralwasser oder die Tasse Milchkaffee um 80 Cent.

Für eine Busfahrt entlang der Costa Canaria zahlen sie je nach Entfernung 0,75–1 €. Liegen und Sonnenschirme am Strand kosten 2–4 €.

Die Miete eines Kleinwagens beläuft sich auf 25–30 € pro Tag.

Sicherheit

– Deponieren sie alles Wertvolle im Hotelsafe gegen Quittung.
– Lassen sie beim Parken nichts sichtbar im Auto liegen.
– Schließen sie Ihr Hotelzimmer ab, auch wenn sie es nur kurz verlasssen.
– Tragen sie Dokumente und Geld sicher am Körper und nicht in der Gesäßtasche.
– Nehmen sie nur soviel Geld wie nötig mit, sei es zum Strand oder in die Disco.

Bevorzugte Reviere von Taschendieben sind Flughafen, Kaufhäuser, belebte Straßen, Feste, überall, wo Trubel herrscht und die Aufmerksamkeit der Urlauber abgelenkt ist. Besonders aufpassen müssen Sie bei Dunkelheit im Santa Catalina-Viertel und im Hafenbereich von Las Palmas sowie in Playa del Inglés im Vergnügungsviertel um das Einkaufszentrum Kasbah.

Vorsicht vor:

... Time-Sharing-Angeboten
Es wird oft aggressiv auf der Straße geworben, u. a. mit Preisen und kostenlosen Drinks, und anschließend mit allen psychologischen Tricks gearbeitet. Die Nutzungsmöglichkeiten der Immobilie erweisen sich immer als kompliziert und es fallen jedes Jahr zusätzliche Nebenkosten an.

... Bettenfahrten
Auf diesen Werbefahrten können Sie kostenlos eine Inseltour mitmachen und es gibt Kaffee und Kuchen gratis. Aber kaufen sie nichts!

... Hütchenspiel an der Promenade von Playa del Inglés
Im Endeffekt verlieren sie immer.

... kostenlose Eintrittskarten
Meist droht Nepp, denn was gut ist, bedarf keiner großen Werbung.

... aggressives Trottoir-Werben z. B. für Restaurants
Vergleichen Sie selbst die Speisekarten, die aushängen.

Souvenirs

Die Insel bietet eine Reihe typischer Produkte des heimischen Kunsthandwerks. Um garantiert Originale zu erstehen, kauft man am besten in den staatlichen Fedac-Läden ein, die es in Playa del Inglés und Las Palmas gibt.

Stickwaren: Hoch-Stickerei, *bordados* und Hohlsaum-Stickerei, *calados.* Die schönsten Arbeiten stammen aus Ingenio.

Bananenmesser, *cuchillos canarios:* Ihre leicht gerundeten Griffe sind mit Einlegearbeiten reich verziert. Sie kommen hauptsächlich aus Santa María de Guía und Gáldar.

Keramik: Den Altkanariern nachempfundene und oft ohne Töpferscheibe hergestellte Keramikware kommt u. a. aus Atalaya bei Santa Brígida und Los Lugarejos bei Artenara. Neben Töpfen und Schüsseln sind auch die *pintaderas* – Tonstempel mit allerlei Mustern – und die Imitationen von Idolen der Ureinwohner interessant.

Flechtarbeiten, *trenzados:* Aus Schilf und Binsen werden Hüte, Taschen und Körbe hergestellt.

Timples sind kleine kanarische ›Gitarren‹ mit vier oder fünf Saiten, die in keinem Folkloreorchester fehlen dürfen. Gute Instrumente dieser Art sind allerdings sehr teuer.

Spirituosen: generell preiswert. Typisch sind der Inselrum Arehucas aus Arucas und die mit diesem Rum erzeugten Bananenliköre. Sehr gute spanische Brandys sind Carlos I, Duque d'Alba und Lepanto.

Pflanzen: Touristen nehmen auch gerne einen Strauß Strelitzien (Papageienblumen) oder kleine Kakteen mit, meist vom Geschäft fertig verpackt. Auch Samen und Setzlinge bekommt man in Blumengeschäften.

Kulinarisches: Blumenkäse aus Guía, *queso de flor,* Marzipangebäck oder -torte, Mandelmilch, *leche de almendras, bienmesabe* (Mandel-Honig-Mischung) oder ein Fläschchen der scharfen Mojo-Sauce. Safran, *azafrán,* ist hier weit billiger als zu Hause.

Aufgrund des Freihandelsstatus der Kanaren sind sonst teure Artikel wie Tabakwaren, Spirituosen und Parfüm besonders günstig. Feilschen ist nicht nur in den Basaren in Las Palmas, sondern auch in den asiatischen Souvenirläden der südlichen Einkaufszentren möglich. Falls man die spanischen Zahlen nicht beherrscht, benutze man einen Zettel. Vorsicht bei elektronischen Geräten: Fälschungen u. a. durch minimale Änderungen der Markennamen, Funktionsprüfung vornehmen. Auch Schmuck ist sehr oft gefälscht. Eine Rücknahme ist meist ausgeschlossen.

Telefonieren

s. auch Umschlaginnenklappe vorne. Vom Hotelzimmer zu telefonieren ist bequem, aber auch teuer. Am billigsten sind die grün-blauen Telefonstände mit der Aufschrift Internacional, die es meist mehrfach in allen Einkaufszentren und in der Nähe der vielbesuchten Strände gibt. Ab 20 Uhr ist es billiger. Drei Minuten kosten ca. 2 €.

Vorgehensweise für Auslandsgespräche: Münzen in die Geldschiene legen, Hörer abnehmen und 00 wählen, Signalton abwarten, wenn der sich leicht ändert Landesvorwahl wählen: 49 für Deutschland, 43 für Österreich und 41 für die Schweiz, dann Ortsvorwahl ohne die 0, schließlich die Rufnummer. Während des Gesprächs fordert ein Ton zum Einwurf weiterer Münzen auf, falls keine mehr in der Laufschiene des Apparates vorhanden sind. Auskunft international Tel. 1025.

Telefonkarten, *tarjetas telefónicas,* erhält man zu 6, 12 oder 30 € u. a. in vielen Supermärkten, Zeitungsläden und an manchen Hotelrezeptionen.

Wer sein **Handy** im Urlaub nutzen möchte, sollte einiges beachten. Da alle Anrufer nur bis zur deutschen Grenze zahlen und der Rest auf Ihre Kosten geht, sollten Sie im Urlaub unerwünschte Anrufe unterbinden. Dazu müssen sie vor dem Urlaub die ›absolute Rufumleitung‹ einstellen. Alle Anrufe landen dann auf der Mailbox, Sie erhalten eine meist kostenlose SMS und können entscheiden, ob Sie zurückrufen. Falls der Anrufer die Erlaubnis zur Anzeige seiner Nummer gegeben hat, wissen sie, wer angerufen hat.

Vodafone D2 und T-Mobile bieten besondere Tarife für Auslandstelefonate: Vodafone Eurocall bzw. World Class von T-Mobile.

Auch das Verschicken einer SMS ins Heimatland kostet zusätzlich.

Trinkgeld

In den Restaurant-Rechnungen ist das Trinkgeld schon enthalten, es ist aber durchaus üblich, bei gutem Service 10 % dazuzugeben. Trinkgeld lässt man bei Verlassen des Lokals auf dem Tisch oder auf dem Rechnungsteller liegen. Drücken Sie es nicht dem Ober wohlwollend in die Hand! Taxifahrern sollte man einen großzügig aufgerundeten Betrag zukommen lassen. Auch die Zimmerfrauen nicht vergessen! Wer den größeren Teil des Trinkgelds am Beginn des Aufenthalts gibt, zeigt Anerkennung für die meist freundlichen Frauen und kann nebenbei den Service verbessern.

Umgangsformen

Außer in den Strandbereichen kleidet man sich für einen Restaurantbesuch so, wie man es zu Hause gewöhnt ist. Primitiv und lächerlich wirkt es, in Badeshorts oder im Bikini durch die Straßen von Las Palmas oder eines der Bergdörfer zu schlendern. Vor allem für eine Kirchenbesichtigung sollte man auf dezente Kleidung achten.

Unterkunft

Hotels
Die offizielle Klassizifizierung der Hotels nach 1 bis 5 Sternen informiert nur grob über den Umfang an Komfort- und Serviceeinrichtungen. 5-Sterne-Luxushotels verfügen z. B. über mehrere Restaurants und Bars, Konferenzräume, Boutiquen und Sporteinrichtungen. Meist bieten 3-Sterne-Hotels ausreichenden Komfort, z. B. mit Restaurant und Zimmern mit Bad, Telefon und TV.

Auf Einzelzimmer wird man kaum noch treffen. Sie sind auch nur ein Drittel billiger als Doppelzimmer. Der Einzelreisende erhält meist ein Doppelzimmer mit 30 % Abschlag. Für ein Zustellbett in Doppelzimmern wird ca. 30 % aufgeschlagen.

Pensionen und Privatunterkünfte
Abseits der Touristenorte und Las Palmas gibt es fast nur Pensionen mit we-

nigen und einfach ausgestatteten Zimmern und Gemeinschaftsbädern.

Private Unterkünfte sind erkennbar an einem Schild *Se alquila(n)* oder werden in den Bergdörfern und Hafenstädtchen oft auch in Bars vermittelt.

Ländliche Unterkünfte

Das Angebot des Turismo Rural ›Ferien auf dem Lande‹ wird zunehmend ausgebaut. Abseits des Massentourismus werden Landhotels bzw. Landhäuser angeboten. Dazu zählen Kolonialhäuser wie in der Altstadt von Agüimes, ehemalige Fincas (Bauernhöfe) oder sogar Wohnhöhlen, z. B. bei Artenara. Die Kapazitäten pro Haus sind sehr begrenzt, die Preise hoch und Reservierungen frühzeitig erforderlich.
Infos und Buchung über:
RETUR,
Tel. 928 66 16 68,
Fax 928 66 15 60,
www.returcanarias.com,
San Mateo, Lourdes 2
Granrural,
Tel. 902 15 72 81,
Fax 928 39 01 69/70,
www.canary-island.com/grancanaria,
Las Palmas, Habana 12
Gran Canaria Rural,
Tel. 928 46 25 47,
Fax 928 46 08 89,
www.grancanariarural.com,
Las Palmas, Las Canteras 7

Apartments und Bungalows

Im Süden der Insel, insbesondere in Puerto Rico, gibt es weit mehr Apartmentanlagen als Hotels. Apartments eignen sich für Urlauber, die räumlich weniger beengt wohnen und evtl.

selbst kochen wollen und natürlich für Familien mit Kindern. Entsprechend verfügen sie über Wohn- und Schlafzimmer sowie Küche bzw. Kochnische. Studios sind kleinere Apartments mit kombiniertem Wohn- und Schlafzimmer. Die erdgeschossigen Bungalows verbinden Apartmentqualität mit mehr individueller Freiheit durch Terrasse und kleine Grünfläche. Um einen gemeinsamen Pool angeordnet können sie aber auch recht laut sein.

Hotels werden offiziell nach Sternen, Apartment- und Bungalowanlagen nach Schlüsseln qualifiziert. Drei Schlüssel entsprechen ungefähr dem 4-Sterne-Hotel. Verlässlich ist das nicht, man sollte das Apartment oder den Bungalow bei der Suche vor Ort selbst in Augenschein nehmen.

Jugendherbergen

Es gibt nur eine Jugendherberge, *albergue juvenil,* in Guía im Nordwesten (s. S. 171). Eine ländliche Herberge, *albergue rural,* mit großen Schlafsälen hat Tejeda im Inselzentrum (s. S. 130).

Camping

Camping Guantánamo an der Playa del Tauro, zwischen Puerto Rico und Puerto Mogán ist der größte offizielle Platz der Insel (s. S. 145). Ein kleinerer, Camping Temisas, liegt unweit des gleichnamigen Orts, ein einsamer Platz zwischen Agüimes und Santa Lucía (s. S. 190). An der Playa de Asno befindet sich ebenfalls ein Platz (s. S. 150).

Für so genanntes ›reduziertes Camping‹ in freier Natur sind offiziell rund 20 Stellen, meist in den Bergen, ausgewiesen.

Infos über das
Umweltbüro Centro Medio Ambiente,
Tel. 928 38 41 65,
Fax 928 36 71 24.

Wildes Campen ist grundsätzlich verboten, obgleich sich viele Einheimische weder im Bergland noch an der Küste daran halten. An den Stränden des Südens wird verstärkt kontrolliert.

Verkehrsmittel

Flugzeug

Die Gesellschaft Binter fliegt mehrmals täglich von Gran Canaria nach Teneriffa, Fuerteventura, Lanzarote und La Palma. An Wochenenden, Feiertagen und in den Ferienzeiten sind viele Flüge schon Wochen vorher ausgebucht. Am besten, Sie buchen schon von Zuhause aus über ein Reisebüro.
Internet-Information in Spanisch über www.bintercanarias.es

Bus

Die gängige Bezeichnung für Bus ist *guagua,* ein Lehnwort aus Kuba.

Die Linienbusverbindungen der Firma GLOBAL überziehen die Insel mit einem dichten Netz. Im Routenteil sind die wichtigsten Anschlüsse unter den Orten angegeben. Wer Gran Canaria mit dem Bus erkunden will, benötigt aber unbedingt die genauen Fahrpläne, erhältlich in Touristenbüros, im GLOBAL-Büro Playa del Inglés am Einkaufzentrum Yumbo und in der *estación de guaguas,* dem Busbahnhof am Parque San Telmo, Las Palmas. Infos über www.globalsu.net

Las Palmas hat einen gut funktionierenden innerstädtischen Busservice. Mit der Linie 1 kommt man in die Nähe der wichtigsten Sehenswürdigkeiten. Informationen unter www.gua guas.com

Mietwagen

In einem Leihwagen das grandiose Inselinnere zu erkunden, gehört zu den unvergesslichen Erlebnissen eines Aufenthalts. Internationale Firmen wie Avis und Hertz sowie eine Fülle lokaler Unternehmen bieten ihre Dienste an. Letztere sind aufgrund steuerlicher Vorteile preislich günstiger. Für umfassendere Versicherungsleistungen erhöht sich aber der konkurrenzorientierte Grundpreis. Die gängigen Deckungssummen im Schadensfall sind niedrig. Bei den internationalen Firmen sind umfassendere Leistungen schon im Leihpreis enthalten und die Wagen sind relativ neu und gut gewartet.

Voraussetzungen für die Ausleihe: nationaler Führerschein, in der Regel Lizenz seit einem Jahr, Mindestalter 21 Jahre, Kreditkarte (sonst Kaution). Falls der Wagen zur Unterkunft geliefert und abgeholt wird, sollte dies während der Geschäftszeiten kostenlos sein. Wochenmieten sind immer günstiger. Niemals einen Mietvertrag ohne ›unbegrenzte Kilometerleistung‹ abschließen.

Vor der Wagenübernahme sollte man die Verkehrssicherheit durch eine kurze Probefahrt prüfen und sich bei Mängeln nicht scheuen, das Auto umzutauschen oder zurückzugeben, denn Inseltouren verlangen dem Wagen einiges ab. Besonders auf Reifen, Bremsen (häufig Mängel der Handbremse) und Beleuchtung achten. Machen Sie den Vermieter vor Fahrtbeginn auf sonstige Mängel wie Beulen und Kratzer aufmerksam. Registrieren Sie den Benzinstand und liefern das Auto wieder mit gleicher Tankfüllung ab. An Sonntagen sind viele Tankstellen geschlossen. Nehmen Sie den Mietvertrag immer mit und notieren Sie sich Geschäftszeiten und Pannentelefon der Firma. Privates Abschleppen ist auf Gran Canaria verboten.

Ein PKW der unteren Preisklassen genügt völlig. Die Straßen sind überwiegend gut asphaltiert, auch viele Einspurstrecken haben eine feste Straßendecke, die meisten unbefestigten Fahrwege sind auch mit einfachem PKW passierbar. Für die sehr kurvenreichen Strecken und beengten Straßen- und Parkbedingungen in den Orten ist ein Kleinwagen von Vorteil. Ein Jeep ist ungefähr doppelt so teuer wie ein PKW und nur dann nötig, wenn man sehr entlegene Punkte des Inselinneren ansteuern will.

Lokale und internationale Leihfirmen sind im Parterre des Flughafengebäudes anzutreffen. In den Touristenzentren des Südens wird man in den meisten Einkaufszentren auf eine Niederlassung von Verleihfirmen stoßen. Über die Rezeptionen der Unterkünfte einen Leihwagen zu mieten hat Vorteile, auch wenn die Unterkunft eine Provision erhält: Der Leihwagen wird meist gebracht und wieder abgeholt, die Unterkunft wird erfahrungsgemäß solide Firmen engagieren.

Taxi

Taxifahren ist günstig aufgrund des niedrigen Benzinpreises. Abgerechnet wird in aller Regel nach dem Taxameter, bei längeren Fahrten auch nach einer einsehbaren Tarifliste. Taxistände sind erkennbar an dem weißen ›T‹ auf blauem Schild. Freie Taxis haben eine grünes Signal auf dem Dach oder das Schild *Libre* an der Frontscheibe. Taxistände gibt es vor größeren Hotels, an Einkaufszentren und wichtigen Parks.

Aus Gründen der Hygiene lehnen Taxifahrer Gäste mit nacktem Oberkörper oft ab. Ein Trinkgeld von 10 % ist üblich.

Fähre

Für einen Kurzausflug nach Teneriffa oder Fuerteventura eignen sich die Express-Fähren, die für die Überfahrt nur ca. 80 Min. brauchen. Normale Fähren brauchen rund 4 Std.

Las Palmas – Santa Cruz de Tenerife: Jetfoil der Firma Trasmediterránea 2–3x tgl., Fahrzeit 80 Min. Agaete – Santa Cruz de Tenerife: Fast Ferry der Lineas Fred. Olson, 4–6x tgl., Fahrzeit 60 Min.

Las Palmas – Morro Jable (Fuerteventura): Jetfoil der Trasmediterránea, 1x tgl., Fahrzeit 80 Min. Schnellfähre der Linie Naviera Armas, 1x tgl., Fahrzeit 80 Min.

In Las Palmas starten die Fähren ab Muelle Santa Catalina, in Agaete ab Hafen Puerto de las Nieves. Die örtlichen Reisebüros informieren über die genauen Zeiten entsprechend Sommer- oder Winterfahrplan und nehmen Buchungen entgegen.

Infos über www.trasmediterranea.es und www.fredolson.es

Zeit

Auf Gran Canaria richten sich die Uhren nach der Westeuropäischen Zeitzone. Da auch hier auf Sommerzeit umgestellt wird, gilt für Besucher aus den deutschsprachigen Ländern: Zeiger um eine Stunde zurückdrehen. Die Nähe zum Äquator bedingt, dass es im Winter länger und im Sommer kürzer hell ist als bei uns.

Zeitungen und Zeitschriften

In den südlichen Touristenzentren sind deutschsprachige Zeitungen der überregionalen Presse, gängige Zeitschriften und Magazine häufig schon am Nachmittag ihres Erscheinungstags erhältlich. Achten Sie auf das Datum, oft liegen noch Restexemplare aus.

Die informativste deutschsprachige Wochenzeitschrift ist ›info Canarias‹. Ein Muss für jeden Urlauber, der Wert auf detaillierte zeitliche und inhaltliche Hinweise zu *fiestas*/Veranstaltungen legt. Nützlich außerdem: Fähren, Apothekennotdienst, Gezeitentabelle. Das Blatt erscheint donnerstags.

Wer gute Kenntnisse der spanischen Sprache besitzt, findet in den drei Tageszeitungen der Insel ›Canarias 7‹, ›La Provincia‹ und ›Diario de Las Palmas‹ auch aktuelle touristische Informationen zu Verkehrsmitteln, Festen und kulturellen Veranstaltungen.

SPRACHFÜHRER

Sprache

Das kanarische Spanisch unterscheidet sich besonders in der Aussprache vom kastilischen Spanisch *(castellano),* welches Ausländer meist lernen. Während im Kastilischen bei c (vor e, i) und z wie beim Englischen th gelispelt wird, sprechen die Kanarier einen s-Laut wie die Andalusier und Lateinamerikaner. Konsonanten zwischen Vokalen und am Ende eines Wortes werden oft verschluckt. So klingt *todos* (alle) wie ›to-o‹, Las Palmas wird meist La Palma ausgesprochen, *Buenos días* wird zu *Bueno día.*

Einige wichtige Regeln für die Aussprache: c vor a, o, u wie k; ch wie tsch; qu wie k; j wie ch in ›ach‹; ll wie lj; ñ wie nj; Doppelvokale werden getrennt gesprochen.

Die wichtigsten Redewendungen

Begrüßung/Verabschiedung

Guten Tag (nachmittags:)	Buenos días, Buenas tardes
Hallo	Hola
Wie geht´s?	¿Qué tal? ¿Cómo estas?
Ich heiße...	Me llamo...
Ich bin aus Deutschland, Österreich, Schweiz	Soy de Alemania, Austria, Suiza
Auf Wiedersehen	Adiós
Bis bald	Hasta luego

Allgemeines

Danke (sehr)	(Muchas) gracias
Entschuldigung	Perdón
Ich spreche kein Spanisch	No hablo español
Sprechen Sie Deutsch, Englisch?	¿Habla aleman, inglés?
Was kostet...?	¿Cuánto cuesta...?
Haben sie...?	¿Tiene usted...?
Ich brauche...	Necesito...
Ich suche...	Busco...
Kann ich das (an)probieren?	¿Puedo probar (melo)?
Zu klein/ zu groß	Demasiado pequeño/grande
Kann ich umtauschen ...?	¿Puedo cambiar...?
Gefällt mir nicht	No me gusta
Es ist kaputt	Está roto
Es ist verdorben	Está podrido
mehr	más
weniger	menos

Unterkunft

Haben Sie ein Zimmer frei?	¿Tiene una habitación libre?
Wie teuer ist es?	¿Qué precio tiene?
Kann ich das Zimmer sehen?	¿Puedo ver la habitación
Haben Sie ein ruhigeres Zimmer?	¿Tiene una habitación más tranquila?
Doppelzimmer	habitación doble
Einzelzimmer	habitación individual
Mit Dusche/ Bad/ Balkon	con ducha/ baño/ balcón

Halbpension/ Vollpension — media pensión/pensión completa
Frühstück, Mittagessen, Abendessen — desayuno, almuerzo, cena
Es gibt kein/ Ich habe kein — No hay/ No tengo...
Handtuch — toalla
Wasser — agua
Toilettenpapier — papel higiénico

Im Restaurant

Die Speisekarte bitte — La carta, por favor
Was empfehlen Sie? — ¿Qué recomienda?
Weinkarte — lista de vinos
Eine halbe Flasche von... — media botella de...
Ein Glas — un vaso de...
Aschenbecher — cenicero
Öl, Pfeffer, Salz — aceite, pimienta, sal
gut durchgebraten — muy hecho
Die Rechnung bitte — La cuenta, por favor

Unterwegs

Wo ist...? — ¿Dónde está...?
Wie komme ich nach...? — ¿Por dónde se va a ...?
Wie lange brauche ich bis...? — ¿Cuánto tiempo necesito a...?
Wann kommt...? — ¿Cuándo llega...?
Tankstelle, Benzin, Super — gasolinera, gasolina, super
Voll, bitte — Lleno, por favor
Abschleppdienst — grua
Werkstatt — taller de reparaciones
Bus — guagua

Haltestelle — parada
Ankunft — llegada
Abfahrt — salida

Im Krankheitsfall

Ich brauche einen Arzt — Necesito un médico
Mir tut es hier weh... — Me duele aquí
Ich bin Diabetiker — Soy diabético
Magen schmerzen — dolores de estómago
Durchfall — diarrea
Notfall — emergencia
Krankenhaus — hospital, clínica
Sprechstunde — consulta, horas de visita

Wochentage

Wochentag — día de la semana
Sonntag — domingo
Montag — lunes
Dienstag — martes
Mittwoch — miércoles
Donnerstag — jueves
Freitag — viernes
Samstag — sábado

Zeit

Wie spät ist es? — ¿Qué hora es?
Wann...? — ¿Cuándo...? ¿A qué hora...?
Um 8.30 — A las ocho y media
Heute — hoy
Morgen — mañana
Gestern — ayer
morgens — por la mañana
mittags — al mediodía
nachmittags — por la tarde
nachts — por la noche
Mitternacht — medianoche
diese Woche — esta semana

223

Zahlen

0	cero
1	uno
2	dos
3	tres
4	cuatro
5	cinco
6	seis
7	siete
8	ocho
9	nueve
10	diez
11	once
12	doce
13	trece
14	catorce
15	quince
16	dieciséis
17	diecisiete
18	dieciocho
19	diecinueve
20	veinte
21	veintiuno
22 etc.	veintidós etc.
30	treinta
31 etc.	treinta y uno etc.
40	cuarenta
50	cinquenta
60	sesenta
70	setenta
80	ochenta
90	noventa
100, 101	cien, ciento uno
200	doscientos/as,
500	quinientos/as
1000, 2000 etc.	mil, dos mil etc.

Kulinarisches Lexikon

Frühstück (desayuno)

embutidos	Wurstwaren
fiambres	Aufschnitt
huevo	Ei
huevo frito	Spiegelei
huevo revuelto	Rührei
jamón serrano	luftgetrockneter Schinken
leche	Milch
mantequilla	Butter
miel	Honig
pan	Brot
panecillo	Brötchen, Semmel
queso tierno (fresco)	Frischkäse
queso duro (maduro)	Hartkäse
rebanada	Schnitte, Scheibe
salchichón	Salami
tortilla	Omelett

Getränke (bebidas)

café solo	Espresso
café cortado	Espresso mit Milch
café con leche	Milchkaffee
caña	Bier vom Fass
cerveza	Bier
guindilla	Sauerkirschlikör auf Rumbasis
hielo	Eis in Getränken
horchata	Mandelmilch
jugo	(konservierter) Saft
vino blanco	Weißwein
vino rosado	Roséwein
vino tinto	Rotwein
vino seco	trockener Wein
vino de mesa	Tischwein
zumo	frisch gepresster Saft

Vor-, Zwischenmahlzeiten (entremeses)

chorizo	Paprika-Knoblauch-Wurst
aceitunas	Oliven

bocadillo	belegtes Brötchen
papas arrugadas	kleine Schrumpf-kartoffeln

Suppen (caldos)

cocido	gekocht, Eintopf
consomé	Kraftbrühe
escaldón	Gofio-Gemüse-brühe
gazpacho	kalte Gemüsesuppe
potaje	Gemüseeintopf
puchero	Gemüseeintopf mit Fleisch
rabo de buey	Ochsenschwanz

Beilagen (guarniciones)

albóndigas	Klöße
arroz	Reis
gofio	Speise aus gerös-tetem Getreide
papas fritas	Pommes frites
pastas	Nudeln

Gewürze (especias)

aceite de oliva	Olivenöl
azúcar	Zucker
mostaza	Senf
pimienta	Pfeffer
sal, salado	Salz, salzig
vinagre	Essig

Gemüse (legumbres)

ajo	Knoblauch
alcachofa	Artischocke
batata	Süßkartoffel
berenjena	Aubergine
berza	Kohl
chucrút	Sauerkraut
garbanzo	Kichererbse
guisante	Erbse
hierbas	Kräuter
hongo/seta	Pilze

judías verdes	grüne Bohnen
lechuga	grüner Salat, Kopfsalat
papa	Kartoffel
pepino	Gurke
perejil	Petersilie
pimiento	Paprika
zanahorias	Karotten

Fleisch (carne)

asado	Braten, gebraten
aves	Geflügel
bistec	Beefsteak
buey	Rind
cabra, cabrito	Ziege, Zicklein
carajaca	Leber in Pfeffersoße
carnero	Hammel
cerdo	Schwein
chuleta	Kotelett
cochinillo	Spanferkel
conejo	Kaninchen
cordero	Lamm
escalope	Schnitzel
estofado	geschmort, Schmorbraten
gallina	Huhn
guisado	Ragout, Gulasch, Schmorfleisch
hígado	Leber
lechón	Spanferkel
lomo	Lende
pato	Ente
perdiz	Rebhuhn
picadillo	Gehacktes
pollo	junges Huhn
riñones	Nieren
rosbif	Roastbeef
parrillada	vom Grill, Grillplatte
salchichas	kleine Bratwürste
solomillo	Filet vom Rind
ternero	Kalb
vaca	vom Rind

ahumado	geräuchert	merluza	Seehecht
a la plancha	auf heißer Metall-platte gegart	mero	Zackenbarsch
		pez espada	Schwertfisch
bien hecho	durchgebraten	pulpo	Oktopus, Krake
blando	mild, weich	rape	Seeteufel
caracoles	Schnecken	raya	Rochen
crema	Sahne, Rahm	salmón	Lachs
delicado	fein, zart	sancocho	gesalzener Fisch mit Kartoffeln
empanado	paniert		
frito	gebacken, gebraten	zarzuela	Fisch und Meeres-früchte in Soße
maduro	reif		
manteca de cerdo	Schweineschmalz		
medio hecho	halb durchgebraten		

Obst (fruta) und Desserts (postres)

mojo picón (rojo)	scharfe Soße	aguacate	Avocado
mojo verde	Kräutersoße	almendra	Mandel
nata	Sahne, Rahm	bienmesabe	Mandel-Honig-Creme
sabroso	saftig, schmackhaft		
salsa	Soße	bizcocho	süßes Gebäck
tierno	zart, weich	churros	Fettgebäck, meist mit heißer Schokolade

Fisch (pescado) und Meeresfrüchte (frutas del mar)

almeja	Venusmuschel	dulces	Süßigkeiten
atún	Tunfisch	flan	Karamelpudding
bacalao	Kabeljau	frangollo	Maispudding mit Mandeln
bogavante	Hummer		
bonito	kleine Tunfischart	fresas	Erdbeeren
caballa	Makrele	helado	Speiseeis
calamares (en su tinta)	Tintenfische in eigener Soße)	higos	Feigen
		limón	Zitrone
camarones	kleine Krabben	macedonia de frutas	Obstsalat
cangrejo	Krebs		
carpa	Karpfen	manzana	Apfel
chicharros scharfer	Stockfisch mit Soße	melocotón	Pfirsich
		naranja	Orange
cigala	kleine Languste	pasteles	Kuchen, Gebäck
dorada	Goldbrasse	piña	Ananas
gambas	Garnelen	plátano	Banane
langostinos	große Garnelen	pomelo	Pampelmuse
lenguado	Seezunge	sandía	Wassermelone
mariscos	Meeresfrüchte	tarta	Torte
mejillones	Miesmuscheln	turrón	Mandelgebäck
		uva	Weintraube

REGISTER

Register

GRAN CANARIA-ATLAS

LEGENDE

1 : 140.000

0 ———————————— 5 km

═══GC1═══	Autobahn mit Nummer	✈	Flughafen	⚡	Sendeturm
═══════	Schnellstraße	★	Sehenswürdigkeit, Freizeitanlage	🌬	Windmühle
▰▰812▰▰	Fernstraße mit Nummer	⬕	Burg, Schloss	ⓘ	Leuchtturm
───────	Hauptstraße	◤	Ruine	⌀	Golfplatz
───────	Nebenstraße	⬧	Kirche, Kapelle	⚓	Jachthafen
▰▰ ▰ ▰	Straße in Bau / in Planung	Ⓜ	Museum	Ⓒ	Campingplatz
═══════	Straße ungeteert	∩	Höhlen	⬩	Aussichtspunkt
───────	Fahrweg	⤜	Badestrand	▲	Berggipfel
─ ─ ─ ─	Fußweg, Pfad	×—×	Gesperrte Straße	⌣	Pass

GRAN CANARIA

A   **B**   **C**

Atlantischer

Ozean

200 m

Punta de las Peñas
Peñón Alto
Faro de Sardina
Punta de Sardi...
El Sobre...
Los Abrigos
Media Vuelta
Puerto de Sardina
Sardi...
Norte...
Playa de Sardina
Llan...
Bot...

Roque Partido
Punta Arrastradero
Las Salinas
Punta Marqués

Punta del Cardonal
Llano de las
Moriscas
Punta Gorda

Mon ta...
GC2

Punta de Tumas
Ermita de las Nieves
Age...
Puerto de las Nieves
Iglesia d...
Concep...
Playa de las Nieves
Huerto de...
El Dedo de Dios
El Sombrerillo
Vall...

Playa de Guayedra
Playa de Sotavento
Punta de la Palma
Guayedra
Punta Segura
Playa Segura

Los Farallones
La Laja del Risco
Cruz de
Dionisio
Cruz del
Tabaibal
610
Pir...
Tam...
Casas del
Tamadaba

50 m
Playa del Risco
Parque   *Natural*
El Risco
**Cueva del
Zapatero**
Tam...

Punta Góngora

Punta de las Arenas
Los Llanitos
Embalse de
Vaguero...

Casas de Tirma
de   *Tamadaba*
Tirma
Andén Verde
1015
La Fajana
Mirador del Balcón
Casas
Lentisco
Altavista
1377
Em...
Cand...

Punta del Manso
Bajones
de Ana
Carrizo
514

Los Bajones
Fuente,
Salada

Punta de
la Aldea
Montaña Tablada
810
Fuente
Blanca

**Puerto de
la Aldea**

Embalse de
Parrillo...

**Playa de
la Aldea**
Albercón
Mederos
Embalse de
San Nicolas
Parque

Punta de los
Agujeros
Las
Marciegas
Embalse de
Siberio
Roque
Colorado
Los Espinos
Amurgar
790
**La Aldea de
San Nicolás**
Los Molinos
Casas de
Pino Gordo
Viso
997
Embalse Caidero
de la Niña
Barran...

Baja del
Trabajo
Reserval Natural
Barranco de la Aldea
Montaña de la Fuente
El N...

Punta de
la Soga
Montaña   *del Cedro*
Artejévez
Punta del
Peñón Bemejo
Montaña del Cedro
1009
**Playa de
Güigüi Chico**
232
Tocodomán
Cactualdea
S. 236
Montaña de las Monjas
Especial de Güigüi
Montaña de Hogarzales

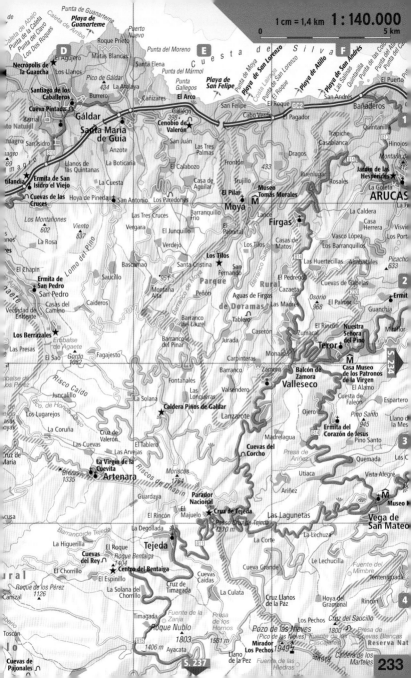

GRAN CANARIA

1 cm = 1,4 km **1 : 140.000**

0 5 km

Punta Gorda
Punta del Arrecife
Playa de las Canteras
Onfital
sta. Catalina
D **Castillo de la Luz**
Puerto s. rechts el Guinchete
Dique Reina Sofía
Puerto de la Luz
alentes
Río Guanarteme
Ciudad Jardín
Playa de las Alcaravaneras
Pueblo Canario
Luga
San Roque
LAS PALMAS
DE GRAN CANARIA
San Telmo
Triana
Ciudad del Mar
Catedral Santa Ana
Casa de Colón
res
Museo Canario
Renoyas Altas
Vegueta
San José
Playa de San Agustín
La Caleta
El Lasso
Castillo de San Cristóbal
San Cristóbal
GC5
Punta Casa Blanca
Tafira Baja
Playa de Agua Dulce
Punta la Fuentecilla
Bajo de la Laja
nario
San Francisco de Paula
Playa de la Laja
Punta del Palo
Hoyos
Las Carretas
Jinámar/ Marzagán
Punta Piedra Caballera
Caldera de Bandama
Monumento Natural Marzagán
▲431
osada de Bandama
Jinámar
Playa de Jinámar
Peñascos
Punta de Jinámar
Malpaso
Playa de Malpaso
Polígono Jinámar
GC1
El Palmital
Hoya de Niebla
Mercalaspalmas
El Cortijo
La Estrella
Playa de S. Borondón
La Majadilla
Mareta
Playa de la Garita
Los Caserones
San Antonio
La Garita
La Higuera Canaria
La Lombarda
San Juan Bautista
Museo León y Castillo
Playa del Hombre
nas
La Fonda
Telde/ La Garita
Ermita San José
TELDE
San Gregorio
Telde/ Melenara
Playa del Hombre
Punta de la Cueva
El Calero
Valle de los Nueve
Granja
Melenara
Punta de Taliarte
Playa de Melenara
El Goro
Playa de Salinetas
Punta de la Salineta
El Goro
Playa de la Hullera
Ensenada de Tufia
Plaza de Toros
mo Melesal
Topino 565
Cuatro Puertas
Punta de Silva
Playa de Tufia
Ojos de Garza
Punta Ojo de Garza
Barranco de
Telde/ Base Aérea
Aeropuerto de Gando
Playa Ojo de Garza
Punta del Ámbar
S. 239

E Los Albarderos
Punta Morro
Roque Ceniciento
Punta del Roque
La Isleta
Punta de los Acantilados
Isleta
239
Roque Negro
El Nido
Morro del Pulpo
Punta de Las Salinas
Casas de las Coloradas
La Esfinge
Montaña de Vigía
210
Playa del Cobadal
La Ombliguera
Punta del Confital
Playa de Confital
Playa del Guinchete
Punta Gorda
Punta del Arrecife
Puerto
Castillo de la Luz
Playa de las Canteras
del Confital
nta Baja Núñez
Sta. Catalina
Puerto de la Luz
Dique Reina Sofía
Río Guanarteme
Avenida Marítima
Ciudad Jardín
Playa de las Alcaravaneras
Escalentes
s. links
Pueblo Canario
Luga
San Roque
LAS PALMAS
DE GRAN CANARIA
San Telmo

235

Punta de Güigüi Chico
Playa de Güigüi
Montaña de Hogarzales
S. 232
Degollada de Tasartico
Degollada de la Aldea
Inagua 1426
Montaña de las Mor. 1471
Montaña de Sa. 1578

Montaña del Lechugal 996
Tasartico
Montaña de Agua Sabinas
Montaña de Ojeda
Degollada de Veneguera
Azulejos ★
Lomo de la Manta

Puntón de la Solana 582
Tasarte
El Palmar
El Manantial
Fuente de los Secos
Embalse del Mulato
Fuente de la Güirra

Punta de las Tetas
Mogarenes 892
Las Casas de Veneguera
Roque Pernal 929

Montaña de la Cisterna 739
Montaña Lobas
Parque Rural
Santa Brígida
Fuente de las Cañadas
Huerta Nueva
Fuente de Durazno

Punta de la uesta de la Burra
Playa del Asno
Cruz de Mogán 548
Montaña de Tau
El Ba
Monument

Playa de Agua Palmita
Lomo de Agua Salvaje
Barranco de Tasarte
El Sao
Mogán
Las Casas Blancas

Playa de las Aneas
del Nublo
El Inglés
Lomo de Venegera
Las Casillas
Natural

Punta de los Vallecillos
Lomo Tasarte
Barranco de Veneguera
Fuente de la Mina
Barranco de Mogán
Gürre 932
Lomo del M

Playa de Tasarte
La Postreragua de Veneguera
Tabaibales 602
Los Navarros
de Tauro

Punta de la Pedrera
Playa del Cerrillo
Fuente del Taurito

Punta del Cerrillo
Playa de las Canteras
La Playa de Veneguerá
Lomo de las Cuevas

Playa de Veneguera
Punta del Paso Nuevo
Tabaibales
La Burrillas
Lomo Garañón

Puntas de las Bajas
Perchel de Mogán
Lomo del Taurito
Lomo del Platero

Punta del Castillete
Puerto de Mogán
Taurito
Barranco de Taur

La Playa de Mogán
Cruz de Piedra 83
Playa de Taurito
Lomo Cruz de Piedra

Punta Cruz de Piedra
Punta del Bajo de la Arena
Punta de Tiritaña
Playa de Tiritaña
Tauro
Lomo de Pintos verdes

Punta de la Mesa de Taure
Playa del Cura
Camping Guantánamo
La Playa de Tauro

Playa de Tauro
Playa de los Amadores
Puerto Rico

Punta de la Hondura
Punta de Puerto Rico
Playa de Puerto Rico

Atlantischer

Playa de Balito
Punta de los Inciensos
Playa de la Verga
Playa Pata de la Vaca
Punta Lacarrera
Punta de la Lajilla

Ozean

50 m

0   5 km

S. 233

El Juncal
Morro de Pajonales
1446
Casa Forestal de Pajonales
Cruz de San Antonio
La Culata
Risco Blanco
de los
Martele
de la
811
Barranco de Soria
La Plata
Passo de la Herradura 1249 ?
Cruz Grande
Los Lomillos
Sequero
Ermita de Santiago
Cuevas Blancas
Cuevas del Pinar
San Bartolomé de Tirajana
El Morisco
Taidía
Embalse de Cueva de las Niñas
Los Cercados de Araña
Mirador Posada
Santa Lucía
Rociana
Museo Castillo de la Fortaleza
Embalse de Soria
Embalse de Chira
Morro de las Vacas 1433
Casas Blancas
El Rincón
Ingenio
Soria
Lloma de la Palma
Morro de la Hierba Huerto 1405
Fuente El Nadiente
1278
Los Sitios
La Sorrueda
El Montañón 949
dres
El Caidero
Santidad 1193
Las Tederas
Cumbre de Trujillo 1146
Fataga
Casas Los Sitios de Abajo
Embalse de Tirajana
Embalse de Fataga
La Solana
Parque Natural
Casas del Taginastal
Fortaleza Grande
Embalse de Excusabraja
Embalse de Gambuesa
El Filipina
Montaña Alta 1035
Ayagaure Alto
Palmeral
Amurga 1131
Degollada
Cercado de Espino
de Pilancones
Embalse de Ayagaures
Embalse de Arteara
Andenes de los Gavilanes
Ayagaures
Arteara
S. 238

Los Peñones
Cumbre de Amurga
El Sao
El Pilón
Presa de Chamariscán
Los Palmitos Park
Alto de la Gorra
Alto de la Vega
Presa de la Negra
Monte León
Mundo Aborigen
Hoya de Toledo
Arguineguín 393
Montaña de la Data
Sioux City
Lomo de las Toscas
Aqua Sur
Gran Karting
Playa del Inglés
Las Burras
Nueva Europa
San Agustín
Casino
Punta Mor
Playa de San Agu
talavaca
Salobre Golf & Resort
El Tablero
San Fernando
Playa de las Burras
Las Casas
El Tablero
Estación Espacial N.A.S.A.
Montaña Blanca
Sioneu land
Ocean Park
Verú
Salobre Golf & Resort
812
Pasito Blanco
El Hornillo
Holiday World
Playa del Inglés
ineguin
Bahía de Santa Águeda
Meloneras Golf
Maspalomas
Dunas
Playa del Inglés
a del Parchel
Pasito Blanco
Las Meloneras
Faro de Maspalomas
S. 238
Playa del Cometa
Punta de las Carpinteras
Playa del Hornillo
Maspalomas
Reserva Natural
Punta de Maspalomas

D   E   F

237

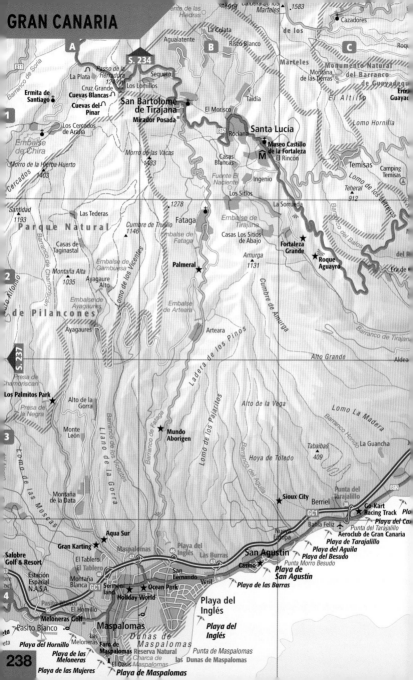

GRAN CANARIA

A   B   C

S. 234

S. 237

238

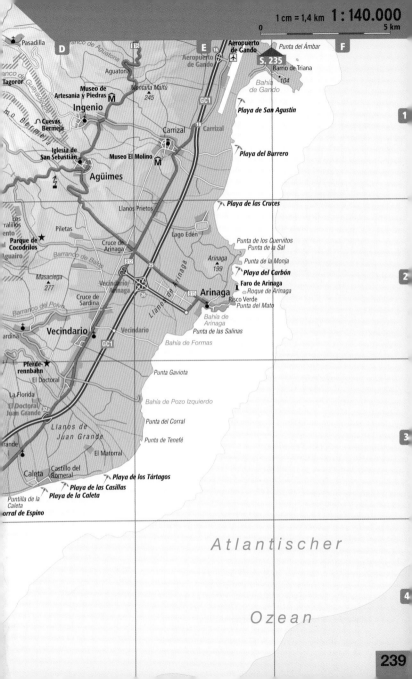

Pasadilla

Branco de Aguatona

D

E

F

Aeropuerto de Gando

Punta del Ámbar

Aguatona

B16

Aeropuerto de Gando

S. 235

Punta del Ámbar

Barrio de Triana

Bahía de Gando

104

Branco de Guayadeque

Tagoror

Museo de Artesanía y Piedras M

Ingenio

Montaña Malfú 245

GC1

Playa de San Agustín

1

Cuevás Bermeja

Carrizal

Carrizal

18

Playa del Burrero

Iglesia de San Sebastián

Museo El Molino M

Agüimes

Llanos Prietos

Playa de las Cruces

Los Tralillos ento

Piletas

Lago Edén

Punta de los Cuervitos
Punta de la Sal

Parque de Cocodrilos

Cruce de Arinaga

Barranco de Balos

Arinaga 199

Punta de la Monja

Playa del Carbón

Aguairo

B12

23

Faro de Arinaga
Roque de Arinaga

2

Masaciega 277

Vecindario/ Arinaga

B15

Arinaga

Risco Verde
Punta del Mato

Barranco del Polvo

Cruce de Sardina

26

Llano de Arinaga

Bahía de Arinaga

Punta de las Salinas

ardina

Vecindario

Vecindario

Bahía de Formas

Pferde- rennbahn

El Doctoral

Punta Gaviota

La Florida

El Doctoral/ Juan Grande

32

Bahía de Pozo Izquierdo

Punta del Corral

GC1

Llanos de Juan Grande

Punta de Tenefé

3

rande

El Matorral

Caleta

Castillo del Romeral

Playa de los Tártagos

Puntilla de la Caleta

Playa de las Casillas
Playa de la Caleta

orral de Espino

A t l a n t i s c h e r

O z e a n

4

Abbildungsnachweis
Gottfried Aigner, München: S. 103
Gunda Amberg, Gröbenzell: Vignette,
    S. 62, 108/109, 117
Hans-Peter Merten, Kastel-Staadt:
    S. 95
Karl-Arnulf Rädecke, Osterode: S. 187
Jo Scholten, Nettetal: S. 23, 134
Hubert Stadler, Fürstenfeldbruck:
    Umschlagklappe vorn, S. 2/3, 47,
    54/55, 56, 64, 70/71, 76, 81, 83,
    120, 126/127, 141, 146/147,
    150/151, 154/155, 161, 165, 167,
    201, 202
White Star, Hamburg: S. 27, 41, 102
Annette Ster, Kabelvåg (Norwegen):
    184/185

Martin Thomas, Aachen: S. 106/107
Fulvio Zanettini, Köln: Titel, S. 10, 14,
    16/17, 20, 24/25, 31, 32, 36, 51,
    61, 66, 92, 98/99, 114, 125, 138,
    162, 170, 174, 192, 197

Abbildungen
Titelbild: Playa del Inglés
Umschlagklappe vorn: Im Cumbre-
    Gebirge
Vignette S. 1: Strandleben
Seite 2/3: Dünen von Maspalomas

Kartografie
    DuMont Reisekartografie
    © DuMont Reiseverlag, Köln

© 2003 DuMont Reiseverlag, Köln
Alle Rechte vorbehalten
Grafisches Konzept: Groschwitz, Hamburg
Druck: Rasch, Bramsche
Buchbinderische Verarbeitung: Bramscher Buchbinder Betriebe

Printed in Germany   ISBN 3-7701-6066-5